中国经济文库
应用经济学精品系列

青海省经济与生态环境协调发展研究

丁生喜◎著

STUDY ON COORDINATED DEVELOPMENT OF ECONOMY AND ECOLOGICAL ENVIRONMENT IN QINGHAI PROVINCE

中国经济出版社
CHINA ECONOMIC PUBLISHING HOUSE
·北京·

图书在版编目(CIP)数据

青海省经济与生态环境协调发展研究 / 丁生喜著
. --北京：中国经济出版社，2023.1
ISBN 978-7-5136-7190-3

Ⅰ. ①青… Ⅱ. ①丁… Ⅲ. ①区域经济发展-关系-区域生态环境-生态环境建设-研究-青海 Ⅳ. ①F127.44 ②X321.244

中国版本图书馆 CIP 数据核字(2022)第 241794 号

组稿编辑 葛 晶
责任编辑 冀 意
责任印制 马小宾
封面设计 任燕飞

出版发行 中国经济出版社
印 刷 者 河北宝昌佳彩印刷有限公司
经 销 者 各地新华书店
开 本 710mm×1000mm 1/16
印 张 15.25
字 数 241 千字
版 次 2023 年 1 月第 1 版
印 次 2023 年 1 月第 1 次
定 价 88.00 元
广告经营许可证 京西工商广字第 8179 号

中国经济出版社 **网址** www.economyph.com **社址** 北京市东城区安定门外大街 58 号 **邮编** 100011
本版图书如存在印装质量问题，请与本社销售中心联系调换(联系电话：010-57512564)

前　言

青海省地处世界屋脊青藏高原，是长江、黄河、澜沧江的发源地，长江水量的25%、黄河水量的49%、澜沧江水量的15%，都来自三江源地区，因此青海有“中华水塔”的美称。依据各区域资源环境承载能力、现有开发强度、发展潜力和人居适宜性，青海省主体功能区可划分为重点开发区域、限制开发区域和禁止开发区域三类。青海省全省重点开发区域具体包括东部重点开发区域和柴达木重点开发区域，该区域扣除基本农田和禁止开发区域后面积为7.3万平方千米，仅占全省面积的10.18%，近九成面积被列入限制及禁止开发区域，因此青海省面临严峻的经济发展和生态环境保护的双重压力。

习近平总书记强调：青海最大的价值在生态、最大的责任在生态、最大的潜力也在生态，要优化国土空间开发保护格局，坚持绿色低碳发展，结合实际、扬长避短，走出一条具有地方特色的高质量发展之路。明确青海在全国大局中的定位，才能找准青海服务全国的出发点和落脚点。青海省必须始终坚持保护生态环境就是保护生产力，改善生态环境就是发展生产力的指导思想，探索出高原特色绿色发展路径，优化资源利用，推进生态与经济协调发展，从而实现绿色发展。

本书由理论篇、评价篇、路径篇、结论与对策篇构成。第一章为理论篇，简要梳理生态经济理论与习近平生态文明思想。第二章、第三章为评价篇，其中第二章以人均GDP为经济期望产出，各项污染物排放为环境非期望产出，开展青海省经济增长与环境压力初步评价，并与“丝绸之路经济带”其他相关省份做横向对比。第三章对青海省区域环境、经济协调发展程度做综合评价，对青海省东部重点开发区域整体经济发展与生态环境的综合协调程度进行阶段评价。以青海东部重点开发区域西宁市和海东市为个案，专门评价两市经济发展与生态环境的协调程度。第四章和第五章为路径篇，第四章以新型城镇化为发展路径，针对城镇化进程与生态空间综合协调程度开展动态评价，分别对城镇化进程中人口与土地要素协调、新型城镇化与环境质量协调、新型城镇化的承载力基础开展综合评价。第五章以绿色发展为路径，对青海省绿色城镇化发展水平与绿色发展的主导产业选择分别进行评价研究。第六章为结论与对策篇。梳理青海省区域经济与生态环境协调发展、新型城镇化与环境质量协调发展以及绿色城镇化与绿色主导产业研究的相关结论，并提出促进青海省经济与生态环境协调发展的对策建议。

本书围绕生态经济理论，以生态经济协调发展评价为主线，对青海省经济与生态环境协调发展进行实证研究，有较为翔实的数据分析。可作为经济类专业本科生和研究生的参考用书，也可作为相关专业的教学案例资料，以及相关经济规划、经济管理、生态环境管理等部门的工作参考书。

本书是作者负责的青海省级精品课程“区域经济学”课程教学及区域经济学教学科研创新团队开展“教—学—研”互动的教学实践成果之一，也是青海省高校第二轮“135 高层次人才培养工程”项目和青海省“昆仑英才·高端创新创业人才”项目的主要建设成果，并得到相应的出版资金支持，在此表示最诚挚的感谢。所有参考文献都做了引用标注，特此向所有前期研究学者们表示诚挚谢意。文稿校对编辑过程中，中国经济出版社各位编辑和青海大学研究生潘治红、丁亚男同学付出了大量时间与精力，在此一并致谢。

由于作者水平有限，书中难免有疏漏与不足之处，恳请各位读者批评指正！

作　者

2021 年 9 月 18 日于西宁

目录

第一章

生态经济理论

第一节　基本概念

一、生态经济学的产生与发展

生态经济学（环境经济学）最早曾被称为污染经济学或公害经济学，是生态学和经济学融合而成的一门交叉学科。它是从自然和社会的双重角度来观察、研究客观世界，从本质上来说，它应当属于经济学的范畴（王松霈，2000；张建国，1995；陈大珂，1995）。

第二次世界大战以后，随着科学技术的持续发展、劳动生产率的不断提高和世界经济的快速增长，人类干预和改造自然的能力在逐渐增强。然而与此同时出现了大量的环境污染和生态退化问题，其严重程度是人们始料未及的。随着时间的推移，环境和资源问题从局部区域向全球扩展，世界范围内的人口骤增、粮食短缺、环境污染、资源不足和能源危机不仅威胁着人类的生存状态，也制约着社会的进一步发展。当科学家们探索以上问题产生的历史原因、寻找预防措施和解决途径时，从一开始就发现：单纯从生态学或经济学的角度来解释和研究这些问题难以找到答案，只有将生态学和经济学有机地结合起来进行分析，才能从中找到既发展社会经济又保护生态环境的解决之策。至此，生态经济学应运而生，这是社会发展到一定阶段的必然结果。

20 世纪 60 年代，美国经济学家鲍尔丁发表了一篇题为《一门科学——生态经济学》的文章，首次提出了"生态经济学"概念。美国另一位经济学家列昂惕夫则是第一个对环境保护与经济发展关系进行定量分析研究的科学家，他使用投入产出分析法，将处理工业污染物单独列为一个生产部门，除了原材料和劳动力的消耗外，也把处理污染物的费用算在产品成本中。之后，他在污染对工业生产的影响方面进行了详尽的分析。

从此，不少经济学家开始从理论上深入探讨环境污染产生的根源。他们认识到：传统的经济学理论已经不能很好地解释环境污染和资源枯竭问题，因为该理论不考虑“外部不经济性”，其未将废料处理和污染损失费用计入生产成本中，其结果使得生产厂家在赚取高额利润的同时将大量隐蔽的污染费用转嫁给了社会，加重了社会公共费用的负担，牺牲了公众生活的环境质量。况且，在传统的经济学理论中，国民生产总值和国内生产总值都没有设立环境指标和资源指标，不能反映一个国家的环境资源状况对经济发展的影响程度。因而，关于经济发展与环境质量的关系，美国学者巴克莱和赛克勒在经过研究之后提出了以下方程式：

$$NSW=NNP+(B-GC)-AL$$

其中，NSW 代表净社会福利；NNP 代表净国民生产总值；B 代表未被认识的经济发展的非市场性有利条件（如知识的积累等）；GC 代表为经济发展（包括信息、管理等）、减少污染所付出的劳力和费用；AL 代表环境恩惠损失（如噪声增加、烟雾增多、风景区的商业化改变等）。

两位学者从中得出结论：在一个国家的经济发展过程中，当追加效益部分增长时，为它追加的各种费用必然增长，当追加费用与追加效益数量相等时，这个国家就必须减缓或停止发展，否则会引起大范围环境恶化。

20 世纪 60 年代末，以罗马俱乐部为代表的一些科学家利用数学模型和系统分析方法，研究了关于人口问题、工业化问题、粮食问题、自然资源问题和环境污染问题等五个因素的内在联系与人类未来发展的关系。罗马俱乐部的科学家们于 1972 年发表了关于人类困境的研究报告《增长的极限》，此书对人类未来发展将面临的严重困境提出了警告，并在“摆脱困境的对策”中第一次提出“全球均衡”概念。该报告认为世界经济从增长过渡到全球均衡状态的最低要求有：①工厂的资本和人口数量在规模上保持不变；②出生率等于死亡率；③资本的投资率等于折旧率；④所有投入和产出的速率保持最小；⑤资本、人口的水平和比例应与社会价值、环境价值保持一致。不幸的是，报告发表后的十年里，世界经济出现的衰退似乎印证了罗马俱乐部的预警。该报告将人口问题等五个变量作为有机的统一体进行定量分析，对它们之间的关系和影响因素进行研究，为制定发展战略和经济政策提供依据，这成为生态经济学研究的最初尝试。

1980 年，联合国环境规划署（简称环境署）召开了以“人口、资源、环境和发展”为主题的会议。会议充分肯定了四者之间的关系是密切相关、互相制约、互相促进的，并指出，各国在制定新的发展战略时要切实重视和正确对待。1988 年国际生态经济学学会的成立，以及次年 Ecological Economics 刊物的创办成为生态经济学研究的一个重要里程碑（周立华，2004）。

从应用上来说，生态经济学可分为部门生态经济学、专业生态经济学、区域和地域生态经济学等三个部分。生态经济学的每一个分支学科的研究领域都是人类经济、生产和生活不可或缺的一部分。生态经济学为创建人与自然的和谐统一，为实现社会、经济、生态的可持续发展，提供科学的理论基础。

二、生态经济学的概念和研究内容

（一）生态经济学的概念

1. 生态经济学概念提出的背景和含义

鉴于人类活动在迅速推进人类文明进程的同时，对资源、生态和环境施加了很大的负面影响，20 世纪 60 年代以来，经济学家、生态学家、环境学家和社会学家等一直在审视和反思现实社会中的问题。学者仁者见仁，智者见智，众说纷纭，研究结论也大相径庭，但居主导地位的研究结论是：片面追求经济增长必然导致生态环境的崩溃，单纯追求生态目标也处理不了社会经济发展的诸多问题，只有确保自然—经济—社会复合系统持续、稳定、健康运作，方有可能同时实现这两个目标，从而实现人类社会的可持续发展。1987 年，世界环境与发展委员会发表的《我们共同的未来》报告中，将可持续发展定义为“既满足当代人的需求又不危及后代满足其需求的发展”。这个概念最为重要之处是将代内公平和代际公平当作人类发展的目标和人类行为的准则，其中代内公平强调发展的普遍性，代际公平强调发展的持续性；而人类行为的准则是：不能把成本转移到外部，更不能转移给后代，要通过国际和区域内的财政转移支付，增加穷人的福利，缩小发展的差距。可持续发展包括生态可持续、经济可持续和社会可持续三个方面，其中生态可持续是基础，经济可持续是保障，社会可持续是目的。世界各国普遍认同可持续发展的理念，意味着人类的愿望是相通的。

2. 生态经济学的研究历程

20 世纪 60 年代，经济学家鲍尔丁首先使用了"生态经济学"这个概念，80 年代初，许多结合中国实际的研究大大地拓展了它的领域，使生态经济学成为研究社会再生产过程中的经济系统与生态系统之间物质循环、能量转化、信息交流和价值增值的经济学。它通过研究自然生态和经济活动的相互作用，探索生态经济社会复合系统协调和可持续发展的规律性，为资源保护、环境管理和经济发展提供理论依据和分析方法。它既可以为宏观战略选择提供指导，又能够引导微观的生产、管理和消费行为。

持久的和谐发展，具体地说，其关于生态经济社会复合系统必须协调发展、循序发展和递进发展的论述，有利于引导人们妥善处理代内公平和代际公平的关系，建立和维护合乎可持续发展要求的经济系统、社会系统和生态系统；关于经济社会发展必须合乎生态平衡要求的理论，有利于引导人们做好物流、能流、使用价值和价格的输入输出能力的平衡；关于生态经济社会总资源优化配置的理论，有利于引导人们在进行资源配置时充分考虑社会不断增长的经济和生态需要。

3. 生态经济学的研究内容

生态经济学的研究内容除了经济发展与环境保护之间的关系外，还有环境污染、生态退化、资源浪费的产生原因和控制方法；环境治理的经济评价；经济活动的环境效应，等等。另外，它还以人类经济活动为中心，研究生态系统和经济系统相互作用而形成的复合系统及其矛盾运动过程中发生的种种问题，从而揭示生态经济发展和运动的规律，寻求人类经济发展和自然生态发展相互适应、保持平衡的对策和途径。更重要的是，生态经济学的研究结果还应当成为解决环境资源问题、制定正确的发展战略和经济政策的科学依据。总之，生态经济学研究与传统经济学研究的不同之处就在于，前者将生态和经济作为一个不可分割的有机整体，改变了传统经济学的研究思路，促进了社会经济发展新观念的产生。生态经济学是在适应资源保护、环境管理和经济发展需要的过程中不断加以拓展的。

其中，在宏观层面上，生态经济研究从生态平衡论（强调要把经济系统和经济活动建立在生态平衡的基础上），逐步拓展到相互协调论（强调生态、经济和社会必须协调发展）和可持续发展论（强调经济可持续要建立在生态可持续的基础上，社会可持续则要建立在生态可持续和经济可持续的基础上）；在产业层面上，生态经济研究从农业逐步拓展到工业、服务业；在地域层面上，生态经济研究从生态村逐步拓展到生态乡、生态县、生态市和生态省；在研究内容上，生态经济研究从生态保护逐渐拓展到生态建设和生态恢复；在协调层面上，从生产行为研究逐步拓展到消费行为研究、资源生态经济研究和区域生态经济研究。经过无数次的拓展，生态经济学已逐步形成一个能为生态经济形态的发育提供理论和方法的学科体系。

（二）与生态经济学相关的概念

清洁生产、工业生态学、循环经济和生态经济等概念已成为当今社会的热门话题。鉴于此，首先简要地介绍这几个概念，然后从它们的内在联系入手，厘清它们之间的逻辑关系，最后探讨将它们纳入生态经济框架中的可能性和合理性。

1. 清洁生产

人们早就认识到生产中排放出的污染物造成的严重性，最初采取的是“末端治理”的方式。这种做法有一定的效果，但代价很高：一是影响企业的经济效益和竞争力，以致企业缺乏治理污染的积极性；二是治理难度大，并存在污染转移的风险；三是不能有效地遏制生产过程中的资源浪费；四是政府行政监督管理的成本过高。因而这种做法不能从根本上解决工业污染问题。

人们在开展末端治理的过程中发现，排放的工业污染物中30%~40%是生产工艺不合理造成的，从优化生产工艺入手，不需要花很多治理费用便可获得废料和污染物削减的明显效果。1976年，欧共体在巴黎举行的“无废工艺和无废生产国际研讨会”上提出了“消除污染源”的思想，这是清洁生产理念的首次表达。1989年5月，联合国环境规划署提出了清洁生产的概念，其含义是通过排污审计、工艺筛选，实施防治污染措施等技术和管理手段，使自然资源得到合理利用，企业经济效益最大化，对人类健康和环境的危害最小化。清洁生产的核心是以过程治理替代末端治理，从根源上减少污染，使“污染物”在生产中得到利用，从而提高企业的市场竞争力。因此，清洁生产是企业发展战略的有机组成部分，而不是强加于企业的约束手段。尔后，清洁生产的理念又扩展到服务领域，即清洁消费。目前，世界上广泛流行的清洁生产工具有清洁生产审计、环境管理体系、生态设计、生命周期评价、环境标志和环境管理会计等，其中使用得最早和最多的工具是清洁生产审计。中国是开展清洁生产成果较大的发展中国家之一。

2. 工业生态学

工业生态学起源于80年代末R. Frosch等模拟生物的新陈代谢过程和生态系统的循环再生过程所开展的“工业代谢”研究。自然生态系统是由生物与非生物共同组成的，在这个系统中，能量与物质由低级到高级，又由高级到低级循环传递，这样的互联、互动，循环往复和周而复始，维持了自然界各种物质间的生态平衡，保证了自然生态系统持续不断地运行。受自然生态系统组成和运动的启发，人们对许多工业系统进行了分析比较，发现它们也存在着某些互联、互动的关系。于是，开始以构建工业企业间的生态链为切入点，实现充分利用资源、减少废物产生、消除环境破坏、提高发展质量的目标。

工业生态学是仿照自然界物质循环的方式规划工业生产系统的学问。它试图通过企业间的系统耦合，使工业具有生态链的性质，从而实现物质和能量的多级传递、高效产出和持续利用。例如，火力发电中产生的粉煤灰是污染物，但可以用作建筑材料，建筑业产生的废料又可以成为其他工业的原料，由此形成工业生态链的良性循环。工业生态学的要点是横向耦合、纵向闭合和区域整合，它是“清洁生产”的一个更新更高阶段，由企业内的生态平衡上升到区域平衡。

一般而言，这种新型的工业组织形态固化在生态工业园区中(生态工业园区内是将具有上述关系的企业群在空间上聚集在一起的载体，如果企业群存在着上述关系，而空间分布并不在一起，则称为虚拟园区)。这个模拟自然生态系统的人工生态系统，通过利用物质和能量的物理、化学成分的相互联系、相互作用，组成一个结构与功能协调的共生网络系统，最终实现污染物的“零排放”。我国正在进行建设生态工业园区的探索，广西贵港国家生态工业（制糖）示范园区是国内典型的案例之一。

3. 循环经济

循环经济的思想萌芽可以追溯到20世纪60年代中期，美国经济学家E.鲍尔丁发表的《宇宙飞船经济观》一文。这篇文章最有价值之处是把污染视为未得到合理利用的“资源剩余”，即只有放错地方的资源，没有绝对无用的垃圾，进而提出要以“循环式经济”替代“单程式经济”，来解决环境污染和资源枯竭问题的设想。循环经济倡导的是一种与生态环境和谐的经济发展模式。它要求按“资源—产品—再生资源”的反馈式流程进行资源配置，以消解长期以来资源消耗和经济需求的尖锐冲突。

循环经济借助于减量化、再利用和再循环三个原则实现三个层面的物质闭环流动。其中，在企业层面上（小循环）推行清洁生产，减少产品和服务中的物料和能源的使用量，实现污染物排放的最小化；在区域层面上（中循环）按照工业生态学的原理，建立或形成企业间有共生关系的生态工业园区或虚拟园区，使资源得到充分利用；在社会层面上（大循环），通过废旧物资的再生利用，实现物质和能量的循环。

在清洁生产、工业生态学、循环经济和生态经济这几个概念中，清洁生产提出的时间相对早一些，它最为重要之处是用消除或削减生产过程中的污染排放量的做法，替代原先要求企业污染达标排放的做法，这是生产设计和环境管理理念的质的飞跃。清洁生产的原意是通过企业生产工艺的设计，削减或消除企业的污染物产生量。然而在现实中，往往只有大而全、小而全的企业才有可能将清洁生产发挥到淋漓尽致的水平。这种做法显然不符合企业生产专门化的发展方向。为了既合乎企业生产专门化的要求，又将清洁生产的作用充分地发挥出来，客观上就要求开展企业间的合作，即把清洁生产从企业内部拓展到企业之间。我们可以把这个同样必然要发生的提升，视为清洁生产理念的第一次飞跃。此时，清洁生产是从企业内部和企业自身之间的两个层面展开，完全在企业内封闭运行而不与其他企业相联系的做法，成为清洁生产的一个特例。这个迟早要发生的变化，为工业生态学的发展展现了必要性；而清洁生产从企业走向企业群，走向生态工业园区，则是清洁生产实现飞跃的标志，也是工业生态学获得成功的标志。人们提出了尽可能减少或消除生产中的污染物产生量的思路后又发现，消除被消费后的废旧产品的污染，也是很重要的问题，于是，清洁生产又从生产领域拓展到消费领域。我们可以把这个必然要发生的提升，视为清洁生产理念的第二次飞跃。此时，清洁生产是在企业内、企业间和企业社会间三个层面上展开的。这个迟早要发生的变化，为循环经济的发展提供了机会；而清洁生产从生态工业园区走向社会，则是清洁生产再次实现飞跃的标志，也是循环经济获得成功的标志。

从创新逻辑看，工业生态学的作用是把清洁生产从企业拓展到企业群。工业生态学还是仿生学的拓展，仿生学的仿造对象是特定物种的特征，工业生态学的仿造对象是自然生态系统的特性。工业生态学最重要之处是提出了仿造自然界生态循环的思想，并根据不同企业之间的横向共生性找到废弃物的“分解者”，形成可自我循环的物流、能流和信息流，使不同企业达到资源共享和变负效益为正效益的目的。

从创新角度看，循环经济是对清洁生产和工业生态学的拓展。循环经济最重要之处在于综合和简化，使之具有更大的适应范围；使之更便于操作、更便于理解。综上所述，清洁生产、工业生态学和循环经济是一组具有内在逻辑的创新理论。其中，清洁生产是最基础的目标，工业生态学和循环经济既是对清洁生产内容的两次扩展，也是实现清洁生产目标的新的方法和途径。

（三）生态经济与清洁生产、工业生态、循环经济的关系

在上述四个理论或概念中，生态经济提出的时间最早，涵盖面最大，是一个更为完整的理论体系。它的研究内容与清洁生产、工业生态学、循环经济既有一定的联系，又有极为显著的不同，即它所关注的是诸如协调人与人、人与自然的关系这样的软措施，并对影响人的行为的制度和组织进行创新和评价，而后三者关注的是诸如工艺技术这样的硬措施。所以，生态经济与其他三个概念具有很强的互补性。其中，生态经济最重要之处是为清洁生产、工业生态学和循环经济研究提供理念和方法论上的支持，而后三者则是生态经济理念成为现实的途径。

生态经济是20世纪60年代初期提出的旨在摆脱现实社会面临的诸多困境的一种理念、一个目标和一条路径。但最初的生态经济，其理念没有确切的含义，其目标缺乏系统的构想，其路径也缺乏现实可行性。经过专家学者的共同努力，生态经济作为一种理念正在被越来越多的人理解和接受，并且由理念上升为一种理论体系，随着实业家和政治家的介入，生态经济开始朝着人类社会中的一种经济形态的方向发展。生态环境与社会经济协调发展，人与自然和谐相处，正在逐渐成为全人类的共识。

几乎所有接受并介绍循环经济概念或理念的专家学者都认为，循环经济在本质上是一种生态经济，它是按照生态规律利用自然资源和环境容量，将清洁生产和废弃物综合利用融为一体，以实现经济活动的生态化转向。既然循环经济的本质是生态经济，那么将其称为生态经济显然要比循环经济更为贴切。循环是一种运动方式，而生态是一个科学体系。所以就发展经济而言，生态经济形态的含义要远比循环经济形态的含义确切。

生态经济学的基本假定是资源配置存在着社会最优解，而且社会最优解与企业最优解可以具有互补性。这个理论内核，是生态经济学区别于其他经济学分支的一个极为重要的特征。目前，生态经济研究集中在生态产业、生态恢复、生态保护三个领域，并与产业生态学、恢复生态学、保护生态学相对应，形成了生态经济学的三个分支。生态经济研究主要有三个切入点：一是以生态系统作为研究的主体，利用数学方法和生态模型，研究人类活动对生态环境的影响，包括生态系统顺向演替带来的价值增值和逆向演替造成的价值损失，在此基础上引申出必须保护、改善生态环境的政策含义。二是从制度、组织、技术创新入手，规范企业和人的行为，协调人与人之间的关系，将企业和个人的自利目标与利他目标统一起来，实现经济与生态协调、人与自然和谐。三是从利益相关者的协商、谈判入手，在全面界定利益相关者的基础上，通过与利益相关者的学习、协商和合作，形成大家共同认可，即具有双赢乃至多赢性质的解决生态问题的方案。

（四）生态补偿

目前学术界比较关注的研究工作是生态补偿理论与方法以及能值评价方法和生态足迹评价方法的应用。生态补偿的理论依据是：生态效益的创造和维护需要投入一定数量的人力和资金，但生态效益在使用上具有非排他性，因而创造和维护生态效益的这部分投入难以通过市场机制获得回报。如果改善生态环境的需求可以免费地得到满足，需求必然会无限大；如果改善生态环境的供给得不到任何补偿，供给就会极为有限，供求的均衡只能停留在极低的水平上。生态补偿是解决这一难题的有效途径。生态补偿研究的难点是补偿标准确定、补偿资金来源、被补偿者识别等。能值评价方法的主要做法是将不同类别、不可比较的物质转换成统一的能值进行加总和比较，以消除价值加总和分析中的主观性。生态足迹评价方法是通过计算人对生态资源需求的变化，估计人口、经济和社会的增长、发展对生态环境的影响的变化（张建国，1995）。

第二节 基本理论

一、生态经济效益理论

（一）生态经济效益是生态经济学的基本理论范畴

1. 人们发展经济的目的是实现生态经济效益

发展经济获得经济效益是天经地义的事。但是长期以来，由于对客观规律缺乏认识，因此在发展经济的目的上曾出现过两个方面的错误。一是单纯追求产品的产量和产值，走粗放型增长的道路；在生产中拼资源、拼消耗，只顾经济数量上的增长，忽视了经济的持续发展。二是在我国长期发展经济的过程中，直至20世纪80年代，人们不认识以至否定了生态平衡客观自然规律的作用。就是在目前，多数地方的经济发展仍然是只追求经济效益，而不顾生态效益。今后发展经济一定要把目标建立在追求社会效益和生态效益的基础上。

2. 生态经济学的三个基本理论范畴是有机地联系与统一

生态经济系统、生态经济平衡和生态经济效益作为生态经济学的三个基本理论范畴，它们之间形成了一种互相联系和相互制约的辩证关系，而且这种关系是双向的。从其正向的决定作用来看，生态经济系统是经济活动的载体，其建立决定了生态经济平衡的建立；而生态经济平衡作为生态经济系统运行动力的形成，推动了该系统的物质循环和能量转换的运动，从而产生了最终的生态经济效益。再从其逆向的反作用来看，人们追求生态经济效益的具体情况（有时是片面的追求），必然会影响生态经济平衡的状况；而生态经济平衡的状态如何，无疑也会左右生态经济系统，以至影响它的存亡。三个基本理论范畴的有机联系与统一正向作用，对于取得理想生态经济效益来说，是事前的作用。它将指导人们正确经营管理生态经济系统，保持生态经济平衡，取得最好的生态经济效益。

（二）生态经济效益的概念

经济效益，简单地说，它是人们从事经济活动所获得的成效与所投入的耗费的比较。人们在一项经济活动中投入一定的耗费，包括活劳动的耗费和物化劳动的耗费，获得的经济成效越高，其经济效益就越好；反之，其经济效益就越差。

生态效益，是指人们从事经济活动，投入一定的耗费后，在产生一定的经济效益的同时，也产生对人们有用的各种自然效应。它主要以所形成的各种生态系统功能的形式来表现，例如人们作用于森林生态系统，除提供物质产品外，所提供的涵养水源、调节气候、保持水土和防风固沙等生态系统的效应。在实际生产中，人们对生态系统投入一定的耗费所获得的这种效益越高，其生态效益就越好；反之，其生态效益就越差。一旦人的投入所发生的作用违反了生态系统运行的自然规律，其生态效益会形成负值，对生态系统的功能造成人为的破坏。

生态经济效益，是指经济效益和生态效益结合所形成的复合效益。它既包括人们投入一定的劳动耗费后，所获得的有形产品，也包括同时所获得的各种对人有用的无形效应。在人们对一定的生态系统作了一定的投入后，所获得的这种有形产品和无形效应越多，所获得的生态经济效益就越高，反之就越低。如果人们的投入反而引起生态经济系统的各种破坏，不但没有获得生态经济效益，反而给生态经济系统造成了损失。

（三）用生态经济效益理论指导现实经济的发展

1. 经济发展中存在着多种多样的生态经济效益问题

人类社会的发展进入20世纪60年代末以后，经济发展中的各种生态与经济矛盾加剧，并且有些已经给人们的经济发展造成了生态经济灾难。这些问题的存在具有普遍性，其中有的是单项影响某一个方面的问题，有的是影响一个地区的局部性问题，有的是影响一个国家的全国性问题，也有的是全球生态经济效益受到严重影响的问题，等等。

2. 用生态经济效益的理论指导加强生态经济管理

（1）充分认识“生物入侵”的危害

每一个层次的生态经济系统中，生物与生物之间，以及生物与非生物环境之间，客观上都存在着一定的协调比例关系，从而维持着系统本身的顺畅运行和平衡稳定，这也是它持续提供生态经济效益的根源。一旦这种平衡关系被打破，就会出现各种严重的生态经济问题。现实中很多生态经济灾难的出现，都是由于人们为一时或局部的经济利益，从系统外引进某种生物，打乱原先的平衡而造成的。这就是人们常讲的“生物入侵”。因此，在如何发展经济问题上，一定要充分认识到这点，以避免某种生态经济灾难的发生。

（2）要看到生态经济问题影响的远程关联性

当前世界上出现很多由于片面追求经济效益而影响全面生态经济效益的问题，而且它们具有远距离的地域渊源。对于这一问题，生态经济学理论认为，生态经济系统具有普遍关联性特点，这种普遍关联性既存在于相邻或相近的生态经济系统之间，也存在于相距千万里的生态经济系统之间。近年来一些科学家已经提出了不少新的论证。

与生态经济效益密切联系的生态经济远程关联性问题向人们提出，发展经济要具有远大的眼光。人们发展经济所形成的生态经济联系，虽然距离不同，但是它们之间的物质循环和能量转换的运动却是客观存在和不断地进行着的。人们发展经济，处理生态经济效益问题时，具有远大的眼光，就可以使自己的经济活动处于宏观稳妥的基础上。

二、生态经济协调发展理论

(一)生态与经济协调理论是生态经济学的核心理论

1. 生态与经济协调是经济社会发展的必然趋势

人类的生产活动是人与自然关系的纽带，社会再生产所需的一切物质和能量都来自生态经济系统，因此生态系统是经济系统赖以发展的物质源泉。当经济系统的调节机制破坏了生态系统的生物资源和环境资源的结构、布局和自我更新能力时，经济系统本身就会陷入恶性循环之中。因此，现代经济的发展受生态环境的制约，人类保护地球生态环境，促使生态与经济协调发展就成了客观必然趋势。

2. 生态与经济协调理论是经济与生态矛盾运动的产物

生态环境的实质是自然生态系统，其组成要素是各种自然资源，这就决定了发展经济必须依托生态环境来进行。自然生态系统所蕴含的自然资源是十分丰富的，但同时又是有限的。然而，人的发展经济的需求是无限的，人类社会要不断进步，人的物质和文化生活水平要不断提高，因此人向生态环境取用自然资源的要求也是无限扩大的。由此在人类的经济社会发展活动中，发展经济对自然资源需求的无限性与生态系统对自然资源供给的有限性之间，就必然会出现越来越尖锐的矛盾，从而就会出现生态与经济日趋严重的不协调。这就必须依靠人发挥正确的主观能动作用，使生态与经济的关系从不协调走向协调。

3. 生态与经济协调理论是生态经济学的核心

人类社会从过去的农业社会向工业社会，又向今后的生态化社会转变是一个客观过程，也是生态与经济的不协调到协调的过程。新的生态时代的一个最突出的特点就是可持续发展，这正是建立在生态与经济协调的理论基础之上。这就决定了生态经济协调理论是指导当代人类社会发展的核心理论，并且体现了生态时代的基本特征。

生态经济学有一系列基本理论范畴和基本原理，它们互相联系，相互依存；分别在各自的领域，对生态经济实践起着不尽相同的指导作用，同时对于实现生态与经济协调的促进作用又是相同的。生态与经济协调这一核心理论对整个生态经济学理论体系的建立起着基础作用，并且也赋予这个体系“生态与经济相协调”的基本理论特色(陈大珂，1995)。

(二)生态经济协调发展论是当代中国学者集体的伟大创造

生态经济协调发展论，是我国社会科学工作者和自然科学工作者在联合创建生态经济学当中，根据中国经济建设的实践与国外有关远见卓识而创立的；按照历史轨迹来看，可分为以下几个时期。

1. 20 世纪 70 年代末至 80 年代初

中国学术界一些学科，如生态学、经济学、环境科学等，分别从各自学科的角度，研究了社会经济与自然生态的辩证关系，论证了社会经济必须同生态协调发展。

1980 年 8 月，我国著名经济学家许涤新，发起召开了由经济学家和生态学家参加的首次生态经济座谈会，由此揭开了我国创建生态经济学的序幕。1982 年 11 月，学者们在南昌召开了全国第一次生态经济科学讨论会，这是我国学者跨学科联合讨论生态与经济协调发展的一次盛会。

2. 20 世纪 80 年代中期

生态经济协调理论研究进入一个新阶段。1984 年 2 月，在北京召开了全国生态经济科学讨论会暨中国生态经济学会成立大会。国务院原副总理万里到会做了重要讲话，强调了用生态与经济协调发展的观点指导我国社会主义经济建设的重要性。在这次大会上，各位经济学家、生态学家、环境科学家、林学家、畜牧学家等，分别从不同角度论述了社会经济必须同生态环境协调发展，提出了以生态与经济协调发展的思想指导我国经济建设的共识。在这个时期，生态与经济协调发展已被作为规律来认识。

1986 年 11 月在上海召开的第二次全国生态经济科学讨论会上，提出人类社会经济发展必须遵循生态经济协调发展规律。中国环境科学界于 1987 年 7 月召开了中国环境战略研究中心第二届年会，其主题是“如何实现我国社会经济与生态环境的协调发展”。1987 年发布了以许涤新为编写委员会主任、马世骏等为副主任，组织 30 多位专家编写的《中国自然保护纲要》。该纲要贯穿着经济建设与保护自然资源和改善生态环境相协调的原则。

3. 20 世纪 80 年代后期到 90 年代初期

我国学者提出的社会经济与自然生态协调发展的新原理，已成为当代中国生态经济理论与思潮的主流，并成为指导我国社会主义现代化建设的一个最基本的指导思想。

1988 年冬，在长沙召开的第三次生态经济科学讨论会上，提出了增强全体干部和全民族的生态经济意识，树立生态经济协调理念的目标。1991 年初，在北京召开了全国十年生态与环境经济理论回顾与发展研讨会，在会议开幕式上，中国生态经济学会理事长刘国光作了“加强生态经济学研究，促进经济、生态、社会协调发展”的重要讲话，高度评价了生态经济发展理论对我国社会主义经济建设的指导作用。在这次会议上，代表们一致认为，“在我国，生态经济学的核心问题是生态经济协调发展”。刘思华教授在会议总结中指出，当代中国生态经济协调发展理论，是我国经济学、生态学、环境科学、哲学等多门学科学者共同的、集体的伟大创造。这次会议的历史意义，就在于充分肯定和高度评价了我国学者创立的生态经济协调发展学说。

回顾这个时期，我国生态经济学的理论研究和学术活动及其发表的论著，都集中在社会经济与自然生态协调发展这个核心问题上。生态经济协调发展理论的建立和发展，是我国近十年生态经济学科建设的最重要的成就，也是对整个经济学理论发展和我国社会主义经济建设作出的重大贡献。

（三）生态经济协调发展论的理论创新特色

从经济学科来看，发展经济学与生态经济学本来似乎是两门不相关的学科。发展经济学是研究发展中国家的经济问题及现代化发展进程的学科，生态经济学是研究生态系统和经济系统的复合系统即生态经济系统的矛盾运动发展规律及其机理的学科。然而，作为生态经济学重要部分的生态经济协调发展论，不仅为包括发展中国家在内的各国的现代化进程提供了极为重要的指导思想，从动态上、宏观上增强了生态经济学的应用价值，也为生态经济学与发展经济学架起了一道桥梁，把发展经济学本身的发展前景推向可持续发展经济学。

建立生态经济协调发展论，主要是针对长期以来各门传统经济学中生态与发展相脱离的种种缺陷，如视人类需求是与生态需求相分离的纯粹的经济需求观、视社会生产是与自然生产相分离的纯粹的经济生产观、视人类消费是与生态消费相分离的纯粹的经济消费观、视国民经济平衡是与生态平衡相分离的纯粹的经济平衡观、视经济活动效益是与生态效益相分离的纯粹的经济效益观、视劳动价值是与生态价值相分离的纯粹的经济价值观、视人类利益是与生态利益相分离的纯粹的经济利益观，等等。用这些不完全的需求观、生产观、消费观、补偿观、平衡观、效益观、价值观、利益观等，去指导人们的经济活动与发展行为，必定造成严重的后果(无论是发达国家还是发展中国家的工业文明发展历史都充分证明了这一点)。生态经济协调发展论一反各门传统经济学的局限，从实现经济发展与生态环境相协调的思路出发，在需求观、生产观、消费观、补偿观、平衡观、效益观、价值观、利益观等方面进行了较全面的理论创新。

三、生态经济生产力

(一)生态经济生产力的构成

1. 生态经济生产力的两个构成要素

生态经济生产力是生态生产力与经济生产力的统一。生态生产力是指生态系统的物质变换能力，即自然物质、自然能量在合成与分解过程中的循环转换能力。经济生产力是指经济系统的劳动变换能力，即指经济物质与经济能量在生产与消费过程中的循环转换能力。而经济系统可表述为物质资料再生产与劳动力再生产过程中的生产、分配、交换、消费的统一体。经济生产力是借助于生产与消费的循环转换机制而实现的劳动者的生产力和物质资料生产力的交换能力。

2. 生态经济生产力的两种循环转换

生态经济生产力的循环转换包括生态生产力的循环转换和经济生产力的循环转换。

生态生产力的循环转换是指生态系统中的生物生产力与环境生产力之间的循环转换。这种转换是建立在有机物与无机物循环转换的基础上的。它按照生物—环境的循环转换模式和植物—动物—微生物—环境的循环顺序，通过合成与分解的转换机制实现生物生产力与环境生产力的相互转换。正是这种相互循环和互相转化，才使生态生产力能够经久不衰、持续发展。

经济生产力的循环转换是指经济系统中的劳动者生产力与物质资料生产力之间的循环转换。这种循环转换是建立在劳动力的生产和消费的基础上的，它一方面通过对劳动力的生产（包括生产体力和脑力），对物质资料进行消费（包括消费劳动手段和劳动对象）；另一方面又通过对劳动力的消费（包括消费体力和脑力），对物质资料进行生产（包括生产劳动手段和劳动对象）。物质资料生产力与劳动者生产力的运动过程，总是表现为生产与消费之间的交替循环转换过程，只有通过这种转换才能不断提高经济生产力的水平，从而持续不断地增加经济产品的生产量。

（二）生态经济生产力的属性

生态经济生产力是生态生产力与经济生产力的有机统一。如前文所述，生态生产力是生态系统的物质变换能力，即生态系统与环境系统之间的转换能力，经济生产力是经济系统的劳动变换能力，即劳动者的生产力与物质资料生产力之间的变换能力。二者相互依存、协同发展，构成了一个完整的生态与经济有机结合的生态经济生产力。

生态经济生产力是生态与经济相结合的复合群体生产力，因而它是具有自然与社会两重属性的生产力。这是生态经济生产力的一个基本特征。生态经济生产力的两重属性，首先表现在生态经济再生产的两个过程中，即自然生产过程和经济生产过程。在生态经济生产过程中，生态生产力与经济生产力这两种属性不同的生产力，总是相互交织、相互渗透、互相依存、互为条件，共同构成生态经济生产力的整体运行过程。这个整体运行过程从同一起点开始，又从同一终点结束。也就是说，生态经济运动一开始，生态生产力与经济生产力的协同作用也就开始，生态经济运动一结束，它们的协同作用也就随之结束。不同的是，前者具有连续性，后者具有间断性，但都要受生态经济规律所制约，二者只能协同运行，不能各行其是。

生态经济生产力的两重属性，还表现为生态经济再生产的两种效果，即劳动的自然生产率和劳动的社会生产率。在生态经济生产过程中，这两种生产率，即自然生产率与社会生产率也总是相互交织、相互渗透、互相依存、互为条件，共同构成生态经济生产力的整体运行效果，即生态经济整体生产率。这一整体生产率是自然生产率与社会生产率相互依存、协同作用的结果。生态经济整体生产率总是大于自然生产率与社会生产率之和，这是由生态经济生产力的整体规律及其特殊转换功能和转换机制决定的，是不以人们的意志为转移的。

(三)影响生态经济生产力的外部因素

影响生态经济生产力发展的外部因素有很多，其中，自然环境因素、社会经济因素(包括社会环境因素)及科学技术因素是最基本的影响因素。它们制约或促进着生态经济生产力的发展，减弱或强化它们的作用效应，以及影响着生态平衡与经济发展的协调关系。下面分述各影响因素的作用与效果。

1. 自然环境因素

生态系统的环境要素、太阳能、气候、温度、水、土等因子，有的是生态经济生产力的环境自然力；有的也可构成某种生态经济系统的环境阻力，直接影响自然生产力的作用和大小。环境系统中，各种因子及其变化、分布与组合，都会促使生态经济生产力变化。各种因子中有的是促进因子，有的是限制因子，它们的综合作用非常复杂，对于具体问题应做具体分析。不过就当今存在的生态环境问题而言，环境的保护、防治已成为发展生态经济生产力的重要条件和自然与社会协调发展的基本任务。

2. 社会经济因素

社会经济系统的经济要素、社会环境，对生态经济生产力的发展起着重要作用。在自然环境下，生态经济产品的价格、投资方向、管理水平，以及人们的生态环境意识等，都影响着生态经济生产力和系统的发展规模、发展方向以及生态与经济协调发展的前景。

产品价格是经济系统最敏感的调节杠杆，也间接地调节着生态经济生产力的发展。生态经济要素和产品的市场价格涨落，影响生产经营者的响应行为，在一定程度上调节生产力节奏，从而决定着生产力发展规模的增减。

投资对生态经济生产力的影响更是多方面的。投资的大小、方向、决策、项目等，影响着生态经济生产力发展规模、布局、产业结构和环境质量。特别是耗能污染型的投资项目与生态经济协调型的投资项目，对生态经济生产力的持续发展将有重要的影响。

3. 科学技术因素

科学技术是第一生产力，也是生态经济生产力发展的强劲动力。现代生态经济生产力水平的高低常以科技发展水平来衡量。科技从许多方面对生态经济系统产生影响，推动生态经济生产力不断发展。但指导思想和运用科技不当，也会产生负效应。

科学新理论、新技术、新方法、新工具的创建和发明，常常促进生态经济生产力登上新台阶，步入新阶段。不仅能变更自然生产力和社会生产力的结合形式，而且可大幅度地提高综合生产力水平，使生态经济效益大为改观。现代新兴产业的崛起，如信息工业、新材料、新能源、航天工业和生物工程等产业，逐渐替代了传统产业的更新和换代，从而提高了生态经济系统的生产能力。如果人们持有正确的生态环境意识，通过对高科技的运用，人与自然的关系，或生态与经济的发展关系，必将会步入一个生态与经济协调发展的新阶段。

从生态经济协调发展的目标出发，科学技术研究成果应用与推广，是科技转化生产力必不可少的环节。只要科技成果推广应用的渠道和机制畅通，科技因素对生态经济生产力的提高与促进作用，是毋庸置疑的。令人担忧的是，从发达国家和我国现今的经济发展形势来看，人们更偏重高科技在经济方面的作用，而对其在生态环境中的作用，尚未引起人们的普遍重视。

（四）生态经济生产力协调发展的途径

生态经济系统是一个由生态—经济—社会—技术共同组成的大系统，其间存在着各种相互交织、相互作用、相互影响的矛盾。只有采取化矛盾对立为矛盾统一的发展战略，协同进化，相互支持，才是人类生存和发展的根本途径。否则，研究生态经济生产力持久增长和发展的任何措施，都会落空。

1. 阻碍生态经济生产力发展的基本矛盾

在生态经济系统众多的矛盾中，具有决定性的基本矛盾是社会、经济高速发展的需要与自然生态环境的资源供给之间的矛盾。它主要体现在以下几个方面：①人类社会的经济、福利增长要求自然资源的无限供给，而自然生态资源的数量、质量和再生能力是有限的。②经济系统的动态增长机制要求高速发展，而生态系统自组织调节的平稳机制，需维持系统本身相对稳定与平衡。③社会经济系统及其运转，受社会、经济规律支配；而生态系统的运动，则受自然规律支配；二者在性质、时间、空间上均存在差异。④技术手段也与生态环境发生矛盾。在一定条件下，技术手段不当和越先进、技术规模越大，社会经济效益越高，而对自然生态和环境的影响程度也越大，造成的生态环境问题也越多。经济效益与社会效益之间也会产生矛盾。经济上的价值观，只重高产出、高利润，而不顾使用价值是否满足社会需求，是否危害人的生命、生活和生产。只有经济效益与社会效益的统一(社会经济效益)，才是人们追求的目标。

2. 生态经济生产力发展的协调途径

建立生态—经济—社会—技术大系统协调发展战略，是解决人类面临的人口、环境、资源、粮食等严峻问题的基本方向，也是发展生态经济生产力的物质基础。

(1)加强全民生态意识教育，正确处理人与自然的关系

在现代社会中，对人与自然的关系，有三种态度：一是热爱自然的保护者；二是凌驾自然的征服者；三是自然与社会共生的协调者。前两项各自走向极端，难为现实社会所接受，后者才是自然社会持久发展的必由之路。因此，加强生态意识宣传，变“征服”为共生，化“掠夺”为互助，保护自然并利用好自然，才是人类生存与社会发展的根本。

(2)保护自然资源，维持生态平衡，提高生态经济效益

自然资源包括有机的和无机的资源与要素，既是生态系统、自然生产力的构成与基础，更是人类社会、经济发展的源泉。自然界中，水、土、气、生物、矿物等都是人类赖以生活和不可或缺的生态物质资源。保护自然资源，就是保护人类自己。

保护自然、改善环境与充分利用自然资源、增加社会经济实力是密不可分的。充分有效地利用自然资源，意味着在生态平衡或不超过生态阈值条件下，使生态经济系统的物质、能量的利用率提高或减少物质、能量的消耗，同时，又使生态、经济、社会、技术和谐发展，保持生态经济系统动态平衡和持续运转。按照系统科学的观点，一个复杂的大系统，只要自觉运用控制

反馈原理，合理调控，就可形成最佳的结构与功能，保持稳定有序的发展。当今的耗散结构理论和协同论，已揭示和证明了这一客观事实，并逐渐应用于实践之中。为使生态经济系统高效和谐发展，利用生态与经济学的一些基本原则，如物质循环与重复利用原则、趋利避害原则、共生互利原则，以及开源节流原则等，为获取资源高效利用服务，同样，利用相生相克原则、最适结构与功能原则、可靠性强与风险小原则，使经济、生态相互制约、相互作用，持久地和谐发展。

(3)依靠科学技术，改革传统产业结构，发展新的生态经济产业

追求生态经济高效和谐模式，需依靠科学技术。一方面，探索生态经济协调发展的理论与方法，并施之于实践；另一方面，要改革传统产业，使之步入生态经济协调发展的轨道。发展新的生态经济产业既能缓解消除污染、净化和消化废物，改善环境质量，又能提高资源利用率、劳动生产率，进而不断提高生态经济生产力，还为生态经济协调发展提供了良好的社会条件。改革和兴建产业结构，不论农业、工业和第三产业，都要通过科学技术手段，使其朝着有利于发展高效和谐的生态经济系统的方向迈进。

第三节 生态经济与生态文明

一、生态经济学与可持续发展

(一)可持续发展指导思想的确立

回顾世界环境与发展运动的过程，大体来说，可以分为三个相互联系的发展阶段。这也是可持续发展指导思想逐步酝酿和逐步成熟的过程。

1. 舆论准备阶段(20世纪60年代末至70年代初)

这一时期是世界生态经济矛盾进入尖锐化的时期，也必然是生态经济思想最积极、最活跃和最敏锐的时期。当时人们共同关心经济社会发展向何处去的问题，从而提出了关于预测人类社会发展前途的各种各样的分析和观点。其中影响最大的是以“罗马俱乐部”为代表的“悲观派”观点和以美国的赫尔

曼·卡恩及朱利安·西蒙等为代表的“乐观派”观点，并由此展开了关于人类社会未来发展前途的一场世界性的大讨论。两派的激烈争论持续了很长时间，引起了人们对人类社会发展前途问题的普遍关注和深入思考，全球化的生态危机日益被人们所重视，人们的生态意识也日益觉醒。从而为世界“可持续发展”战略指导思想的形成做了思想和舆论上的充分准备。

2. 全球保护环境的行动阶段(1972 年 6 月至 1992 年 6 月)

联合国于 1972 年 6 月 5—16 日，在瑞典首都斯德哥尔摩召开了“人类环境会议”，讨论了当代的环境问题和保护全球环境的行动战略。从此，人们对生态环境的关注就更加普遍，保护生态环境的问题也日益深入人心。在世界范围内，一个大规模的、由各国政府和人民群众广泛参加的环境保护运动就蓬勃发展起来。

3. 全球环境与发展行动统一的阶段

在“人类环境会议”召开后的 20 年中，人们的生态环境意识有了很大的提高，但是总的来看，全世界的生态环境状况还在继续恶化。因此，联合国于 1992 年 6 月，又在巴西的里约热内卢召开了“联合国环境与发展会议”。在这次大会上，“可持续发展”明确作为世界各国发展经济的共同指导思想被提出，并经参加会议的各国元首和政府首脑一致同意，从而被作为世界各国共同的行动准则确定下来。

(二)可持续发展指导思想在我国的确立

长期以来，我国由于人口迅速增长和生产力快速提高，经济与生态的矛盾也越来越突出。1972 年联合国“人类环境会议”后，我国正式建立了环境保护机构，加强环境保护工作。1992 年召开“联合国环境与发展会议”后，我国政府率先响应，当年 8 月就制定了《中国环境与发展十大对策》，明确提出走可持续发展道路是中国当代以及未来的必然选择。1994 年中国政府制定和发布了中国的可持续发展战略——《中国 21 世纪议程——中国 21 世纪人口、环境与发展白皮书》，并且在 1996 年 3 月 17 日第八届全国人大第四次会议上，把可持续发展战略纳入了国民经济和社会发展计划。从此，可持续发展成为我国发展经济的一项战略方针。

（三）生态经济学为可持续发展提供了理论基础

1. 可持续发展观的形成与确立建立在生态与经济协调的基础之上

1987年，《我们共同的未来》报告中确立的可持续发展战略思想，以两个关键部分为基础：一是人类的基本需求，尤其是穷人的需求；二是环境限度，发展要以生物圈的承受能力为限度，如果它被突破，必将影响生态环境支撑当代和后代人生存的能力。这两个关键部分的核心问题，就是环境与经济相协调。因此，在国际上，《我们共同的未来》从可持续发展新战略思想的高度提出，环境与经济协调发展是一种全新的经济发展观。对此，刘思华先生把它概括为生态经济协调发展观，指出它是可持续发展观的核心。它的最终确立，曾在南北双方间经历了多年的争论。然而，尽管南北双方存在着分歧，但却有一个结合点，就是南北双方都希望生态环境与经济社会之间相互适应与协调发展，实现它们的相互结合与有机统一。所以在联合国环境与发展大会上，使生态环境与经济社会相协调的可持续发展经济的主张，成为与会各国的共识和大会基调，由此确认了可持续发展的新观念和新思想。

2. 可持续发展经济的理论体系以生态经济协调发展论为轴心

当代中国学者创立的生态经济协调发展理论，实现了几百年来缺乏生态理念或忽视生态环境保护与资源永续利用的传统经济理论向生态与经济内在统一的经济理论的伟大转变。这是经济发展理论史上的一次质的飞跃，揭开了经济发展理论在新的历史条件下进行深刻变革的序幕，使经济发展理论的发展进入一个划时代的新阶段。所以，自20世纪90年代以来，生态经济协调发展的理论与实践，正在向可持续发展领域扩展与融合，形成一种引起现代经济社会一系列变化的可持续发展经济理论。在生态经济协调发展理论的基础上创立可持续发展经济理论，这是今后生态经济理论发展与应用的基本任务。可持续发展经济学的产生与发展标志着当代人类对生态经济协调发展规律认识的深化，是验证、丰富和发展生态经济协调发展学说的理论结晶。

生态经济协调发展论针对社会经济走向与自然生态环境相脱离的非持续发展道路而建立，在现代经济社会发展中，生态与经济间的不协调已成为当代人类生存与发展的主要矛盾，因此，揭示现代经济社会发展中的生态与经济由不协调走向协调的发展规律，寻求人类经济活动及其行为在不危及生态环境的前提下，实现经济发展与生态环境相协调的发展途径，就是生态经济协调发展理论的根本之点。正是这一探讨，深化了人们对生态经济协调发展规律的认识，人们进一步看到，寻求当代社会经济发展与生态环境相协调的发展途径，不仅是当代经济社会的问题，而且关系到人类社会永久的发展问题。经济社会发展必须是在不危及后代人对生态环境资源需要的前提下，实现满足当代人需要的发展。这就是说，生态经济协调发展理论规定了经济社会发展必须在生态环境的承受能力允许范围内，满足当代人与后代人的需要。而可持续发展经济学正是建立在这个理论基础之上的。“它不仅要使人们的经济活动与发展行为在不危及生态环境的前提下寻求当代经济发展与生态环境相协调的发展途径，而且要使人们的经济活动与发展行为在不危及后代人对资源环境价值需求的前提下，寻求满足当代人对资源环境价值需要的发展途径，以解决当代经济社会发展与生态环境发展的协调关系。”

总之，生态经济协调发展学说，为可持续发展经济理论奠定了科学基础。我们以生态经济协调发展理论为核心，建立起可持续发展经济理论体系，是历史的必然，是现代人类生存与经济社会发展的客观需要，并由此使人们对现代经济发展规律性的认识进入一个新阶段。

二、习近平生态文明思想在青海的实践

青海属于西部内陆欠发达省份，青海省发展存在诸多不平衡不充分问题，尤其是经济发展与生态环境保护不平衡。青海作为长江、黄河、澜沧江的发源地，每年向下游输送清洁水逾6000亿立方米，被誉为“三江之源”“中华水塔”。

习近平总书记长期以来关注青海生态经济协调发展，他于2016年8月视察青海工作时提出“四个扎扎实实”的重大要求。2017年5月召开的中国共产党青海省第十三次党代会，深入贯彻习近平总书记重要讲话精神，全面落实“四个扎扎实实”重大要求，着力推动“四个转变”，开启了建设富裕文明和谐美丽新青海的伟大征程。2018年7月中共青海省委十三届四中全会进一步落实“四个扎扎实实”要求，作出“一优两高”战略部署。在新的历史起点上，习近平新时代中国特色社会主义思想是新青海建设必须坚持的理论依据和行动指南，推动“四个转变”和“一优两高”战略是落实“四个扎扎实实”重大要求

的实践路径，在与全国同步全面建成小康社会，建设更加富裕文明和谐美丽的新青海进程中，“扎扎实实推进生态环境保护”是推动青海发展的主要任务。

“青海最大的价值在生态、最大的责任在生态、最大的潜力也在生态。”“保护好三江源，保护好‘中华水塔’，确保‘一江清水向东流’，是青海义不容辞又来不得半点闪失的重大责任。”①习近平总书记的生态文明思想更加明确了青海省的特殊责任，凸显了生态保护的必要性。其也更加明确了青海省情特殊、责任特殊，在实施生态立省战略基础上，确立了以生态保护优先理念协调推进经济社会发展的治青理政方略，开启了青海生态文明建设的新征程（苏海红等，2016）。

三、青海省经济与生态协调发展的研究思路

保护生态环境就是保护生产力，生态文明建设滞后会严重阻碍区域经济发展。通过推进生态文明建设，改善生态环境，处理好经济发展同生态环境保护的关系，是青海省经济社会高质量发展的科学路径。

为此，本书以生态经济学基本理论为指导，通过实地调研与模型分析相结合，实证分析青海省经济发展与环境污染之间的关系，定量评价西部大开发以来青海省经济与生态环境协调发展水平变动态势。分析提出青海省经济与生态环境协调发展的新型城镇化和产业绿色发展路径。

① 刘涛．牢记“三个最大”重大要求，推进青海生态文明建设[O/L]．http://stzg.china.com.cn/2020-09/25/content_41309852.htm.

第二章

青海省经济增长与环境压力的初步评价

本章以人均 GDP 为经济期望产出，各项污染物排放为环境非期望产出，开展青海省经济增长与环境压力初步评价，并与"丝绸之路经济带"其他相关省份做横向对比。

第一节　理论基础与文献综述

一、环境库兹涅茨曲线理论

20 世纪 50 年代，西蒙·库兹涅茨(S. Kuznets)提出收入分配随着经济发展的变化而变化，他首次发表了这样的结论："当经济处于充分发展的前期，随着经济的发展，收入分配会先变得不平等，当经济达到充分发展的时期，收入分配会逐渐趋于平等。"这意味着在经济发展的早期，随着经济不断增长，收入差距也会不断扩大，然而这种差距在经济达到一定水平后会随着经济的增长而慢慢缩小。因此，从图形上来看，二者之间的关系表现为先上升然后再下降的一种倒"U"形曲线。我们将这种收入不均和经济增长之间呈现的倒"U"形关系称为库兹涅茨曲线(KC)。后来，美国经济学家 Krueger(1991)发现经济增长和环境污染程度间的关系很符合库兹涅茨在其研究中发现的人均收入水平与分配公平程度之间的关系，并于 1992 年在调查北美自由贸易协定对环境质量的影响时加入了"U"形假说，将经济增长和环境污染程度之间的关系描述为环境库兹涅茨曲线(EKC)，即环境污染程度和经济增长之间的经验性关系，并进一步做了环境库兹涅茨(EKC)的假设：随着经济的不断增长，人均污染物的排放量也随之增加，当人均收入水平达到一定程度后，人均污染物的排放量才能逐渐下降，即在经济到达较高水平后，环境污染程度会随经济增长而减小。

实际上，环境库兹涅茨曲线描述的是人均收入与环境污染指标之间存在的一种相关关系。即在工业化的初期，人们过于看重经济的发展，而忽略了对生态环境的保护，政府的财政收入也无力支付改善环境所需的高昂费用，于是环境质量会随着工业化的发展而趋于恶化。但当经济发展到某一水平时，领先的产业部门的技术水平上升，企业的道德价值标准会进一步提高，更加注重环境的保护，人们对环境的质量赋予更高要求，对环境进行监管的政府机构也会更加完善，因此环境质量的恶化在达到拐点之后会随着经济的进一步发展而逐渐好转，人们将变得更富有，而污染程度会随之降至工业化以前的污染水平。

二、国内外研究综述

(一)国外研究综述

自环境库兹涅茨曲线理论被提出来之后，许多学者便开始针对该曲线展开大量的实证研究，采用的数据形式有时间序列、横截面数据和面板数据，但是研究结果却不尽相同。

为了研究环境污染与经济发展的关系，Grossman 等就经济增长和环境污染程度的关系进行了研究，类似库兹涅茨曲线，在工业化初期阶段环境污染随经济增长而加剧，到了一定程度后，环境污染随经济增长而下降(Grossman G. M., 1991)。Arrow(1995)提出环境污染与经济增长的关系曲线在形态上也类似于库兹涅茨曲线，呈倒“U”形关系，因此将环境污染与经济增长的这种关系称作环境库兹涅茨曲线，即 EKC 曲线。

(二)国内研究综述

国内学者针对该领域的研究起步较晚，并且大部分都是实证研究。包群等(2021)针对全国 1996—2002 年的环境污染指标和经济相关数据研究发现，EKC 曲线拟合程度取决于数据的选取和模型选择。王瑞玲(2005)研究指出，

EKC曲线有多种形态，包括倒“U”形在内，还有正“U”形、“N”形、三次曲线形，这是由不同地区在不同阶段的差异导致的。刘耀彬(2006)构建了耦合系统评价指标体系，运用灰色关联理论和评价模型，研究指出江苏省总体上城市化对生态环境的胁迫作用和生态环境对城市化的约束作用同时存在。马权才等(2006)用人均GDP和“三废”指标定量评价经济增长与环境污染的关系，结果表明我国工业固废随人均GDP增长而下降，而工业废水、废气与人均GDP间不存在协整关系。拜琦瑞等(2008)以中国空气质量为环境指标，分析了二氧化碳排放与经济增长之间的变化关系，结果表明这两种变量相互作用的图形走势为倒“U”形，满足环境库兹涅茨假说，且二氧化碳对于经济变化的反应时间较长。

李峰(2008)研究发现，EKC“拐点”并非不可更改，发展科学技术、严格环境治理监督机制可以促使EKC曲线拐点提前到来，而且对解决环境污染问题效果十分显著。高宏霞等(2012)研究指出，经济发展水平不一样的地区EKC“拐点”到来的时间点具有差异，发达地区EKC“拐点”比欠发达地区到达时间更早(高宏霞等，2012)。张雨露和丁生喜(2020)研究指出，柴达木盆地经济增长与碳排放的关系符合库兹涅茨“N”形曲线。

从上述研究可以发现，经济增长与环境污染的关系存在区间差异性，各种污染物与区域经济增长之间的关系也存在差异性。因而，对于不同区域开展专门研究，进而制定出控制环境污染、促进经济增长的发展战略极其必要。

第二节　青海省经济增长与环境压力的关系

本节参考相关文献的做法，选取人均GDP作为经济增长指标，环境污染物指标则选取了人均工业二氧化硫排放量、人均一般工业固体废物产生量和人均工业废水排放量。丁生喜等(2017)运用TOPSIS综合评价法和归一化对统计数据进行标准化处理，通过EKC模型和VAR模型研究分析青海省经济增长与环境压力之间的相互关系。

一、经济增长与环境污染关系的研究方法

经济发展和环境保护在一定程度上如同公平与效率的关系。发展经济的

代价通常是消耗资源，而消耗资源必然会导致环境污染。如果专注于环境保护就会对经济发展产生限制，极大可能阻碍经济发展甚至产生经济倒退。

目前国内的研究大多研究资源损耗与经济增长或环境污染与经济增长之间的关系。研究结果侧重三个方面：一是验证了 EKC 理论；二是验证发现我国经济增长与环境污染存在弱 EKC 关系；三是 EKC 曲线在我国仍未得到验证。虽然以上研究关注的重点和研究的方向不尽相同，但均具有以下三个特点：其一，对环境治理和生态破坏的研究较少，多数关注于主要环境污染物指标与经济增长的实证研究。其二，大多使用简单的 EKC 一般方程模型，只考虑部分污染物和单一经济增长等因素，未能建立综合评价体系。其三，研究方法多种多样造成研究结果差异颇大。

现有的国内外研究主要采用的是经济增长对环境污染的影响这种单方面影响模式，因此忽略了经济增长与环境污染之间的相互影响，由此产生了变量的内生性偏差问题。一般的分析方法多是使用联立方程回归模型，这种简单的模型在环境—经济问题上有较大不足，对变量间因果关系的不确定和忽视变量内生性偏差问题导致分析结果不准确。为了解决变量内生性偏差问题，采取格兰杰因果检验对环境—经济的相关性进行检验，然后运用向量自回归模型(VAR)分析是否互为因果并且解决变量内生性偏差。利用这种方法，许多学者均对环境污染与经济发展关系进行了实证分析(贺彩霞等，2009)。

自 2000 年实施西部大开发战略以来，我国西部地区的经济总量增长迅速，甚至超过了全国平均增速，但随之而来的环境污染问题不得不引起重视。有研究通过对西部化工城市的研究得出区域存在“环境库兹涅茨曲线”，但由于重化工型产业结构和不合理布局，使“转折点”出现的时间比其他地区晚，并且转折点以后的环境污染随时都可能出现反弹(刘国伟，2008)。有研究发现，由于环境改善存在时间价值的问题，如果 EKC 曲线的上升阶段需要较长时间才能越过，而未来环境改善的现值就会难以弥补现实环境所破坏的成本。环境污染的累积、放大效应可能导致经济发展早期带来的环境恶化发展到后期变成不可逆转的恶化(杜颖等，2020；曹光辉，2000)。

青海省属于资源密集型产业为主导的区域，可能面临着“转折点”未到或环境污染降后“反弹”等情况。对青海省经济发展与环境污染关系的研究，一定程度上能反映出青海的发展情况与未来发展趋势，为青海省制定可持续发展战略提供参考，所以研究青海省经济增长与环境污染关系具有重要意义。

二、青海省经济增长与环境状况分析

青海省位于世界屋脊青藏高原东北部，是长江、黄河和澜沧江的发源地。青海省常年受西伯利亚寒流的影响，空气干燥，气候冷凉，适宜发展高寒农牧业，同时青海省具有丰富的矿产资源、自然资源，拥有中国内陆最大的咸水湖——青海湖，柴达木盆地更是因盐湖资源等具有“聚宝盆”的美称，多民族聚居形成的人文资源也独具魅力。

（一）青海省经济发展状况分析

青海省在实施西部大开发战略以来历年的 GDP、人均 GDP 和三次产业占 GDP 比重变化情况如表 2-1、图 2-1、图 2-2 所示。

表 2-1 青海省历年 GDP、人均 GDP 和三次产业比率变化情况

年份	GDP（亿元）	人均 GDP（元）	三次产业占 GDP 的比重（%）		
			第一产业	第二产业	第三产业
2000	263.68	5138	15.2	41.3	43.5
2001	300.13	5774	14.9	41.7	43.4
2002	340.65	6478	13.9	42.4	43.7
2003	390.20	7346	12.4	44.1	43.5
2004	466.10	8693	13.0	45.4	41.6
2005	543.32	10045	12.0	48.7	39.3
2006	648.50	11889	10.4	51.2	38.4
2007	797.35	14507	10.5	52.5	37.0
2008	1018.62	18421	10.4	54.7	34.9
2009	1081.27	19454	9.9	53.2	36.9
2010	1350.43	24115	10.0	55.1	34.9
2011	1670.44	29522	9.3	58.4	32.3
2012	1893.54	33181	9.3	57.7	33.0
2013	2122.06	36875	9.6	54.3	36.1
2014	2303.32	39671	9.4	53.6	37.0
2015	2417.05	41252	8.6	50.0	41.4

续表

年份	GDP（亿元）	人均 GDP（元）	三次产业占 GDP 的比重(%)		
			第一产业	第二产业	第三产业
2016	2572. 49	43531	8. 6	48. 6	42. 8
2017	2642. 80	44348	9. 0	44. 7	46. 3
2018	2865. 23	47689	9. 4	43. 5	47. 1
2019	2965. 95	48981	10. 2	39. 1	50. 7

资料来源：《青海统计年鉴》(2020)。

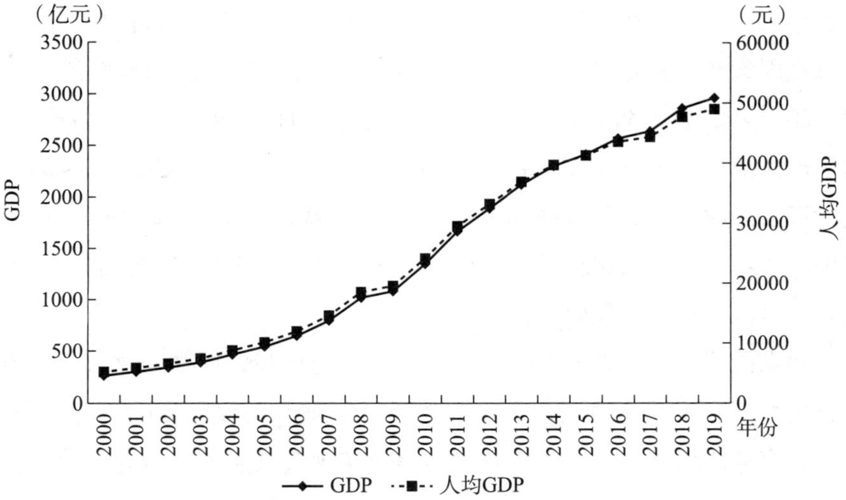

图 2-1　青海省历年 GDP 和人均 GDP 变化情况

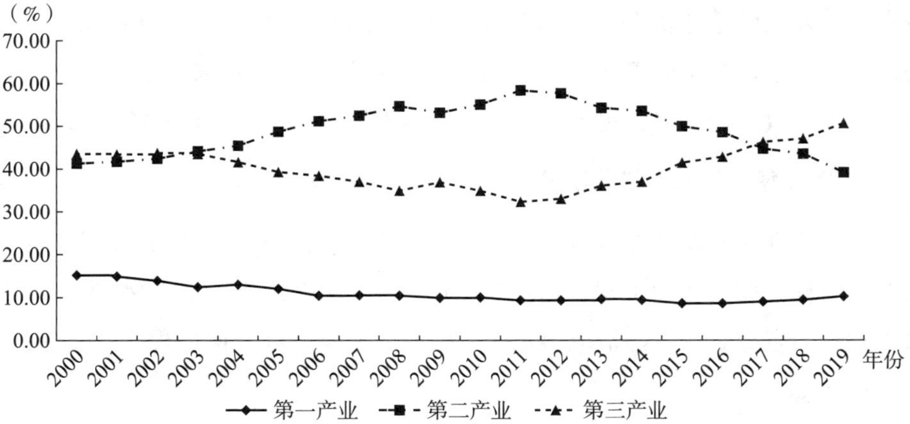

图 2-2　青海省三次产业占 GDP 比重变化情况

从表 2-1 和图 2-1 中可以看出，青海省在实施西部大开发战略以来经济总量规模与人均水平都呈现稳定增长态势。从图 2-2 中可以看出，青海省第一产业占 GDP 比重逐步下降，在 2018 年有所回升；第二产业占 GDP 比重先上升，到 2011 年后开始下降；第三产业占比在 2000—2003 年波动不明显，从 2004 年起开始逐渐回落并在 2008—2011 年变动幅度较大，随着 2011 年第二产业占 GDP 比重开始下降，第三产业占比随之上升，2017 年第三产业占 GDP 比重超过第二产业。可以看出虽然青海省产业结构目前从“二、三、一”正朝着“三、二、一”转变，但产业结构增长不稳定，说明青海省产业结构还需优化。

近年来，青海省经济发展情况良好，实现了较高速度的持续增长，但是由于总量因素和产业结构单一等因素，青海省与其他省份的差距越拉越大。2018—2019 年，青海省地区生产总值增幅由全国排名第 12 位降为第 15 位；人均生产总值增幅由 6. 3%下降到 5. 4%。城镇居民人均可支配收入和农村居民人均可支配收入与其他各省份相比分别排在第 27 位和第 29 位。2019 年城镇居民人均可支配收入比全国人均可支配收入低 20. 13%；农村居民人均可支配收入比全国人均可支配收入低 28. 22%。

虽然纵向比较青海省的经济发展有了一定的进步，但横向比较可以发现，青海省仍然落后于其他地区，对全国的经济贡献不明显。基础设施建设不完善、公共服务能力水平低，青海省迫切需要实现公共服务均等化，改善民生，化解利益冲突和社会矛盾。同时，青海省区域之间发展不平衡，城乡差距较大，农牧业基础薄弱，综合生产能力不高和抵御自然灾害的能力差，使得青海省区域发展的整体协调性和可持续性也较为脆弱。因此，在青海省区域经济发展的未来，必须转变经济发展方式，更加注重资源配置的合理性，更加注重公平和效益的把握，更加注重社会整体发展与和谐进步(孙发平，2009)。

(二)青海省环境质量状况分析

实施西部大开发战略以来，青海省坚持科学发展观和围绕经济社会全面发展的目标，推进蓝天工程，落实“预防为主、保护优先、综合治理”。从结果来看，全省综合污染防治取得了令人瞩目的成就，环境保护程度不断加强。

1. 环境质量

2019 年青海省整体环境质量不断改善。从水环境质量来看，长江干流、黄河干流、澜沧江干流、黑河干流、青海湖流域、湟水流域及柴达木内陆河流域共设61个水质监测断面，其中60个监测断面水质达到水环境功能目标，达标率为98.4%。Ⅰ~Ⅲ类水质断面59个，占比96.7%，同比上升9.8个百分点；Ⅳ类水质断面2个，占比3.3%，同比下降8.2个百分点。地表水整体水质稳中向好。从空气质量来看，全省环境空气质量达标天数占比96.1%，同比上升0.6个百分点，环境空气质量综合指数为3.16，同比下降0.9%，环境空气中二氧化硫、二氧化氮和一氧化碳平均浓度达到一级标准，可吸入颗粒物(PM10)、细颗粒物(PM2.5)和臭氧平均浓度达到二级标准。全省有2个市6个州的政府所在地城市(镇)可吸入颗粒物年均浓度达到国家二级标准。其中，海南州、海北州、玉树州和果洛州的可吸入颗粒物年均浓度达到国家一级标准，全省生态环境状况总体保持稳定。通过生物丰度、植被覆盖、水网密度、土地胁迫、污染负荷指数综合评价，全省县域生态环境以“良”为主；与2018年相比，各县生态环境状况指数变化幅度在-1.72~0.69。41个重点生态功能区县域生态环境状况保持稳定。①

2. 环境治理效果

2019年末全省有自然保护区11个，面积21.78万平方千米，其中国家级自然保护区7个，面积20.74万平方千米。森林面积520.89万公顷，森林覆盖率7.26%。湿地面积814.36万公顷，其中自然湿地面积800.1万公顷。国家重点公益林管护面积397.71万公顷，天然林保护面积367.8万公顷。全年全民义务植树1500万株，当年治理水土流失面积1746.05平方千米，造林面积28.9万公顷。全年市(州)政府所在地城市(镇)空气质量优良天数占比96.1%。

2019年全省规模以上工业企业综合能源消费量比上年下降2.6%。主要耗能工业企业吨钢综合能耗下降10.1%，吨水泥熟料综合能耗下降6.9%，单位电解铝综合能耗下降2.8%，电厂火力发电标准煤耗下降1.8%。强化信息监管提升固废管理水平，推进全省固体废物信息化监管，实现省际危险废物电子转移联单。统筹布局社会源危险废物集中收集和危险废物综合利用、安全处置设施建设，全省危险废物集中利用处置能力达到169.43万吨/年。完成

① 参见青海省生态环境厅. 2019年青海省生态环境状况公报[N]. 青海日报，2020-06-05.

持久性有机污染物调查及数据核定上报，启动聚氯乙烯生产汞削减及最小化示范项目。启动实施西宁市全国首批“无废城市”建设试点。①

三、青海省经济增长与环境压力关系实证分析

根据经济与环境协调发展的内涵和青海省经济、环境实际情况，选取能代表区域经济和环境污染的指标，建立青海省 EKC 曲线模型，找出环境指标与经济指标之间的相关关系，结合评价方法，从整体上对青海省环境污染与区域经济增长关系进行评价。

（一）青海省经济增长与环境污染指标体系

1. 指标体系构建原则

（1）科学性原则：经济与环境评价指标体系必须遵循经济发展规律和生态演变状态。

（2）可操作性原则：一是反映出的信息量大；二是具有代表性。

（3）系统性原则：把经济和环境问题视为一个系统问题，并给予多因素来进行综合评估。

（4）动态性原则：环境系统在不同区域间的表现大有不同，自然资源环境由于地域的不同会具有不同的表现，例如时间及周围条件的变化也可能引起这种非线性的演变规律。要能因时因地制宜地反映这种非线性的变化的指标体系所必备的特征。

（5）可比性原则：指标既能对同一计量单位进行纵向比较，也便于不同计量单位进行横向比较。

2. 评价指标选取

环境污染与区域经济发展关系评价指标体系是对某一地区环境污染与区域经济发展程度进行客观评价的手段和工具。考虑到在 2000—2019 年青海省经济发展产生污染基本以第二产业为主，结合数据的易获取性，采用人均工业废水排放总量、人均工业二氧化硫排放总量和人均一般工业固体废物产生

① 参见青海省统计局，国家统计局青海调查总队．青海省 2019 年国民经济和社会发展统计公报．2020-02-28.

量分别作为反映环境污染的指标(被解释变量)，选择人均 GDP 作为经济增长指标(解释变量)，简单地描述青海省环境污染与经济发展关系。

3. 采用 TOPSIS 综合评价法计算环境污染综合指标

(1)TOPSIS 评价方法概念

TOPSIS(Technique for Order Preference by Similarity to Ideal Solution)是一种在近似理想的条件下对解决方案按照这种理想化标准进行排序，常见于系统工程中用于多目标决策分析的综合评价法。基本思路是：在选出理想条件下的最劣方案和最优方案之前需要对原始数据矩阵进行归一化处理。得出该方案与理想方案的接近度 $C=\frac{S^-}{S^-+S^+}$，其中，S^+ 是各方案与最佳方案的距离；S^- 是各方案与最劣方案的距离。

(2)对距离的测度

设决策问题有 m 个指标 $f_j(j=1, 2, \cdots, m)$，n 个可行解 $Z_i=(Z_{i1}, Z_{i2}, \cdots, Z_{im})(i=1, 2, \cdots, n)$；

设该问题的规范化加权目标的理想解为 Z_j^+，负理想解为 Z_j^-，其中：

$$Z_j^+=(Z_1^+, Z_2^+, \cdots, Z_m^+)$$

$$Z_j^-=(Z_1^-, Z_2^-, \cdots, Z_m^-)$$

第一步：对数据进行归一化处理。

$$Z_{ij}=\frac{f_{ij}}{\sqrt{\sum_{i=1}^{n}f_{ij}^2}} \quad i=1, 2, \cdots, n;\ j=1, 2, \cdots, m$$

第二步：用欧几里得范数作为距离的测度，求出任意可行解 Z_i 到 Z^+ 和到 Z^- 的距离 S_i^+ 与 S_i^-。

$$S_i^+=\sqrt{\sum_{i=1}^{m}(Z_{ij}-Z_j^+)^2} \qquad S_i^-=\sqrt{\sum_{i=1}^{m}(Z_{ij}-Z_j^-)^2} \qquad 其中\ i=1, 2, \cdots, n$$

第三步：求出某一可行解对于理想解的相对接近度：

$$C_i=\frac{S_i^-}{S_i^-+S_i^+} \quad 0\leqslant C_i\leqslant 1,\ i=1, 2, \cdots, n$$

于是，若 Z_i 是理想解，则相应地 $C_i=1$；若 Z_i 是负理想解，则相应地 $C_i=0$。Z_i 越接近理想解，则 C_i 越接近于 1；反之，Z_i 越接近负理想解，C_i 越接近于0。

(3)环境污染程度综合指标计算

在本文中，针对不同年份的各个不同指标的环境污染程度综合指标计算中，为了充分利用原始数据，采用TOPSIS法，得出的结果能够精确反映不同年份间的环境污染水平。

针对经济增长，只选取人均GDP(按可比价格计算且令1952年人均GDP指数为100)。进行归一化处理和TOPSIS综合评价法加权综合后的经济增长与环境污染指标值如表2-2和图2-3所示。

表2-2　2000—2019年经济增长与环境污染水平指标值

年份	经济增长(X)	环境污染(Y)
2000	0.000000	0.116386
2001	0.014506	0.132807
2002	0.030564	0.149241
2003	0.050362	0.160383
2004	0.081085	0.170402
2005	0.111922	0.252584
2006	0.153981	0.263894
2007	0.213694	0.279643
2008	0.302967	0.283846
2009	0.326529	0.311780
2010	0.432840	0.333218
2011	0.556166	0.803822
2012	0.639623	0.818346
2013	0.723878	0.814665
2014	0.787651	0.821325
2015	0.823712	0.898170
2016	0.875693	0.826856
2017	0.894327	0.730047
2018	0.970531	0.752771
2019	1.000000	0.757397

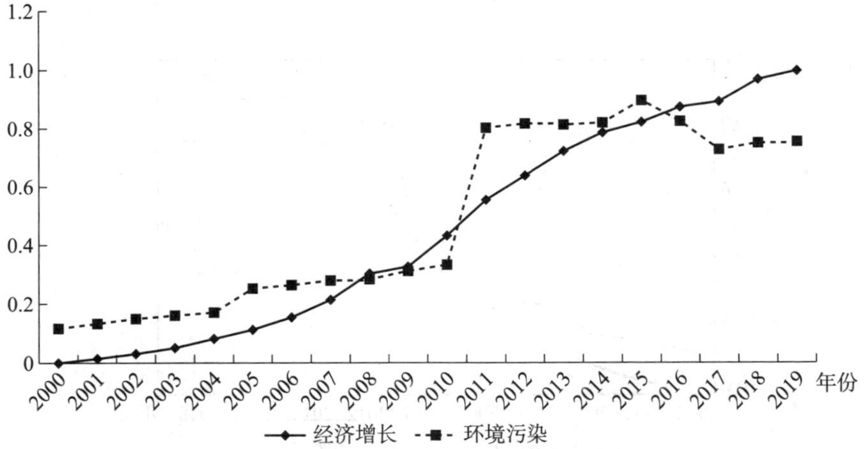

图 2-3 标准处理后的经济增长(X)和环境污染(Y)的变化情况

(二)EKC 模型计算

采用 EKC 经验方程进行回归分析:

$$y_t=\beta_0+\beta_1x_t+\beta_2x_t^2+\beta_3x_t^3+\mu_t$$

其中,x_t 代表无量纲处理后的实际人均 GDP;y_t 代表综合环境污染水平。EKC 参数如表 2-3 所示。

表 2-3 EKC 经验方程参数

若 $\beta_1>0$, $\beta_2<0$, $\beta_3=0$	曲线为倒"U"形,拐点为满足 $x_t=-\frac{\beta_1}{2\beta_2}$ 条件时的 t 值
若 $\beta_1<0$, $\beta_2>0$, $\beta_3=0$	曲线为正"U"形
若 $\beta_1<0$, $\beta_2=0$, $\beta_3=0$	y_t 随 x_t 的增加而线性减少,即环境污染程度呈线性下降
若 $\beta_1<0$, $\beta_2>0$, $\beta_3<0$	曲线呈倒"N"形
若 $\beta_1>0$, $\beta_2<0$, $\beta_3>0$	曲线呈正"N"形
若 $\beta_1>0$, $\beta_2=0$, $\beta_3=0$	y_t 随 x_t 的增加而线性增加,即环境污染程度呈线性上升
若 $\beta_1=0$, $\beta_2=0$, $\beta_3=0$	则 x_t 和 y_t 之间没有关系

将上文进行归一化处理和综合加权得到的经济增长指标值和环境污染指标值,依据一般 EKC 曲线方程对 β_1、β_2、β_3 进行三次多项式拟合,拟合结果见图 2-4。

$$y=-2.9552x^3+3.8169x^2-0.3069x+0.1622$$

$$R^2 = 0.9490$$

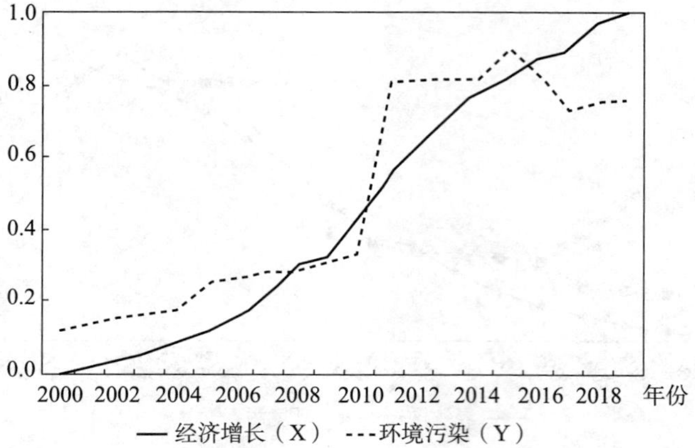

图 2-4　经济增长与环境污染指标值的拟合

从图 2-4 中可以看出，采用 EKC 经验模型进行一般回归分析时，效果不佳。这是由于 EKC 经验模型只关注了经济增长对环境污染的影响，忽略了环境污染对经济增长的反向影响，从而导致内生变量偏差问题。这一问题将在下文进行分析。

(三) Granger 检验和 VAR 模型

在前文对环境库兹涅茨曲线研究的基础上，为了能判断变量间是否存在因果关系并解决变量内生性偏差问题，采用向量自回归模型。1980 年，西姆斯提出了一种动态的联立方程模型，即 VAR 模型。虽然与一般的联立方程回归模型在形式上基本相同，即每个方程都具有相同的解释变量，但是相比一般联立方程回归模型，VAR 模型多出了一个解释变量——被解释变量的滞后变量。这种方法兼顾了一般回归模型的优点和传统联立方程回归模型所忽视的变量内生性偏差问题。

1. Granger 因果检验

在 Granger 检验之前先对序列的平稳性进行检验，这是为了避免伪回归的出现。进行协整检验的前提是各个序列是同阶单整的。使用统计软件 Eviews10. 0 中 ADF 检验对各变量的水平值和一阶差分值进行检验，结果见表 2-4。

表 2-4　单位根检验

变量	ADF 检验 t 统计量	ADF 检验 p 值
经济增长(X)	-3.029	0.6928
dX	-3.261	0.0080
环境污染(Y)	-3.029	0.7189
dY	-3.040	0.0070

注：dX 和 dY 分别表示 X 和 Y 的一阶差分，滞后项阶数的选择依据 AIC 信息准则。

结果显示，环境污染和经济增长指标值均通过单位根检验，可以进行 Granger 检验，检验结果如表 2-5 所示。

表 2-5　Granger 检验

原假设	F 统计量	p 值
dY 非 Granger 影响 dX	0.098	0.9076
dX 非 Granger 影响 dY	5.087	5.0233

Granger 检验结果表明，经济增长的 Granger 原因是环境污染，环境污染的变动能够解释经济增长变化。反过来，经济增长也是环境污染的 Granger 原因。

2. 脉冲响应分析

在前文的单位根检验和 Granger 检验分析的基础上，运用 VAR 模型中脉冲响应分析进一步研究经济增长与环境污染的响应冲击。VAR 模型如下：

$$dX_t = c_1 + a_{11} dY_{t-1} + a_{12} dX_{t-1} + \varepsilon_{1t}$$

$$dY_t = c_2 + a_{21} dY_{t-1} + a_{22} dX_{t-1} + \varepsilon_{2t}$$

其中，$\varepsilon_{1t} \sim WN(0,\ \sigma_1^2)$、$\varepsilon_{2t} \sim WN(0,\ \sigma_2^2)$，$\mathrm{cov}(\varepsilon_{1t},\ \varepsilon_{2t}) = 0$。

图 2-5 和图 2-6 分别表示 dX 对 dY 和 dY 对 dX 的脉冲响应图。

由图 2-5 可以看出，人均 GDP 对环境污染的脉冲响应在初期为正且呈边际递增趋势，到达第 3 期环境污染对经济增长影响逐渐减小，直到第 5 期后逐渐平稳，并在其后的一段时间内保持稳定。这表明随着经济增长水平提高，环境污染先增加，但一定时期过后经济发展达到一定水平，环境污染会逐步减小，并且这种趋势在很长一段时间内都是稳定的。由图 2-6 可以看出，随着经济的增长，环境污染的脉冲响应为正，并最终保持经济增长对环境污染影响的正趋势。从长远来看，单纯追求经济增长最终将导致环境质量下降、环境污染加剧，这与上文的 Granger 检验的结果是一致的。

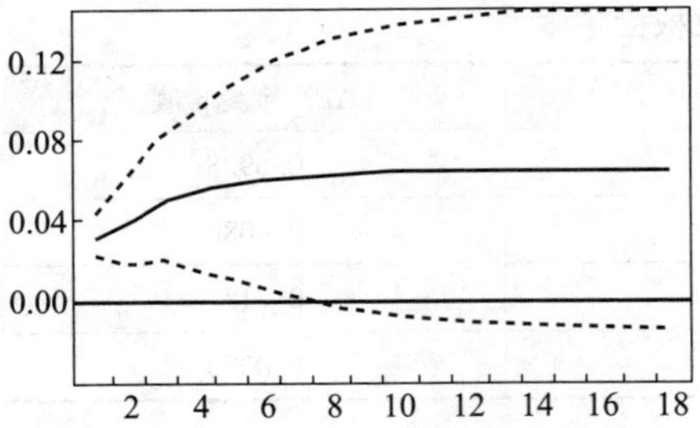

图 2-5　dX 对 dY 的脉冲响应图

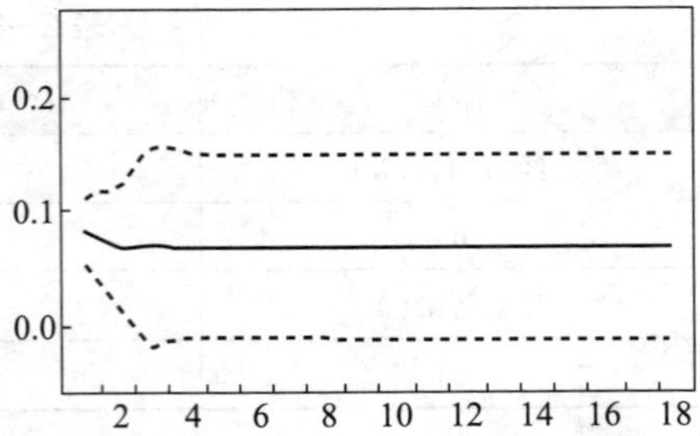

图 2-6　dY 对 dX 的脉冲响应图

3. *方差分解*

VAR 模型中的方差分解是分析影响内生变量的结构冲击的贡献度。它是将各个因素影响内生变量的波动程度用各因素的贡献度描述。若贡献度大，则说明该因素能较大地影响内生变量，若贡献度小则表示该变量对内生变量不重要。我们对表 2-6 和表 2-7 VAR 模型进行方差分解。在此之前为了消除残差的序列相关和同期相关，陈晓峰(2011)对数据进行 Cholesky 正交化处理。

表 2-6　经济增长(X)的方差分解

预测期	预测误差方差的贡献率	
	dX	dY
1	100.0000	0.0000
2	99.9990	0.0010
3	99.9984	0.0016
4	99.9983	0.0017
5	99.9982	0.0018
6	99.9982	0.0018
7	99.9982	0.0018
8	99.9982	0.0018
9	99.9982	0.0018
10	99.9982	0.0018
11	99.9982	0.0018
12	99.9982	0.0018
13	99.9982	0.0018
14	99.9982	0.0018
15	99.9982	0.0018

注：表中左边第一列第 1 期从 2020 年开始，以后各期类推。

表 2-7　环境污染(Y)的方差分解

预测期	预测方程分解的贡献率	
	dX	dY
1	46.9439	53.0561
2	58.5092	41.4908
3	62.8916	37.1084
4	63.9988	36.0012
5	64.2036	35.7964
6	64.2612	35.7388
7	64.2707	35.7293
8	64.2740	35.7260
9	64.2744	35.7256
10	64.2746	35.7254
11	64.2746	35.7254
12	64.2746	35.7254
13	64.2746	35.7254
14	64.2746	35.7254
15	64.2746	35.7254

注：表中左边第一列第 1 期从 2020 年开始，以后各期类推。

由表 2-6 和表 2-7 可观察到，在经济增长指数 X 的 15 年预测期内，环境污染水平指数 Y 对经济增长 X 预测方差的解释程度持续增加，表明在经济发展过程中，环境的污染能够较大影响经济发展。同样地，在环境污染指数 Y 的 15 年预测期内，经济增长指数 X 对环境污染指数 Y 的影响程度呈上升态势，即经济增长对环境污染的影响逐步加深。

4. 协整分析

对经济增长与环境污染间相互影响关系进行 Johansen 协整检验。根据 AIC 信息准则，选取 2 阶作为滞后阶数，检验结果见表 2-8。

表 2-8 Johansen 协整检验

变量组	H_0	H_1	统计量	临界值	结论	协整估计
经济增长(X) 环境污染(Y)	$r=0$	$r\geq1$	18.29	9.16	$r=1$	$\beta=(1, -1.922, 0.135)$

由表 2-8 可知，环境污染指数 Y 和经济增长指数 X 之间存在协整关系。经济增长与环境污染有稳定的相互影响关系。然后，依据表 2-8 中的估计结果建立协整方程：

$$Y=1.922\times X-0.135$$

方程表明，Y 与 X 呈正相关关系。可以看到 Y 对 X 的弹性是 1.9220。经济增长指数 X 每增加 1 个百分点，将使得环境污染指数 Y 以 1.922 个百分点的速度增加。因此环境污染对经济增长的弹性较大。这也验证了前文经济增长对环境污染影响重大的论断。

结果表明，随着经济增长，青海省环境污染状况也会相应增加，但是随着时间的推移，环境污染增加的幅度有逐渐减小的趋势。因此，青海省必须加快产业结构升级、改变经济发展方式，建立完善环境保护制度，取得经济增长的同时控制环境污染，才有助于青海省可持续发展目标的实现。

第三节 “丝绸之路经济带”区域经济增长与环境污染的关系实证研究

“丝绸之路经济带”是在古丝绸之路基础上提出的一个全新的区域经济发

展构想，其东部维系着新兴的亚太经济圈，西部连接着繁荣的欧洲经济圈，被誉为“世界上最长、最具有发展潜力的经济大走廊”。

本节通过收集“丝绸之路经济带”沿线的9个省份环境污染和地区人均生产总值的数据，建立环境库兹涅茨曲线模型，通过相关的统计方法分析，发现9个省份的经济发展与环境之间的关系具有差异性，各单项污染物排放指标与各省份人均GDP之间的关系主要呈现“U”形、倒“U”形、单调上升和单调下降四种类型；而通过综合环境污染指数与各省份人均GDP进行拟合分析发现，除云南省外，广西、重庆、陕西、甘肃、青海和宁夏的拟合曲线呈现正“N”形形态，而四川、新疆的拟合曲线呈现倒“N”形形态。接着将“丝绸之路经济带”沿线9个省份合成一个整体对其经济与环境关系进行拟合，发现两者之间呈正“N”形关系，“丝绸之路经济带”环境污染随经济发展有进一步恶化的趋势（丁生喜，2019）。

一、研究背景与现状

（一）研究背景

2013年9月7日，习近平总书记首次提出共同建设“丝绸之路经济带”的战略构想。“丝绸之路经济带”建设可以有效地带动中国西部地区的经济发展，将西部地区推到新的改革开放前沿，并开拓新的经济增长点。此外，随着中国经济的快速发展，一系列环境问题开始影响人们的正常生活，如何在发展经济的同时兼顾生态环境保护是人们面临的一项新的课题。众所周知，西部地区生态环境十分脆弱，因此，如何解决“丝绸之路经济带”环境问题、保护该区域的生态安全是我们面临的一项至关重要的任务。

经济发展的最终目的是保障人们的生活水平，提供一个良好而舒适的生活环境。如果我们在经济发展过程中没有注重环境保护，就会导致经济与环境之间的不协调发展，进一步导致经济发展愈加缓慢，环境污染愈加严重，陷入死循环。而“丝绸之路经济带”的建设势必会加快西部地区经济的快速增长，同样也会影响该区域的生态环境。本节对“丝绸之路经济带”区域的经济发展与环境污染之间的关系进行实证分析，对避免重走发达国家“先污染、后治理”的经济发展道路，具有十分重要的理论价值和现实意义。

（二）研究现状

自“丝绸之路经济带”这一概念被提出以来，一些学者便开始对这一新的发展区域展开深入研究。以“丝绸之路经济带”国内段9个省份为研究对象，实证分析了“丝绸之路经济带”的旅游消费和经济增长之间的关系（马震，2015）。运用“丝绸之路经济带”省际面板数据研究该区域对外开放与经济增长的相关关系（谢红，2015）。然而，对于“丝绸之路经济带”这一新的增长极，国内对该区域经济发展与环境污染的关系的实证研究还比较缺乏。因此，本节利用环境库兹涅茨理论，选取西部大开发以来“丝绸之路经济带”9个省份的数据，对“丝绸之路经济带”区域经济与环境之间的关系进行探析，希望对该区域的经济与环境之间的协调发展提供决策参考。

二、“丝绸之路经济带”区域经济增长与环境污染现状分析

“丝绸之路经济带”，是在古丝绸之路概念基础上形成的一个新的经济合作区域。古丝绸之路是西汉时张骞出使西域开辟的一条以长安（今陕西西安）为起点，经关中平原、河西走廊、塔里木盆地，到锡尔河与乌浒河之间的中亚河中地区、大伊朗，并连接地中海各国的陆上通道。在这条国际通道上，对中国的瓷器、丝绸和香料的交易络绎不绝，为古代东西方之间经济与文化的交流搭起了桥梁。时过境迁，21世纪初，中亚各国希望与中国扩展合作领域，为这块沃土再次注入“肥料”和“生机”。本书研究的“丝绸之路经济带”包括陕西、甘肃、青海、宁夏、新疆、重庆、四川、云南、广西等9个省份。

（一）“丝绸之路经济带”经济增长现状

1.“丝绸之路经济带”经济发展速度减缓

“丝绸之路经济带”9个省份的地区生产总值之和从1996年开始不断上升，由1996年的10628.72亿元上升为2019年的169505.49亿元，经济总量约提高16倍。从年增长率来看，“丝绸之路经济带”的经济增长速度不稳定，增长率于1998年、2005年、2009年和2012年出现波动，尤其是2009年的年增长率下降幅度较大。从2011年开始，“丝绸之路经济带”整体经济增长速度

不断下降，2015 年的年增长率仅约为 5%(见图 2-7)。2019 年国内生产总值达 990865 亿元，GDP 增长率为 6.1%，“丝绸之路经济带”9 个省份的经济总量占全国的 17%。

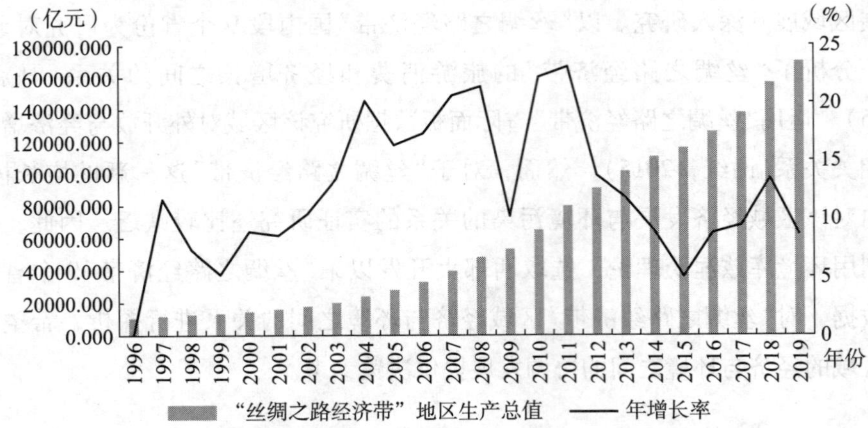

图 2-7　1996—2019 年“丝绸之路经济带”地区生产总值及年增长率

资料来源：《中国统计年鉴》(2020)。

2.“丝绸之路经济带”经济发展不平衡

具体从“丝绸之路经济带”各省份来看，9 个省份的经济发展并不平衡。20 多年来，四川省的经济发展一直位于“丝绸之路经济带”的前列，并保持着快速增长的态势，2019 年全年实现地区生产总值 46615.82 亿元，按可比价格计算，比上年增长了 8.7%。陕西省地区生产总值位居丝绸之路经济带第二，但与四川省的地区生产总值差距较大。而青海省与宁夏的地区生产总值处于“丝绸之路经济带”的较低水平，青海省 2019 年地区生产总值达 2965.95 亿元，按可比价格计算，比上年增长 7.9%。宁夏 2019 年全区实现生产总值 3748.48 亿元，按可比价格计算，比上年增长 6.8%(见图 2-8)。

从人均地区生产总值来看，各省份的经济差异也十分显著(见图 2-9)。2019 年，重庆市的人均地区生产总值最高，全市人均地区生产总值达到 75828 元，比上年增长 8.5%。陕西次之，人均地区生产总值 66649 元，比上年增长 7.2%。接下来的排名依次为：四川、新疆、宁夏、青海、云南、广西、甘肃。

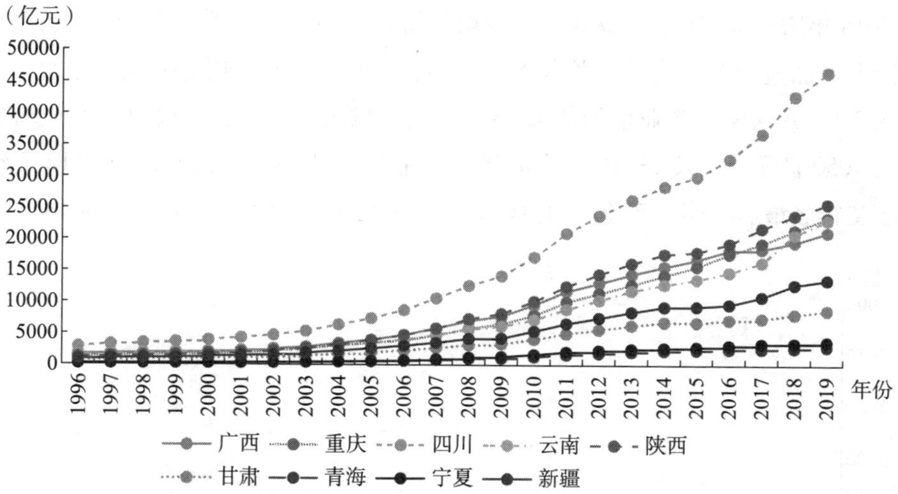

图 2-8　1996—2019 年“丝绸之路经济带”各省份地区生产总值

资料来源：《中国统计年鉴》(2020)。

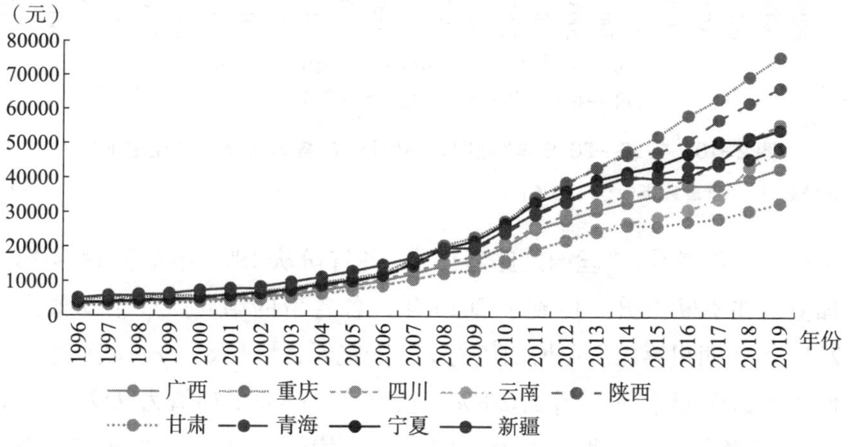

图 2-9　1996—2019 年“丝绸之路经济带”各省份人均地区生产总值

资料来源：《中国统计年鉴》(2020)。

3. 各省份三次产业结构有差异

从图 2-10 来看，“丝绸之路经济带”各省份的第一产业增加值从 1996 年开始不断上升，四川省、广西壮族自治区和云南省的第一产业增加值分别位列“丝绸之路经济带”区域的第一、第二和第三名。2019 年，四川省第一产业增加值为 4807 亿元，较 2018 年增长 8.6%；广西第一产业增加值为 3388 亿元，比 2018 年增长 12.1%；云南第一产业增加值为 3038 亿元，增长 21.6%；陕西第一产业增加值为 1991 亿元，增长 8.8%；新疆第一产业增加值为 1782 亿元，增长 5.3%；重庆第一产业增加值为 1551 亿元，增长 12.5%；甘肃第一产业增加值为 1050 亿元，增长 13.4%；青海第一产业增加值为 302 亿元，增长 12.7%；而宁夏排名最后，第一产业增加值仅为 280 亿元，比 2018 年增长 0.36%。

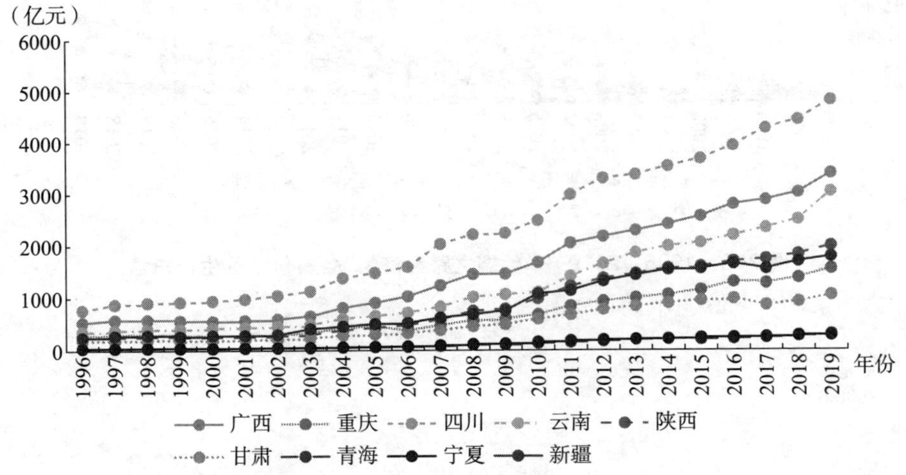

图 2-10　1996—2019 年“丝绸之路经济带”各省份第一产业增加值

资料来源：《中国统计年鉴》(2020)。

从第二产业来看，“丝绸之路经济带”各省份从 1996 年至 2014 年第二产业增加值也在不断上升，但到了 2015 年，各省份的第二产业增加值出现波动。2019 年，四川第二产业增加值为 17365 亿元，增长 8.1%；陕西第二产业增加值为 11980.75 亿元，增长 6.8%；重庆第二产业增加值为 9497 亿元，增长 7.4%；云南第二产业增加值为 7962 亿元，增长 9.6%；广西第二产业增加值为 7077 亿元，增长 5.7%；新疆第二产业增加值为 4795.5 亿元，增长 3.0%；甘肃第二产业增加值为 2862.42 亿元，增长 3.6%；宁夏第二产业增加值为 1584.72 亿元，增长 6.5%；青海第二产业增加值排名最后，为 1159.75 亿元，比上年增长 6.0%(见图 2-11)。

由图 2-12 可知，1996—2019 年，“丝绸之路经济带”各省份第三产业增加值稳定上升。2019 年，四川第三产业增加值为 24443.25 亿元，增长 9.0%；重庆第三产业增加值为 12557.51 亿元，增长 10.5%；云南第三产业增加值为 12224.55 亿元，增长 10.0%；陕西第三产业增加值为 11821.49 亿元，增长

8.5%；广西第三产业增加值为 10771.97 亿元，增长 8.7%；新疆第三产业增加值为 7019.86 亿元，增长 8.7%；甘肃第三产业增加值为 4805.4 亿元，增长 8.8%；宁夏第三产业增加值为 1883.83 亿元，增长 8.1%；而青海第三产业增加值为 1504.3 亿元，排在最后一位，比上年增长 8.5%。

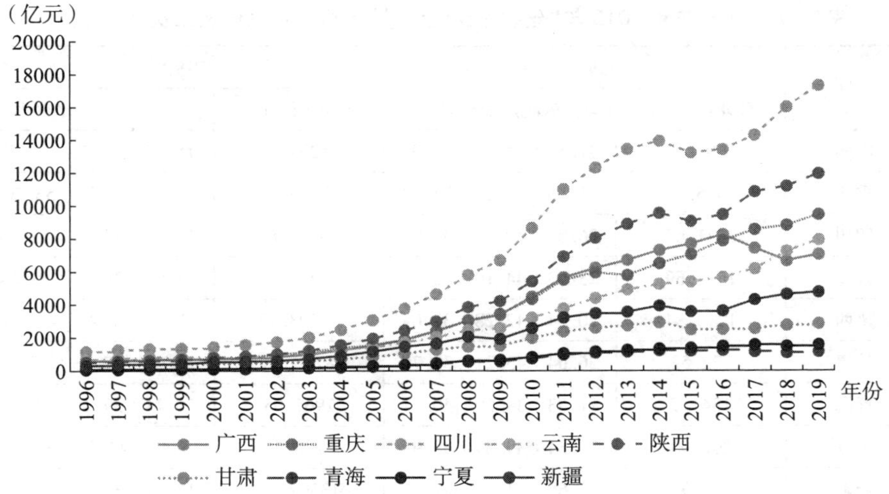

图 2-11　1996—2019 年“丝绸之路经济带”各省份第二产业增加值

资料来源：《中国统计年鉴》(2020)。

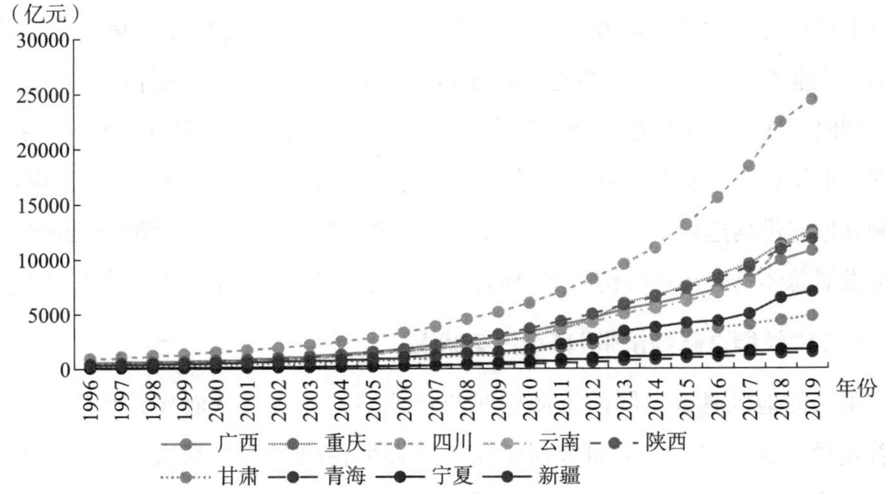

图 2-12　1996—2019 年“丝绸之路经济带”各省份第三产业增加值

资料来源：《中国统计年鉴》(2020)。

总的来说，“丝绸之路经济带”各省份的三大产业增加值各不相同，经济优势也不同。而青海省的经济发展尤为特殊，2019 年的三次产业增加值占比为 10.18：39.10：50.72，1996 年则为 21.93：38.00：40.07，产业结构优化比较明显，但是在“丝绸之路经济带”各省份中仍处于相对滞后的水平(见表 2-9)。

表 2-9　1996 年和 2019 年“丝绸之路经济带”地区生产总值及三次产业比重

地区	1996 年		2019 年	
	GDP(亿元)	三次产业比重	GDP(亿元)	三次产业比重
广西	1697.90	31.51：34.57：33.92	21237.14	15.95：33.32：50.72
重庆	1315.12	21.88：43.24：34.88	23605.77	6.57：40.23：53.20
四川	2871.65	26.81：40.25：32.94	46615.82	10.31：37.25：52.44
云南	1517.69	23.73：44.10：32.17	23223.75	13.08：34.28：52.64
陕西	1215.84	20.64：42.28：37.08	25793.17	7.72：46.45：45.83
甘肃	722.52	26.04：43.21：30.75	8718.30	12.04：32.83：55.12
青海	184.17	21.93：38.00：40.07	2965.95	10.18：39.10：50.72
宁夏	202.90	21.34：39.69：38.98	3748.48	7.47：42.28：50.25
新疆	900.93	27.65：34.83：37.53	13597.11	13.11：35.27：51.63

资料来源：《中国统计年鉴》(2020)。

库兹涅茨通过研究发现的三次产业结构会伴随人均 GDP 的增长而发生变化的一般规律为：随着人均收入水平的提高，三次产业结构会发生重要的变化，即第一产业在 GDP 中所占的比重越来越小，第二和第三产业所占比重逐年增加，同时三次产业结构中劳动力也有同样的变化。从表 2-9 中可以发现，各省份的产业结构变动基本符合产业结构变化的普遍趋势。具体来看，2019 年陕西省和其他省份均达到“三、二、一”的产业结构。总的来说，“丝绸之路经济带”经济发展总体符合产业结构演变规律，但还存在区域产业结构水平不高的问题。

(二)“丝绸之路经济带”环境污染状况

不同的地区具有不同的资源禀赋与产业结构特点，从而导致环境污染的显著差异，这一点为许多研究所证实。而环境污染主要包括大气污染、水污染和固体废弃物污染。大气污染主要的来源是工业废气，工业废气中包含二氧化硫、工业烟粉尘和氮氧化物等污染物。考虑到数据的可获得性，本部分选取二氧化硫排放量、工业废气排放总量、烟粉尘排放量三个指标表征大气污染，选取废水排放量表征水污染，选取工业固体废物排放量表征固体废弃物污染，对“丝绸之路经济带”的环境污染状况进行描述。环境污染排放量随经济增长而增加，各地区排放量存在显著差异。

1. 二氧化硫排放量

2000—2010 年，“丝绸之路经济带”各省份二氧化硫排放量趋于稳定水平，其中，四川的二氧化硫排放量最大，青海的二氧化硫排放量最小。2011 年，四川、广西、重庆的二氧化硫排放量迅速下降，云南、陕西、新疆的二氧化硫排放量却开始大幅度地上升，青海省的二氧化硫排放量基本趋于稳定。从 2015 年之后，各省份二氧化硫排放量都呈现持续下降趋势（见图 2-13）。[①]

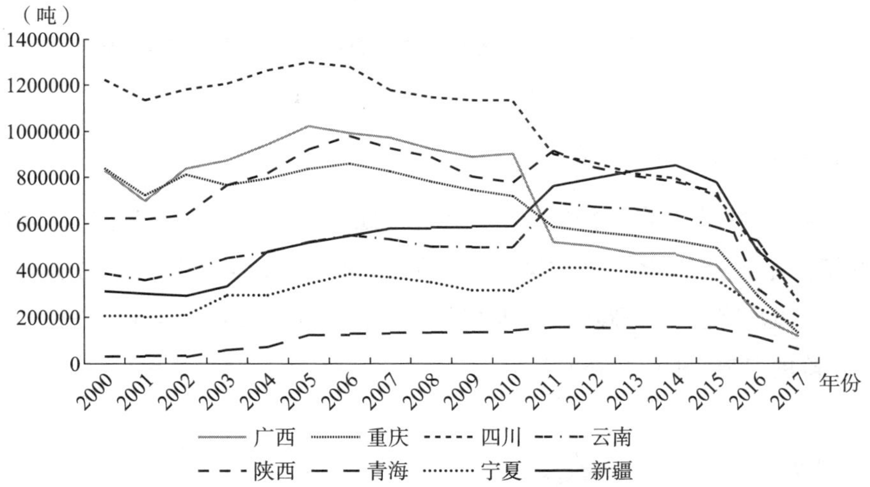

图 2-13　2000—2017 年“丝绸之路经济带”各省份二氧化硫排放量

资料来源：《中国环境统计年鉴》（2001—2018）及各省区市环境年报。

2. 废水排放量

广西、云南、四川的废水排放量很不稳定，其中以广西、四川的废水排放量较大，青海省的废水排放量最小。四川省的废水排放量在 2000—2017 年基本处于上升趋势，广西则出现下降趋势。如图 2-14 所示，青海的废水排放量历年都处于最低。

① 由于 2018 年以后的相关污染数据不齐全，故此处不更新数据。

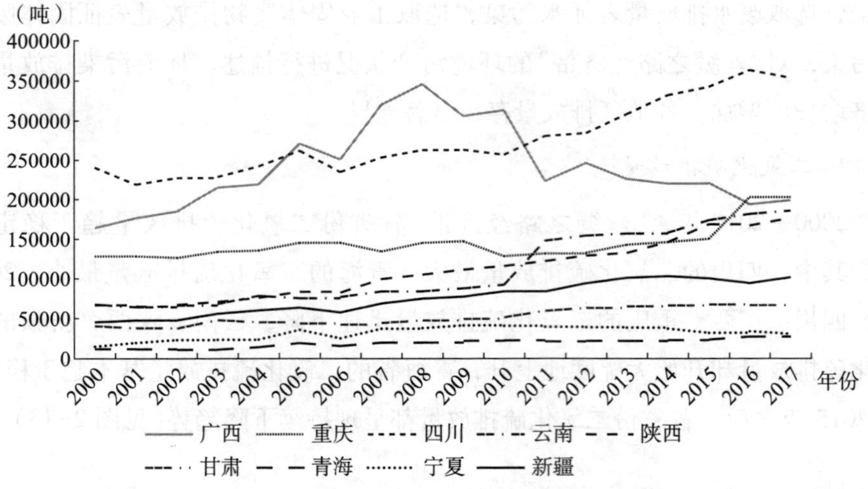

图 2-14　2000—2017 年“丝绸之路经济带”各省份废水排放总量

资料来源：《中国环境统计年鉴》(2001—2018)及各省份环境年报。

3. 烟粉尘排放量

2000—2005 年，各省份的烟粉尘排放量处于一个较高的污染水平，但到了 2006 年，各省份的烟粉尘排放量得到了较好的治理，截至 2017 年，各省份的烟粉尘排放量均降至 55 万吨以下。从发展趋势看，各省份烟粉尘排放量都表现出波动下降的态势(见图 2-15)。

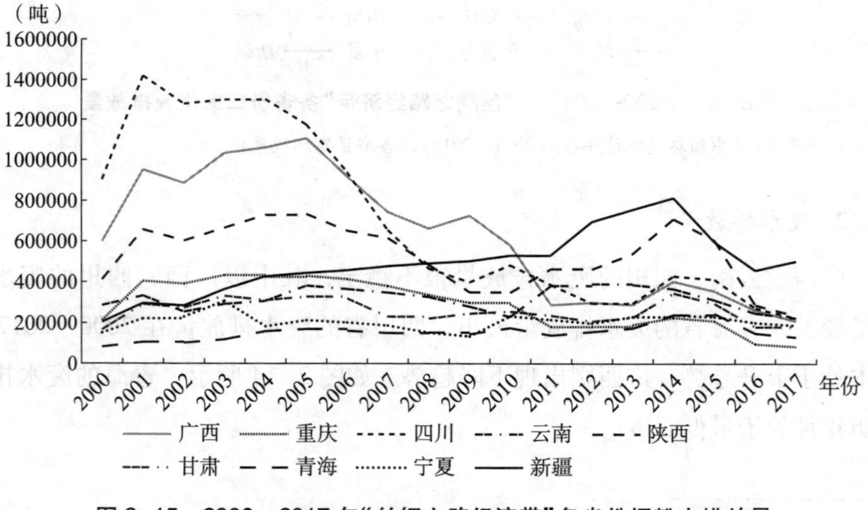

图 2-15　2000—2017 年“丝绸之路经济带”各省份烟粉尘排放量

资料来源：《中国环境统计年鉴》(2001—2018)及各省份环境年报。

4. 工业固体废物

工业固体废物的污染具有隐蔽性、滞后性和持续性三大特征，给人类生命健康和生存环境带来了巨大危害，区域经济发展的过程中应该更加注重对工业固体废物的妥善处置。“丝绸之路经济带”各省份工业固体废物的排放量从 2000 年开始均处于下降趋势。截至 2015 年，广西、四川、陕西、甘肃、青海和宁夏已实现工业固体废物零排放，而新疆、重庆和云南仍有固体废物排放。此外，仍然有尚未综合利用或处置的工业固体废物，对土壤、空气、地下水等造成严重的污染(见图 2-16)。

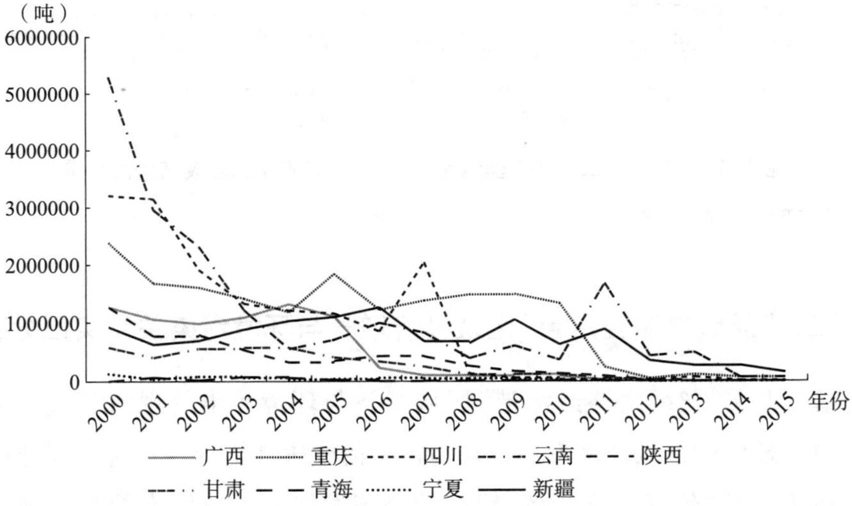

图 2-16　2000—2015 年“丝绸之路经济带”各省份工业固体废物排放量

资料来源：《中国环境统计年鉴》(2001—2017)及各省份环境年报。

5. 工业废气排放

从图 2-17 中可以看出，2000—2010 年，各省份的工业废气排放量极不稳定，但大体趋势是上升的。研究期内，青海省的工业废气排放量总体最少(由于各省份统计资料收集不完整，因此该项指标数据未做更新，但也能够反映发展变动趋势)。

总的来说，“丝绸之路经济带”9 个省份中，环境状况最好的是青海省，各污染指标排放量均处于较低的水平，虽然青海省经济相较其他省份不太发达，但对环境的破坏程度较小。

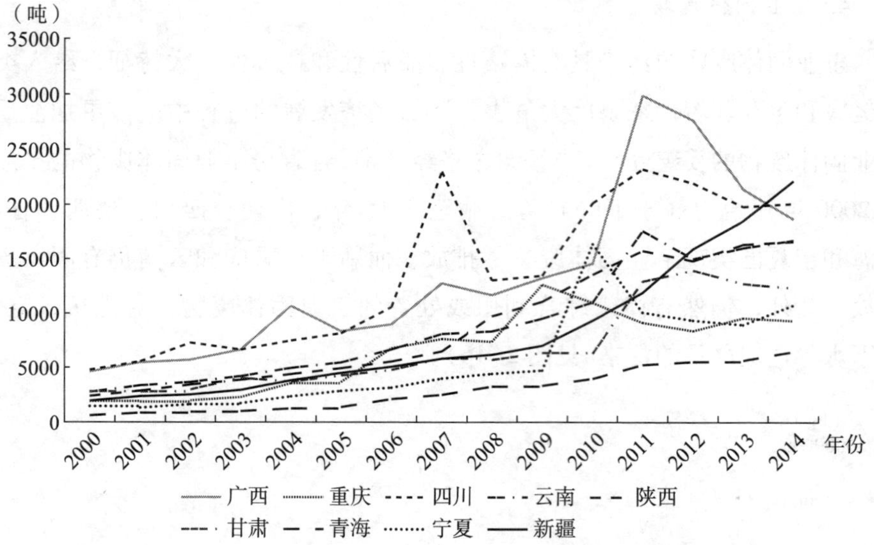

图 2-17　2000—2014 年“丝绸之路经济带”各省份工业废气排放总量

资料来源：《中国环境统计年鉴》(2001—2015)及各省份环境年报。

三、“丝绸之路经济带”区域经济增长与环境污染关系实证分析

基于上文“丝绸之路经济带”区域经济与环境污染的现状分析，选择能反映该地区的区域经济发展、环境污染的代表性指标，通过实证分析方法的运用，对“丝绸之路经济带”区域经济发展与环境污染的关系进行实证研究(丁生喜，2018)。

(一)指标的选取与数据来源

1. 经济指标选取

总量指标和人均指标是反映地区经济水平的两个常用指标。由于总量指标中包含了人口总和的因素，而研究中需要排除人口数量差别的影响，因此一般采用人均指标。由于人均国内生产总值是指国内生产总值的绝对值与该年平均人口的比值，是衡量一个国家或地区每个居民对该国家或地区的经济贡献或创造价值的指标，其是一个区域生产规模的概念，所以选用人均 GDP 作为衡量区域经济增长的指标较为合适。

2. 环境指标选取

对于环境指标，学者们在研究中主要采用的指标有排放量指标和浓度指标两种，并无统一的选择标准。考虑到污染物排放总量是污染物排放到环境中最直接的量化指标，可以表征区域的污染程度，并且与经济活动密切相关，具有一般意义，因此本文选择采用污染物排放总量指标。此外，从数据的可得性来看，我国污染物排放量的数据较为完全，可以有效地支持本研究。另外，“丝绸之路经济带”各省份环境方面的污染物排放指标存在部分缺失，因此选取以下污染物排放指标表征环境污染：废气排放，包括工业废气排放量、二氧化硫排放量，烟粉尘排放量；废水排放量；工业固体废物排放量。

3. 数据来源

本研究的样本数据主要来源于2000—2019年的《中国统计年鉴》《中国环境统计年鉴》《中国环境年鉴》的数据统计部分以及“丝绸之路经济带”9个省份的环境年报(部分数据缺失，采用平滑或平均数补齐，目的仅是研究大致发展规律，因此不做精确度考量)。

(二)分析方法与模型选择

由于对数化时间序列数据并不改变其时间序列特征，并且对数化对原始数据可能存在的异方差、序列不平稳有一定的修正作用，所以本文基于EKC理论假设建立对数多项式拟合模型，对“丝绸之路经济带”区域的环境库兹涅茨曲线分别进行对数函数、对数二次函数、对数三次函数拟合。本文基于对经济发展与环境质量之间相关性的研究，建立以下对数多项式拟合模型：

$$\mathrm{Ln}Y=A_0+A_1\mathrm{Ln}X$$

$$\mathrm{Ln}Y=A_0+A_1\mathrm{Ln}X+A_2(\mathrm{Ln}X)^2$$

$$\mathrm{Ln}Y=A_0+A_1\mathrm{Ln}X+A_2(\mathrm{Ln}X)^2+A_3(\mathrm{Ln}X)^3$$

其中，解释变量X表示9个省份的人均地区生产总值，被解释变量Y表示9个省份的环境污染物排放指标；A_1、A_2、A_3分别为模型参数，A_0为常数项。环境污染会随着经济的发展呈现出多种曲线关系，见表2-10。

表 2-10 经济增长与环境污染关系的曲线形状

模型参数			曲线形状
A_1	A_2	A_3	
>0	=0	=0	单调递增
<0	=0	=0	单调递减
>0	<0	=0	倒"U"形曲线
<0	>0	=0	"U"形曲线
<0	>0	<0	倒"N"形曲线
>0	<0	>0	"N"形曲线

(三)实证分析

1. 各省份人均 GDP 与废水排放量的关系实证分析

经济增长与废水排放量之间存在一定的关系，随着经济的不断增长，废水排放量也不断增加，本研究为了确定两者之间的关系，用人均 GDP 表征经济发展，作为解释变量，采用废水排放量表征环境污染，作为被解释变量，对 9 个省份的两者之间的关系进行对数线性、二次、三次曲线拟合，利用 SPSS 软件得出的回归结果见表 2-11。

表 2-11 人均 GDP 与废水排放量的曲线估计结果

地区	方程	模型汇总		参数估计值			
		R^2	F	A_0	A_1	A_2	A_3
广西	线性	0.155	2.566	11.240	0.120	—	—
	二次	0.876	45.729	(33.002)	9.511	(0.496)	—
	三次	0.877	46.369	(18.371)	4.840	0.000	(0.017)
重庆	线性	0.249	4.653	11.448	0.039	—	—
	二次	0.292	2.685	8.755	0.594	(0.028)	—
	三次	0.292	2.685	8.755	0.594	(0.028)	0.000
四川	线性	0.812	60.663	10.879	0.168	—	—
	二次	0.879	47.050	19.234	(1.595)	0.092	—
	三次	0.882	48.370	14.268	0.000	(0.078)	0.006

续表

地区	方程	模型汇总		参数估计值			
		R^2	F	A_0	A_1	A_2	A_3
云南	线性	0.898	122.865	6.380	0.544	—	—
	二次	0.952	129.803	30.935	(4.722)	0.281	—
	三次	0.952	129.693	22.763	(2.093)	0.000	0.010
陕西	线性	0.973	502.034	7.889	0.371	—	—
	二次	0.975	251.509	10.565	(0.185)	0.029	—
	三次	0.975	251.877	9.695	0.089	0.000	0.001
甘肃	线性	0.864	89.214	8.232	0.277	—	—
	二次	0.918	73.041	20.237	(2.324)	0.140	—
	三次	0.920	74.375	13.149	0.000	(0.113)	0.009
青海	线性	0.841	74.068	6.319	0.359	—	—
	二次	0.901	59.033	(10.116)	3.793	(0.179)	—
	三次	0.901	59.487	(4.738)	2.094	0.000	(0.006)
宁夏	线性	0.678	29.444	7.021	0.341	—	—
	二次	0.889	52.164	(26.933)	7.396	(0.364)	—
	三次	0.890	52.506	(15.750)	3.894	0.000	(0.013)
新疆	线性	0.974	519.251	6.644	0.461	—	—
	二次	0.974	246.709	4.324	0.937	(0.024)	—
	三次	0.974	246.709	4.324	0.937	(0.024)	0.000

注：带括号的数值为负值。

由表 2-11 可知，除重庆市外的 8 个省份的三个拟合方程的 F 检验值在显著性水平为 0.05 下，广西、四川、陕西、云南、甘肃、青海、宁夏、新疆的对数二次、三次拟合效果较好，R^2 均接近于 1，但 9 个省份的对数三次回归拟合方程的系数中至少有一个系数为零，因此三次曲线不可采纳，只有对数二次回归模型符合要求。而重庆市的三个方程的 R^2 均小于 30%，对数线性、二次、三次拟合效果均不好，且未通过 F 检验。

由图 2-18 可知，广西、青海与宁夏的废水排放量与人均 GDP 之间有较好的倒“U”形关系，符合 EKC 假说，且均已通过拐点，呈下降趋势。而四川、云南、甘肃的废水排放量与人均 GDP 呈现“U”形关系，目前仍处于上升趋势。陕西与新疆的废水排放量与人均 GDP 呈现向上倾斜的线性关系，重庆市的废水排放量与人均 GDP 之间无显著关系。

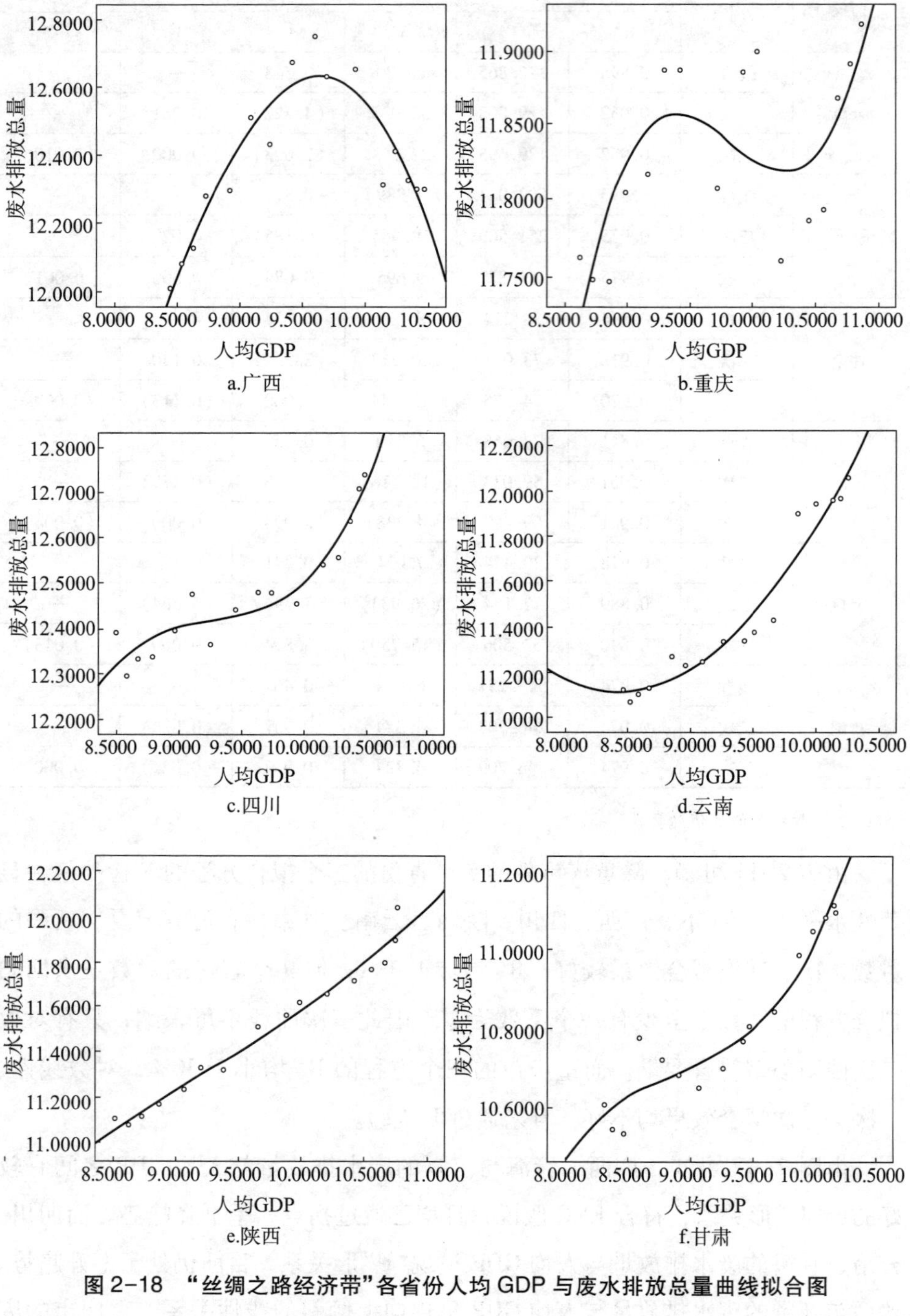

图 2-18 “丝绸之路经济带”各省份人均 GDP 与废水排放总量曲线拟合图

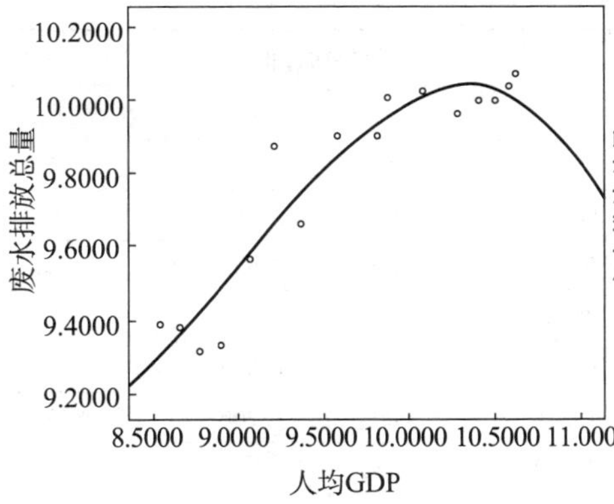

g.青海

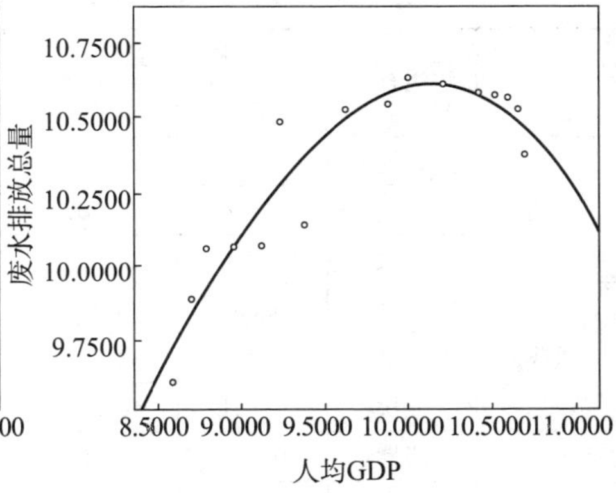

h.宁夏

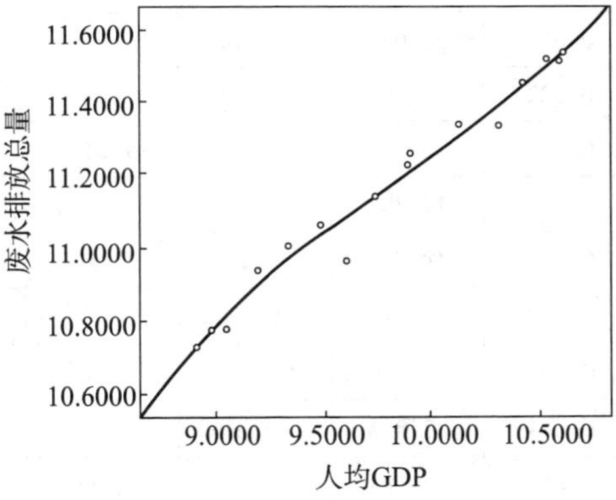

i.新疆

图 2-18 “丝绸之路经济带”各省份人均 GDP 与废水排放总量曲线拟合图(续)

2. 各省份人均 GDP 与工业固体废物排放量的关系实证分析

经济增长与工业固体废物排放量之间存在一定的关系，随着经济的不断增长，工业固体废物排放量也不断增加，为了确定两者之间的关系，用人均 GDP 表征经济发展，作为解释变量，采用工业固体废物排放量表征环境污染，作为被解释变量，对 9 个省份的经济增长与工业固体废物排放量之间的关系进行对数线性、二次、三次曲线拟合，利用 SPSS 软件得出的回归结果见表 2-12。

表 2-12 人均 GDP 与工业固体废物排放量的曲线估计结果

地区	方程	模型汇总		参数估计值			
		R^2	F	A_0	A_1	A_2	A_3
广西	线性	0.664	27.627	50.511	(4.159)		
	二次	0.776	22.507	(241.097)	57.740	(3.267)	
	三次	0.780	23.105	(62.117)	0.000	2.923	(0.221)
重庆	线性	0.683	30.154	28.011	(1.500)		
	二次	0.857	38.832	(98.125)	24.497	(1.332)	
	三次	0.861	40.308	(19.542)	0.000	1.206	(0.087)
四川	线性	0.583	19.565	49.732	(3.973)		
	二次	0.657	12.442	(197.720)	48.232	(2.739)	
	三次	0.660	12.618	(47.406)	0.000	2.405	(0.182)
云南	线性	0.622	23.054	27.162	(1.469)		
	二次	0.622	10.705	25.284	(1.066)	(0.022)	
	三次	0.622	10.711	24.314	(1.011)	0.000	(0.002)
陕西	线性	0.554	17.384	43.999	(3.394)		
	二次	0.741	18.565	(274.219)	62.812	(3.421)	
	三次	0.752	19.711	(76.555)	0.000	3.208	(0.232)
甘肃	线性	0.604	21.336	64.919	(5.917)		
	二次	0.854	37.874	(594.818)	137.015	(7.704)	
	三次	0.862	40.593	(177.455)	0.000	7.249	(0.543)
青海	线性	0.390	8.947	31.798	(2.428)		
	二次	0.648	11.980	(307.970)	68.585	(3.690)	
	三次	0.654	12.289	(90.946)	0.000	3.513	(0.251)
宁夏	线性	0.600	20.997	56.195	(4.967)		
	二次	0.822	29.987	(482.719)	107.020	(5.785)	
	三次	0.831	31.939	(144.196)	0.000	5.458	(0.393)
新疆	线性	0.474	12.599	20.190	(0.700)		
	二次	0.800	25.940	(99.137)	23.778	(1.251)	
	三次	0.804	26.600	(22.247)	0.000	1.195	(0.084)

注：带括号的数值为负值。

由表 2-12 可以得到，9 个省份的 F 检验值在显著性水平为 0.05 下，R^2 均接近于 1，回归关系可以解释因变量 70%以上的变异，但 9 个省份的对数三次回归拟合方程的系数中至少有一个系数为零，因此三次曲线不可采纳，只有对数二次回归模型符合要求。

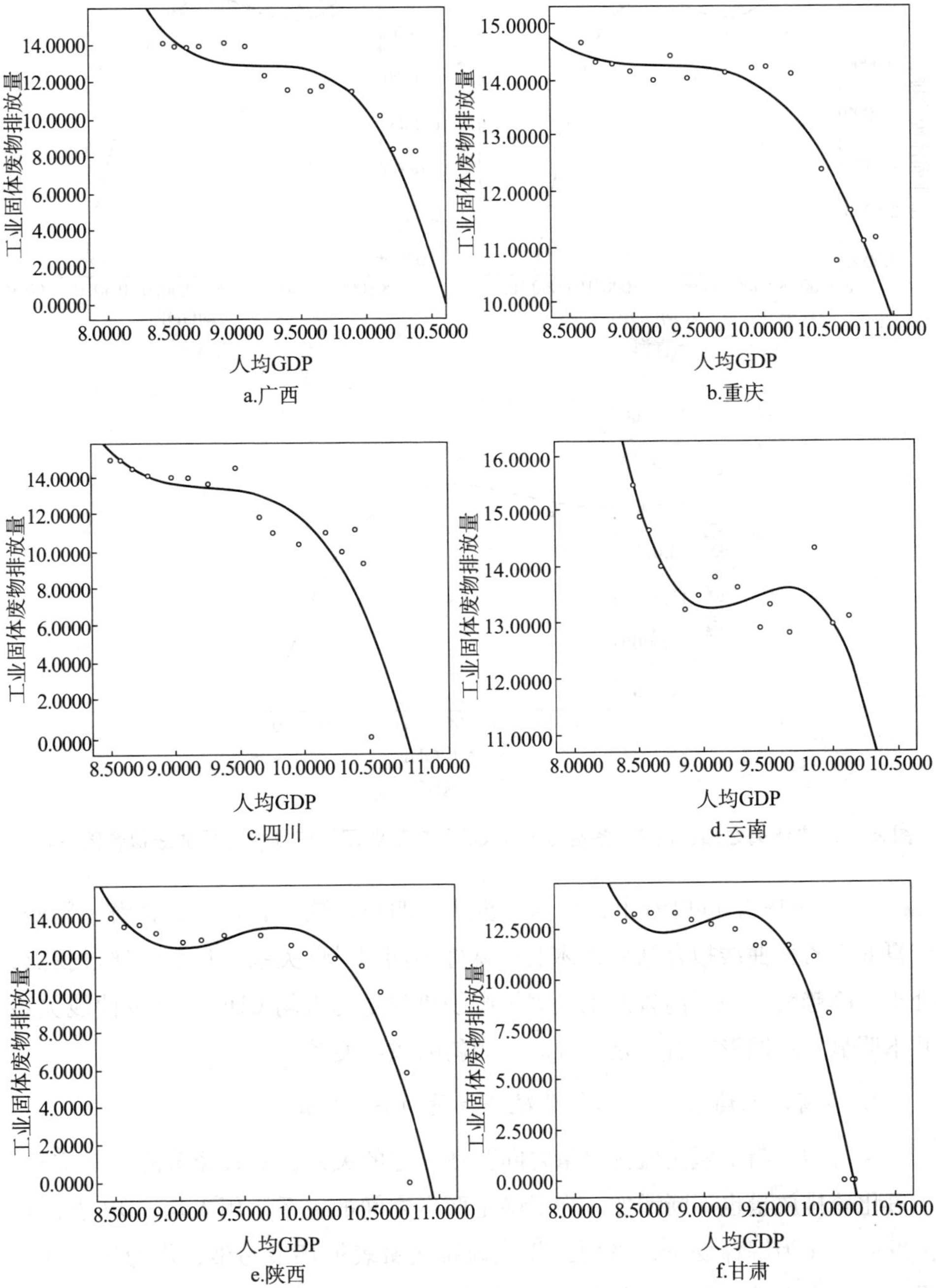

图 2-19 “丝绸之路经济带”各省份人均 GDP 与工业固体废物排放量曲线拟合图

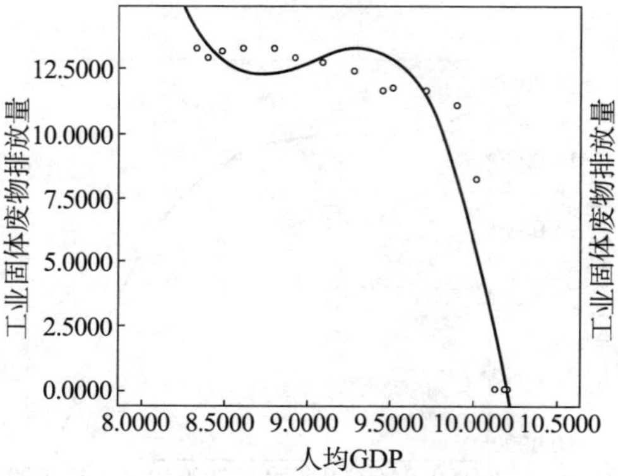

g.青海

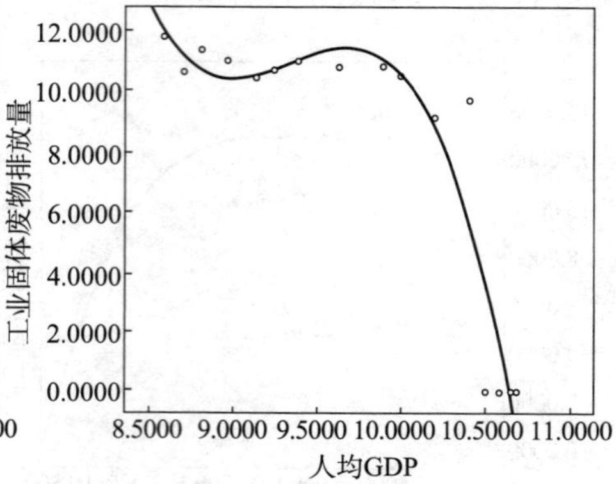

h.宁夏

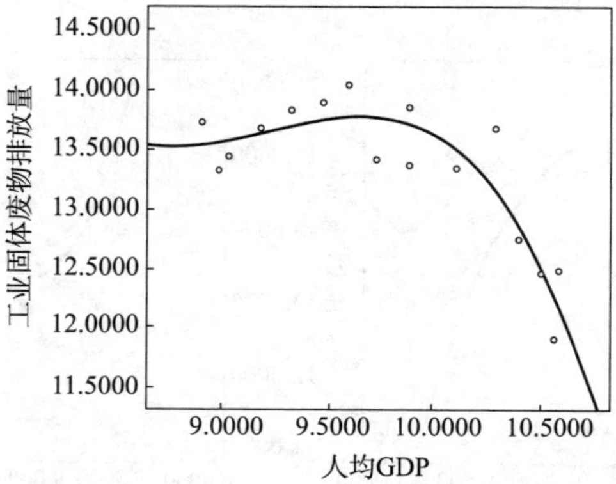

i.新疆

图 2-19 “丝绸之路经济带”各省份人均 GDP 与工业固体废物排放量曲线拟合图（续）

从图 2-19 中可以看出，广西、重庆、四川、陕西、甘肃、青海、新疆、宁夏 8 个省份曲线拟合结果大体上有良好的倒“U”形关系，且都已通过拐点，处于下降趋势。但云南省的工业固体废物排放量与人均 GDP 之间的曲线关系并不明显，从图形上看，是一种向下倾斜的线性关系。

3. 各省份人均 GDP 与二氧化硫排放量的关系实证分析

经济增长与二氧化硫排放量之间存在一定的关系，随着经济的不断增长，二氧化硫排放量也不断增加，为了确定两者之间的关系，用人均 GDP 表征经济发展，作为解释变量，采用二氧化硫排放量表征环境污染，作为被解释变量，对 9 个省份的两者之间的关系进行对数线性、二次、三次曲线拟合，利用 SPSS 软件得出的回归结果见表 2-13。

表 2-13　人均 GDP 与二氧化硫排放量的曲线估计结果

地区	方程	模型汇总		参数估计值			
		R^2	F	A_0	A_1	A_2	A_3
广西	线性	0.495	13.724	16.478	(0.313)		
	二次	0.933	90.765	(33.767)	10.352	(0.563)	
	三次	0.934	91.248	(1.310)	0.000	0.535	(0.039)
重庆	线性	0.687	30.682	15.449	(0.203)		
	二次	0.939	100.007	(5.093)	4.031	(0.217)	
	三次	0.940	102.479	7.912	0.000	0.198	(0.014)
四川	线性	0.699	32.530	16.041	(0.227)		
	二次	0.965	179.850	(8.436)	4.937	(0.271)	
	三次	0.966	187.065	7.122	0.000	0.250	(0.018)
云南	线性	0.772	47.440	0.000	10.559	0.278	
	二次	0.805	26.796	0.000	0.110	2.519	
	三次	0.805	26.796	0.000	0.110	2.519	(0.120)
陕西	线性	0.170	2.874	12.882	0.073		
	二次	0.743	18.837	(8.641)	4.550	(0.231)	
	三次	0.743	18.837	(8.641)	4.550	(0.231)	0.000
甘肃	线性	0.668	28.162	11.185	0.209		
	二次	0.795	25.177	(4.621)	3.634	(0.185)	
	三次	0.795	25.177	(4.621)	3.634	(0.185)	0.000
青海	线性	0.750	41.940	4.477	0.727		
	二次	0.933	89.809	(57.278)	13.635	(0.671)	
	三次	0.933	89.809	(57.278)	13.635	(0.671)	0.000
宁夏	线性	0.634	24.283	10.176	0.257		
	二次	0.790	24.381	(12.483)	4.965	(0.243)	
	三次	0.790	24.381	(12.483)	4.965	(0.243)	0.000
新疆	线性	0.924	171.375	7.299	0.602		
	二次	0.951	125.026	(13.497)	4.868	(0.218)	
	三次	0.951	125.026	(13.497)	4.868	(0.218)	0.000

注：带括号的数值为负值。

由表 2-13 可以得到，9 个省份的 F 检验值在显著性水平为 0.05 下通过检验，R^2 均接近于 1，回归关系可以解释因变量 70%以上的变异，但 9 个省份的对数三次回归拟合方程的系数中至少有一个系数为零，因此三次曲线不可采纳，只有对数二次回归模型符合要求。

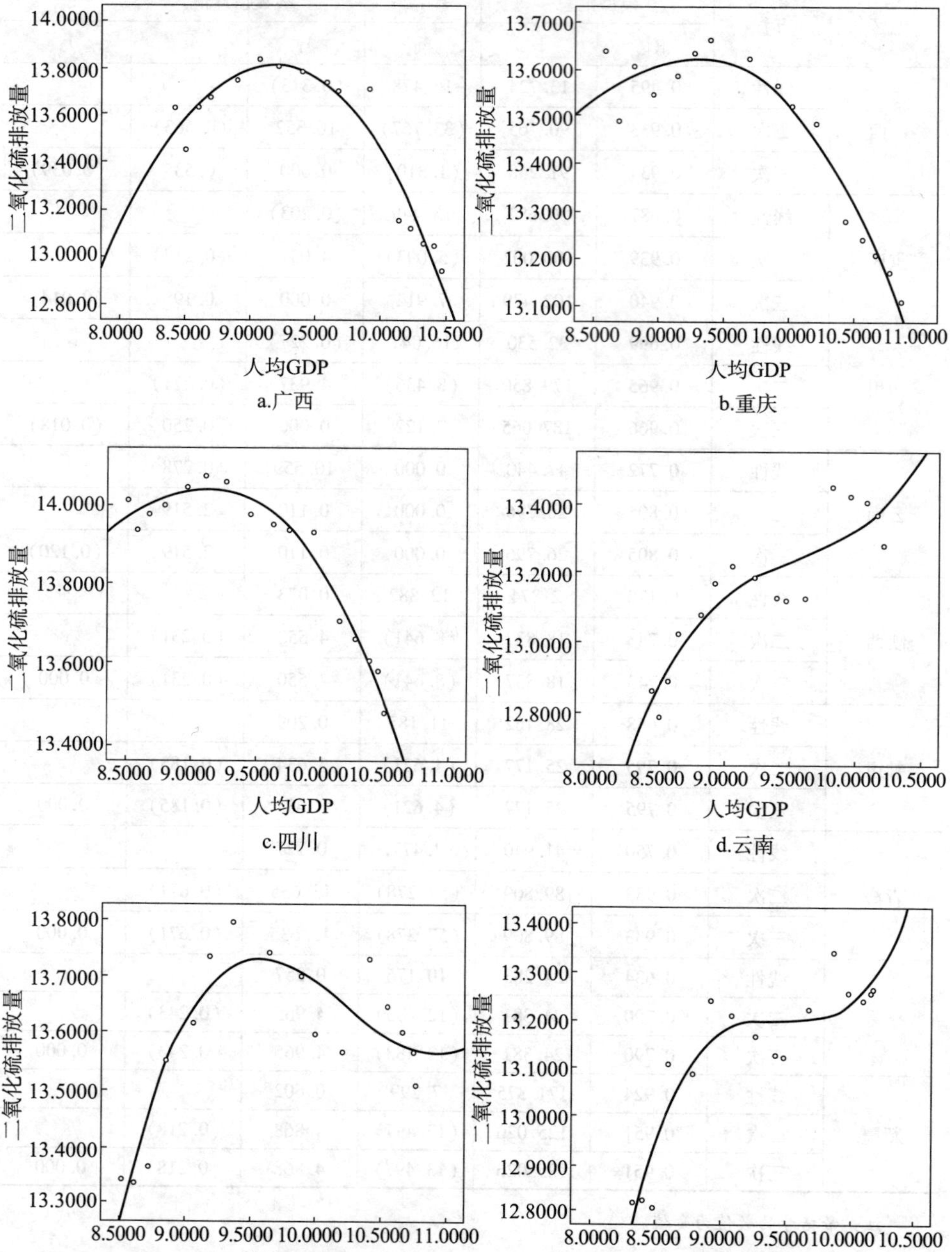

图 2-20 “丝绸之路经济带”各省份人均 GDP 与二氧化硫排放量曲线拟合图

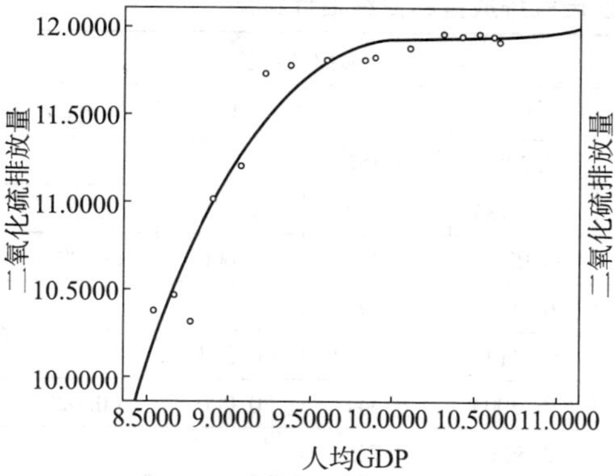

g.青海

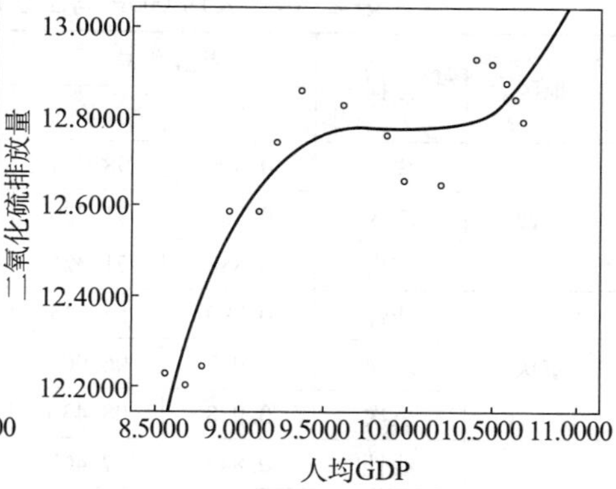

h.宁夏

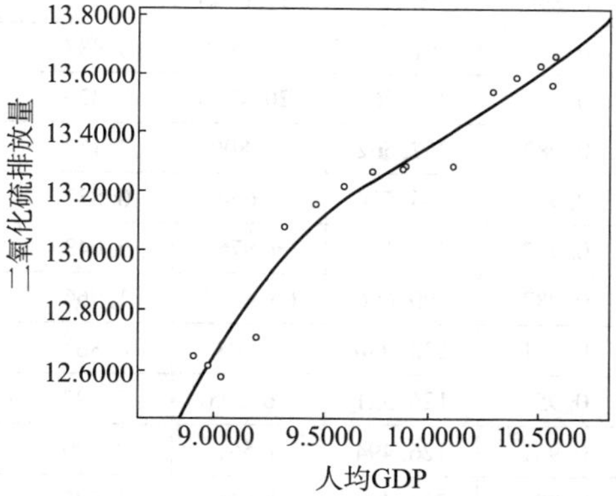

i.新疆

图 2-20 “丝绸之路经济带”各省份人均 GDP 与二氧化硫排放量曲线拟合图（续）

由图 2-20 可知，9 个省份的二氧化硫排放量指标与人均 GDP 之间有较好的曲线拟合关系，曲线呈现倒“U”形，且广西、重庆、四川、陕西已通过最高点，污染排放量处于下降趋势，而新疆二氧化硫排放量还处于上升趋势。

4. 各省份人均 GDP 与工业废气排放量的关系实证分析

经济增长与工业废气排放量之间存在一定的关系，随着经济的不断增长，工业废气排放量也不断增加，为了确定两者之间的关系，用人均 GDP 表征经济发展，作为解释变量，采用工业废气排放量表征环境污染，作为被解释变量，对 9 个省份的两者之间的关系进行对数线性、二次、三次曲线拟合，利用 SPSS 软件得出的回归结果见表 2-14。

表 2-14　人均 GDP 与工业废气排放量的曲线估计结果

地区	方程	模型汇总		参数估计值			
		R^2	F	A_0	A_1	A_2	A_3
广西	线性	0. 875	98. 054	2. 238	0. 752		
	二次	0. 887	51. 220	(12. 978)	3. 982	(0. 170)	
	三次	0. 888	51. 326	(8. 021)	2. 387	0. 000	(0. 006)
重庆	线性	0. 799	55. 814	0. 795	0. 799		
	二次	0. 937	96. 001	(54. 413)	12. 178	(0. 583)	
	三次	0. 938	98. 430	(36. 300)	6. 541	0. 000	(0. 020)
四川	线性	0. 847	77. 407	2. 505	0. 725		
	二次	0. 894	54. 866	(27. 416)	7. 037	(0. 331)	
	三次	0. 895	55. 188	(17. 614)	3. 912	0. 000	(0. 012)
云南	线性	0. 970	451. 292	(0. 262)	0. 987		
	二次	0. 982	355. 861	(20. 477)	5. 323	(0. 231)	
	三次	0. 982	357. 562	(13. 800)	3. 167	0. 000	(0. 008)
陕西	线性	0. 981	734. 514	0. 654	0. 852		
	二次	0. 987	495. 131	(9. 876)	3. 043	(0. 113)	
	三次	0. 987	500. 666	(6. 473)	1. 966	0. 000	(0. 004)
甘肃	线性	0. 941	222. 936	0. 708	0. 861		
	二次	0. 951	126. 321	16. 205	(2. 497)	0. 181	
	三次	0. 951	126. 494	8. 551	0. 000	(0. 090)	0. 010
青海	线性	0. 981	724. 466	(2. 646)	1. 080		
	二次	0. 991	687. 337	(21. 007)	4. 917	(0. 199)	
	三次	0. 991	696. 691	(15. 008)	3. 020	0. 000	(0. 007)
宁夏	线性	0. 917	154. 350	(1. 937)	1. 062		
	二次	0. 919	74. 188	(12. 032)	3. 160	(0. 108)	
	三次	0. 920	74. 366	(8. 923)	2. 152	0. 000	(0. 004)
新疆	线性	0. 988	1154. 231	(4. 424)	1. 349		
	二次	0. 993	919. 264	15. 232	(2. 683)	0. 206	
	三次	0. 993	943. 787	6. 705	0. 000	(0. 075)	0. 010

注：带括号的数值为负值。

由表 2-14 可知，9 个省份的人均 GDP 与工业废气排放量的三个对数拟合方程拟合效果均好，R^2 接近于 1，F 检验值在显著性水平为 0. 05 下通过 F 检验，但 9 个省份的对数三次回归拟合方程的系数中至少有一个系数为零，因此三次曲线不可采纳，只有对数二次回归模型符合要求。

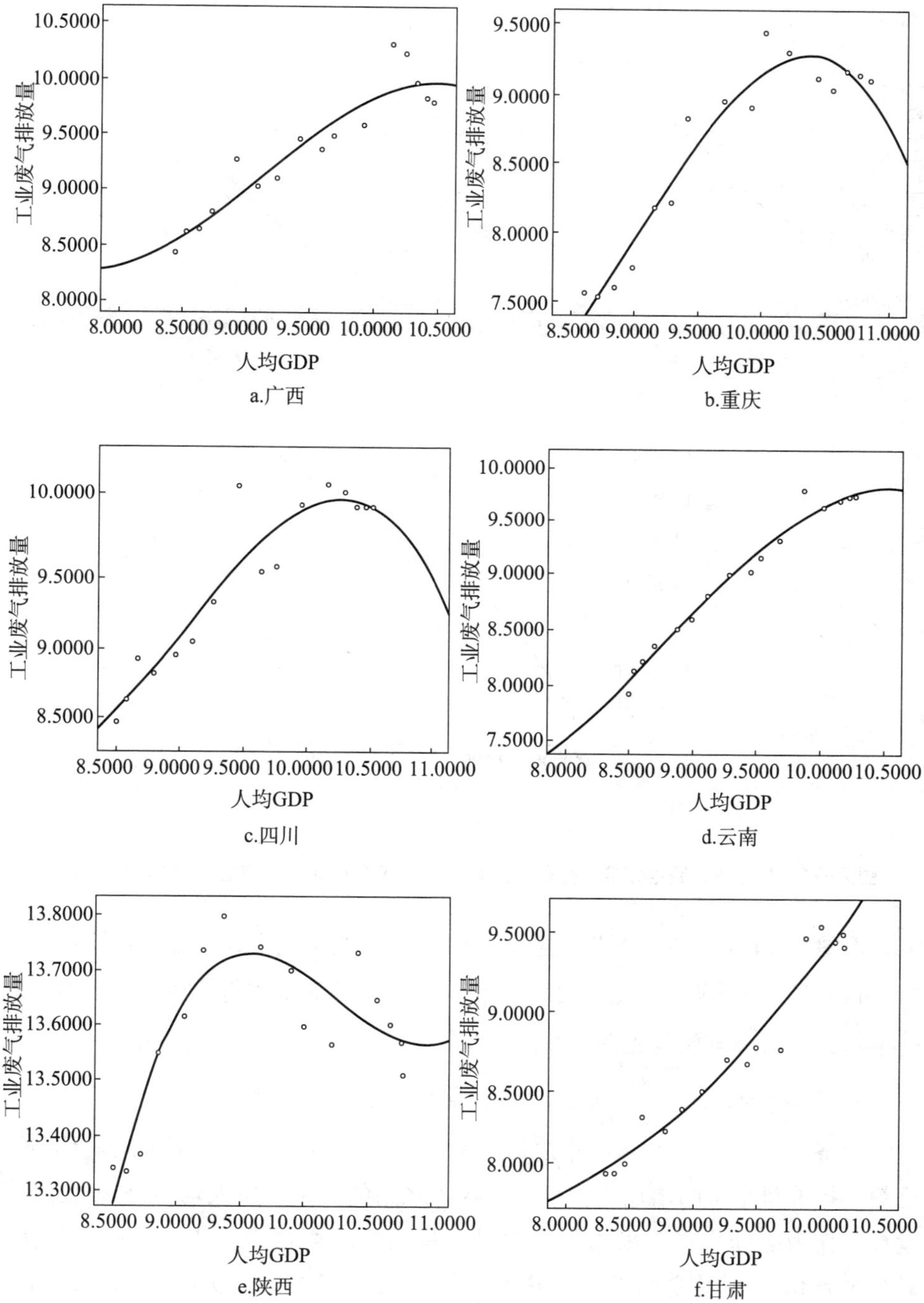

图 2-21 “丝绸之路经济带”各省份人均 GDP 与工业废气排放量曲线拟合图

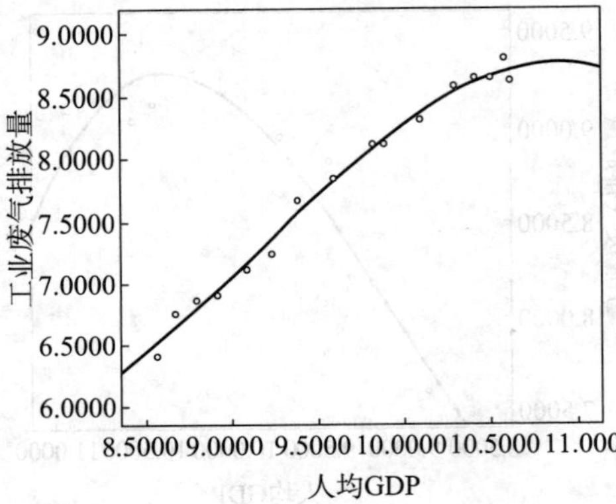

g.青海

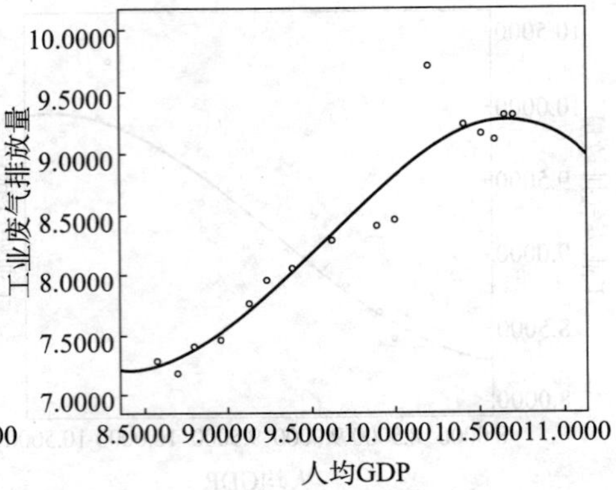

h.宁夏

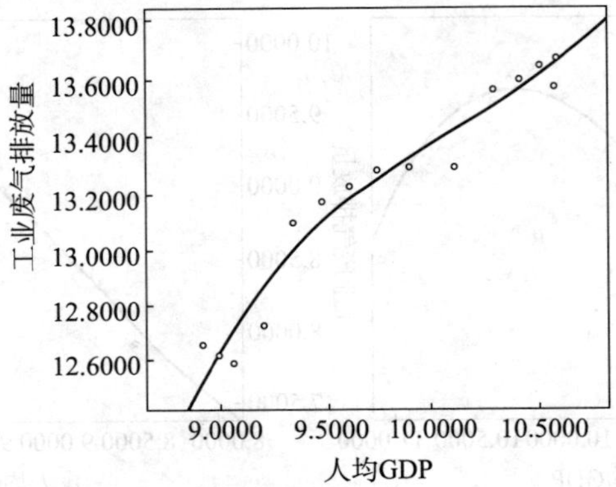

i.新疆

图 2-21 "丝绸之路经济带"各省份人均 GDP 与工业废气排放量曲线拟合图(续)

由图 2-21 可知，9 个省份的人均 GDP 与工业废气排放量之间有较好的倒"U"形关系，除陕西、宁夏、重庆、四川外，其他 5 个省份均还处于倒"U"形前半部分，污染排放量还在不断上升。

5. 各省份人均 GDP 与烟粉尘排放量的关系实证分析

经济增长与烟粉尘排放量之间存在一定的关系，随着经济的不断增长，烟粉尘排放量也不断增加，为了确定两者之间的关系，用人均 GDP 表征经济发展，作为解释变量，采用烟粉尘排放量表征环境污染，作为被解释变量，对 9 个省份的两者之间的关系进行对数线性、二次、三次曲线拟合，利用 SPSS 软件得出的回归结果见表 2-15。

表 2-15　人均 GDP 与烟粉尘排放量的曲线估计结果

地区	方程	模型汇总		参数估计值			
		R^2	F	A_0	A_1	A_2	A_3
广西	线性	0.686	30.639	18.729	(0.569)		
	二次	0.829	31.607	(25.587)	8.838	(0.497)	
	三次	0.826	30.771	(10.503)	4.090	0.000	(0.017)
重庆	线性	0.491	13.500	15.633	(0.310)		
	二次	0.709	15.828	(18.834)	6.794	(0.364)	
	三次	0.701	15.252	(6.992)	3.192	0.000	(0.012)
四川	线性	0.841	73.932	20.460	(0.741)		
	二次	0.841	34.404	22.931	(1.263)	0.027	
	三次	0.841	34.463	22.644	(1.087)	0.000	0.001
云南	线性	0.136	2.210	11.815	0.093		
	二次	0.136	1.026	11.627	0.134	(0.002)	
	三次	0.136	1.026	11.627	0.134	(0.002)	0.000
陕西	线性	0.070	1.047	14.000	(0.081)		
	二次	0.083	0.588	19.733	(1.274)	0.062	
	三次	0.087	0.622	18.405	(0.769)	0.000	0.002
甘肃	线性	0.003	0.041	12.633	(0.016)		
	二次	0.010	0.065	8.205	0.943	(0.052)	
	三次	0.008	0.052	10.117	0.393	0.000	(0.002)
青海	线性	0.641	25.004	8.861	0.316		
	二次	0.662	12.755	(1.064)	2.391	(0.108)	
	三次	0.662	12.755	(1.064)	2.391	(0.108)	0.000
宁夏	线性	0.006	0.079	12.025	0.021		
	二次	0.099	0.715	27.070	(3.106)	0.162	
	三次	0.112	0.816	17.464	0.000	(0.172)	0.012
新疆	线性	0.870	93.755	7.477	0.569		
	二次	0.896	56.092	(12.770)	4.722	(0.212)	
	三次	0.896	56.092	(12.770)	4.722	(0.212)	0.000

注：带括号的数值为负值。

由表 2-15 可知，广西、重庆、四川、青海、新疆人均 GDP 与烟粉尘排放量之间拟合方程的 R^2 均接近于 1，表明拟合效果较好，且 F 检验值在显著性水平为 0.05 下均通过 F 检验，但对数三次回归拟合方程的系数中至少有一个系数为零，因此三次曲线不可采纳，只有对数二次回归模型符合要求。而云南、陕西、甘肃、宁夏 4 个省份的 F 检验值未通过 F 检验，R^2 接近于 0，拟合优度不佳，三个方程均不予考虑。

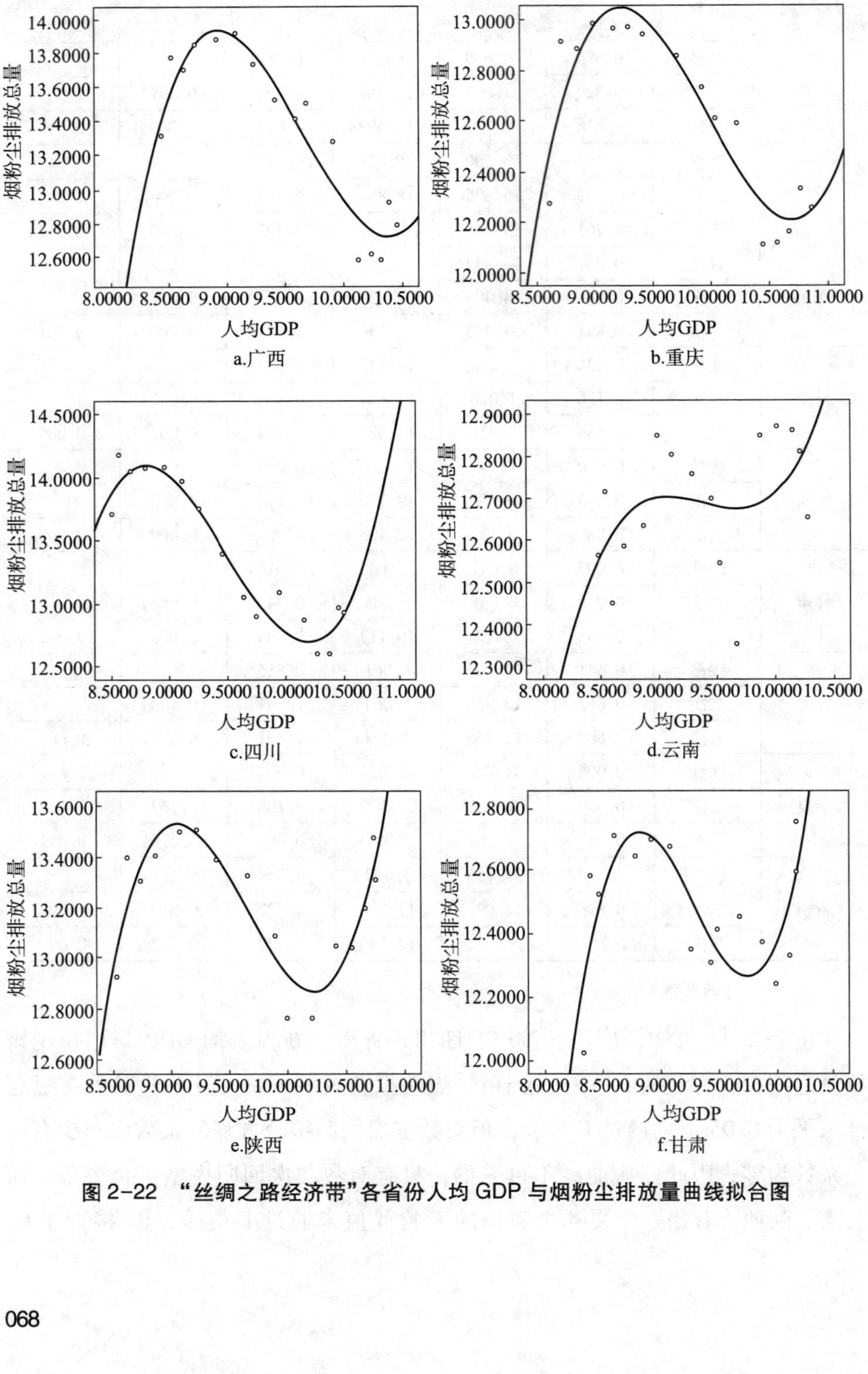

图 2-22 “丝绸之路经济带”各省份人均 GDP 与烟粉尘排放量曲线拟合图

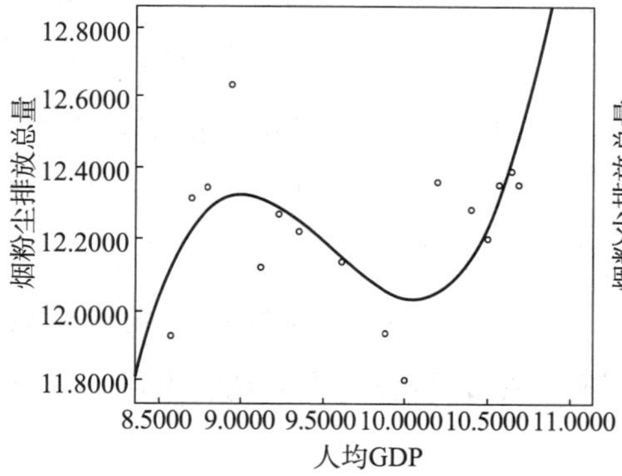

g.青海

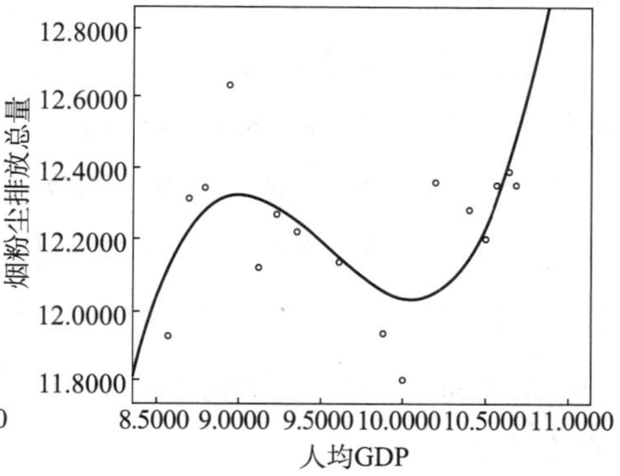

h.宁夏

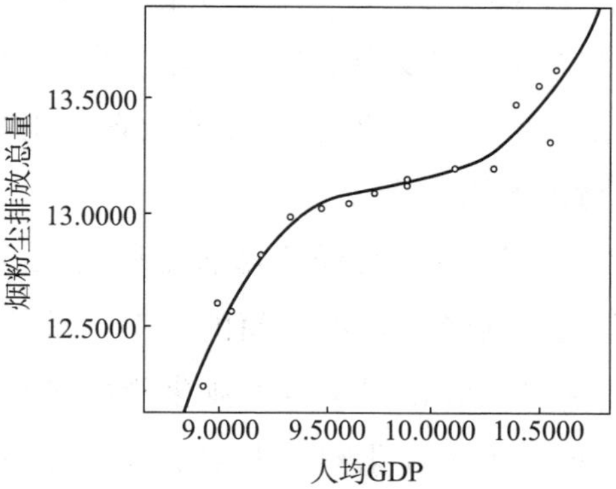

i.新疆

图 2-22　"丝绸之路经济带"各省份人均 GDP 与烟粉尘排放量曲线拟合图(续)

由图 2-22 各拟合曲线可知，丝路经济带各省市区的人均 GDP 与烟粉尘排放量之间总体不呈现倒"U"形关系，而更多表现为"N"形关系，即先下降后上升。其中，广西和重庆处于"N"形的下拐点，四川、云南、陕西、甘肃、青海和宁夏的拟合曲线经过第一个拐点下降后，又重新上升，并超过前期最高的拐点，新疆的拟合曲线则近似于一条从左下方向右上方倾斜的斜线。总体来看，丝路经济带各省区经济发展中烟粉尘排放量控制应该是下一个阶段环境保护的重点问题之一。

(四)"丝绸之路经济带"各项污染物与区域经济发展关系的差异分析

通过对"丝绸之路经济带"9 个省份的经济发展与环境污染的关系实证分析可以发现，"丝绸之路经济带"各项污染物排放指标与经济发展之间的关系具有差异性。环境库兹涅茨曲线的估计结果很大程度上取决于污染度量指标的选取和样本数据的地区发展情况。首先，对同一污染指标、同一时间段，不同地区的环境库兹涅茨曲线形状不同。以废水排放量指标为例，在2000—2019年，重庆的废水排放量与区域经济发展之间无明显关系，而广西、青海、宁夏的废水排放量与本地区的经济发展之间呈倒“U”形关系，符合EKC假说，四川、云南、甘肃的废水排放量随当地的经济发展呈现“U”形关系，陕西与新疆的废水排放量随当地的经济发展呈现向上倾斜的线性关系。

其次，对同一地区、同一时间段，不同污染指标的环境库兹涅茨曲线形状不同，以四川省为例，在2000—2019年，四川省的人均GDP与废水排放量之间呈正“U”形关系，与工业固体废物排放量之间呈倒“U”形关系，与二氧化硫排放量之间呈倒“U”形关系，与工业废气排放量之间呈正“U”形关系，与烟粉尘排放量之间呈向下倾斜的线性关系。

以上结果说明每个污染物指标与经济增长之间的关系具有其特殊性，所以很有必要分指标研究其与经济发展之间的关系。另外，环境库兹涅茨假说是基于发达国家及新兴工业化国家由工业化阶段向服务型经济转型阶段提出的。而我国目前正处于工业化初、中期阶段，特别是西部地区工业化发展程度依然很低，所以对单个环境污染物排放量的研究结果并未完全符合假说。

四、各省份人均GDP与综合污染水平之间的关系分析

前期大多数的实证分析都是选取的单一或多个污染物排放指标来衡量环境污染水平，对环境污染的整体变化趋势考察较少。事实上，环境污染状况是一个综合性、整体性的概念，是多种污染物排放量的一个动态组合。所以为了充分了解各省份的环境污染现状，全面地评价环境污染，基于前文对“丝绸之路经济带”的EKC关系的探究，下一步运用主成分分析法将上文的五个环境污染物排放指标合并构建为一个可直观反映各省份环境污染整体水平的综合指标，从整体上反映多种污染物排放量的动态变化。

(一)各省份综合污染水平指数的构建

1. 甘肃省的综合污染水平指数构建

首先，以甘肃省为例，利用SPSS软件，运用主成分分析法构建甘肃的综合污染指数指标。虽然有的指标之间单位不统一，但因为SPSS软件在计算相关系数时会自动标准化，最后的主成分得分系数矩阵也是利用标准化后的数据得出的，所以不再考虑数据标准化，具体的计算过程如下：因子分析要求变量之间有相关性，所以首先要进行相关性检验。2000—2019年甘肃省五个环境污染物排放量变量之间的相关系数矩阵见表2-16。

表2-16　2000—2019年甘肃省五个环境污染物排放量变量之间的相关系数矩阵

	二氧化硫排放量	工业固体废物排放量	废水排放量	烟粉尘排放量	工业废气排放量
二氧化硫排放量	1.000	-0.706	0.743	0.133	0.737
工业固体废物排放量	-0.706	1.000	-.810	0.257	-0.848
废水排放量	0.743	-.810	1.000	-0.092	0.954
烟粉尘排放量	0.133	0.257	-0.092	1.000	-0.206
工业废气排放量	0.737	-0.848	0.954	-0.206	1.000

由表2-16可以直观地看到，五个变量之间有相关性，但还需要检验，运用SPSS软件进行KMO(Kaiser-Meyer-Olkin)检验和Bartlett的球形度检验的相关结果见表2-17。

表2-17　KMO检验和Bartlett的球形度检验

取样足够度的Kaiser-Meyer-Olkin度量		0.735
Bartlett的球形度检验	近似卡方	57.279
	df	10
	Sig.	0.000

表2-17有两个检验值，第一个是KMO值，本文采用Kaiser给出的常用KMO度量标准：0.9以上表示非常适合；0.8~0.9表示适合；0.7~0.8表示一般；0.6~0.7表示不太适合；0.5以下表示极不适合。在本例中，甘肃省的KMO值为0.735，大于0.7，说明变量之间有相关性，为一般适合做因子分

析。第二个是 Bartlett 球形度检验，P 值<0.001，说明变量之间存在相关性，可以进行因子分析。

表 2-18 主成分分析结果

成分	初始特征值			提取平方和载入			旋转平方和载入		
	合计	方差百分比(%)	累计百分比(%)	合计	方差百分比(%)	累计百分比(%)	合计	方差百分比(%)	累计百分比(%)
1	3.425	68.500	68.500	3.425	68.500	68.500	3.397	67.932	67.932
2	1.090	21.805	90.306	1.090	21.805	90.306	1.119	22.374	90.306
3	0.263	5.262	95.568						
4	0.184	3.670	99.238						
5	0.038	0.762	100.000						

表 2-18 为主成分分析结果，表中第一列为 5 个成分；第二列为对应的“特征值”，表示所解释的方差的大小；第三列为对应的成分所包含的方差占总方差的百分比；第四列为累计百分比。一般来说，选择“特征值”大于 1 的成分作为主成分，这也是 SPSS 默认的选择。

在本例中，成分 1 和成分 2 的特征值大于 1，合计能解释 90.306%的方差，所以可以提取 1 和 2 作为主成分；抓住了主要矛盾，其余成分包含的信息较少，故弃去。

接下来，采用回归法估计成分得分系数，具体结果见表 2-19。

表 2-19 主成分得分系数矩阵

	成分	
	1	2
二氧化硫排放量	0.280	0.290
工业固体废物排放量	-0.253	0.151
废水排放量	0.282	0.018
烟粉尘排放量	0.049	0.892
工业废气排放量	0.274	-0.086

根据表 2-19，我们可以写出公因子的表达式(用 F_1、F_2 代表两个公因子，$Z_1 \sim Z_5$ 分别代表原始变量)：

$$F_1 = 0.280 \times Z_1 - 0.253 \times Z_2 + 0.282 \times Z_3 + 0.049 \times Z_4 + 0.274 \times Z_5$$

$$F_2=0.290\times Z_1+0.151\times Z_2+0.018\times Z_3+0.892\times Z_4-0.086\times Z_5$$

其次，以每个主成分所对应的方差贡献率作为权重计算主成分综合指标：

$$F=0.67923\times F_1+0.22374\times F_2$$

最后，将原始数据代入上式，得出甘肃省的综合环境污染指数。

2. 广西壮族自治区的综合污染水平指数构建

首先，进行相关性检验，由SPSS软件输出的相关系数矩阵可以得出，广西的五个污染物排放指标之间具有相关性，接着进行Kaiser-Meyer-Olkin检验和Bartlett的球形度检验的相关性检验，两个指标值分别为0.653和0，说明五个指标之间存在相关性，可以做因子分析。然后根据主成分分析结果选取特征值大于1的成分1和成分2，合计能解释92.783%的方差。接着根据回归法估计成分得分系数写出公因子的表达式：

$$F_1=0.330\times Z_1+0.193\times Z_2+0.088\times Z_3+0.312\times Z_4-0.290\times Z_5$$

$$F_2=0.313\times Z_1-0.364\times Z_2+0.643\times Z_3+0.011\times Z_4+0.066\times Z_5$$

其次，以每个主成分所对应的方差贡献率作为权重计算主成分综合指标：

$$F=0.62689\times F_1+0.30094\times F_2$$

最后，将原始数据代入上式，得出广西壮族自治区的综合环境污染指数。

3. 重庆市的综合污染水平指数构建

首先，进行相关性检验，由SPSS软件输出的相关系数矩阵可以得出，重庆的五个污染物排放指标之间具有相关性，接着进行Kaiser-Meyer-Olkin检验和Bartlett的球形度检验的相关性检验，两个指标值分别为0.625和0，说明五个指标之间存在相关性，可以做因子分析。然后根据主成分分析结果选取特征值大于1的成分1和成分2，合计能解释83.187%的方差。接着根据回归法估计成分得分系数写出公因子的表达式：

$$F_1=0.362\times Z_1+0.300\times Z_2+0.173\times Z_3+0.350\times Z_4-0.136\times Z_5$$

$$F_2=0.109\times Z_1-0.049\times Z_2+0.777\times Z_3+0.173\times Z_4+0.394\times Z_5$$

其次，以每个主成分所对应的方差贡献率作为权重计算主成分综合指标：

$$F=0.59981\times F_1+0.23206\times F_2$$

最后，将原始数据代入上式，得出重庆市的综合环境污染指数。

4. 四川省的综合污染水平指数构建

首先，进行相关性检验，由 SPSS 软件输出的相关系数矩阵可以得出，四川的五个污染物排放指标之间具有相关性，接着进行 Kaiser-Meyer-Olkin 检验和 Bartlett 的球形度检验的相关性检验，两个指标值分别为 0.820 和 0，说明五个指标之间存在相关性，可以做因子分析。然后根据主成分分析结果选取特征值大于 1 的成分 1，其能解释 77.586%的方差。接着根据回归法估计成分得分系数写出公因子的表达式：

$$F_1=0.222\times Z_1+0.209\times Z_2-0.235\times Z_3+0.238\times Z_4-0.230\times Z_5$$

其次，以每个主成分所对应的方差贡献率作为权重计算主成分综合指标：

$$F=0.77586\times F_1$$

最后，将原始数据代入上式，得出四川省的综合环境污染指数。

5. 云南省的综合污染水平指数构建

首先，进行相关性检验，由 SPSS 软件输出的相关系数矩阵可以得出，云南的五个污染物排放指标之间具有相关性，接着进行 Kaiser-Meyer-Olkin 检验和 Bartlett 的球形度检验的相关性检验，两个指标值分别为 0.675 和 0，说明五个指标之间存在相关性，可以做因子分析。然后根据主成分分析结果选取特征值大于 1 的成分 1，其能解释 72.920%的方差。接着根据回归法估计成分得分系数写出公因子的表达式：

$$F_1=0.269\times Z_1-0.172\times Z_2+0.0258\times Z_3+0.197\times Z_4+0.259\times Z_5$$

其次，以每个主成分所对应的方差贡献率作为权重计算主成分综合指标：

$$F=0.72920\times F_1$$

最后，将原始数据代入上式，得出云南省的综合环境污染指数。

6. 陕西省的综合污染水平指数构建

首先，进行相关性检验，由 SPSS 软件输出的相关系数矩阵可以得出，陕西的五个污染物排放指标之间具有相关性，接着进行 Kaiser-Meyer-Olkin 检验和 Bartlett 的球形度检验的相关性检验，两个指标值分别为 0.588 和 0，说明五个指标之间存在相关性，勉强可以做因子分析。然后根据主成分分析结果选取特征值大于 1 的成分 1 和成分 2，合计能解释 86.684%的方差。接着根据回归法估计成分得分系数写出公因子的表达式：

$$F_1=0.253\times Z_1-0.323\times Z_2+0.290\times Z_3-0.005\times Z_4+0.279\times Z_5$$

$$F_2=0.492\times Z_1-0.154\times Z_2-0.140\times Z_3+0.700\times Z_4-0.208\times Z_5$$

其次，以每个主成分所对应的方差贡献率作为权重计算主成分综合指标：

$$F=0.61793\times F_1+0.24890\times F_2$$

最后，将原始数据代入上式，得出陕西省的综合环境污染指数。

7. 青海省的综合污染水平指数构建

首先，进行相关性检验，由 SPSS 软件输出的相关系数矩阵可以得出，青海省的五个污染物排放指标之间具有相关性，接着进行 Kaiser-Meyer-Olkin 检验和 Bartlett 的球形度检验的相关性检验，两个指标值分别为 0.840 和 0，说明五个指标之间存在相关性，可以做因子分析。然后根据主成分分析结果选取特征值大于 1 的成分 1，其能解释 76.480%的方差。接着根据回归法估计成分得分系数写出公因子的表达式：

$$F_1=0.251\times Z_1-0.178\times Z_2+0.251\times Z_3+0.214\times Z_4+0.241\times Z_5$$

其次，以每个主成分所对应的方差贡献率作为权重计算主成分综合指标：

$$F=0.76480\times F_1$$

最后，将原始数据代入上式，得出青海省的综合环境污染指数。

8. 宁夏回族自治区的综合污染水平指数构建

首先，进行相关性检验，由 SPSS 软件输出的相关系数矩阵可以得出，宁夏的五个污染物排放指标之间具有相关性，接着进行 Kaiser-Meyer-Olkin 检验和 Bartlett 的球形度检验的相关性检验，两个指标值分别为 0.727 和 0，说明五个指标之间存在相关性，可以做因子分析。然后根据主成分分析结果选取特征值大于 1 的成分 1 和成分 2，合计能解释 83.526%的方差。接着根据回归法估计成分得分系数写出公因子的表达式：

$$F_1=0.284\times Z_1-0.276\times Z_2+0.318\times Z_3-0.047\times Z_4+0.264\times Z_5$$

$$F_2=-0.110\times Z_1-0.177\times Z_2-0.216\times Z_3+0.900\times Z_4+0.128\times Z_5$$

其次，以每个主成分所对应的方差贡献率作为权重计算主成分综合指标：

$$F=0.61424\times F_1+0.22102\times F_2$$

最后，将原始数据代入上式，得出宁夏回族自治区的综合环境污染指数。

9. 新疆维吾尔自治区的综合污染水平指数构建

首先，进行相关性检验，由 SPSS 软件输出的相关系数矩阵可以得出，新疆的五个污染物排放指标之间具有相关性，接着进行 Kaiser-Meyer-Olkin 检验和 Bartlett 的球形度检验的相关性检验，两个指标值分别为 0.811 和 0，说明五个指标之间存在相关性，可以做因子分析。然后根据主成分分析结果选取特征值大于 1 的成分 1 和成分 2，合计能解释 85.985%的方差。接着根据回归法估计成分得分系数写出公因子的表达式：

$$F_1=0.220\times Z_1-0.168\times Z_2+0.228\times Z_3+0.227\times Z_4+0.228\times Z_5$$

其次，以每个主成分所对应的方差贡献率作为权重计算主成分综合指标：

$$F=0.85985\times F_1$$

最后，将原始数据代入上式，得出新疆维吾尔自治区的综合环境污染指数。

(二)“丝绸之路经济带”各省份综合环境污染水平分析

运用 Excel 软件，将“丝绸之路经济带”各省份的各污染物排放量指标值代入各省份的综合指标计算式后，得到“丝绸之路经济带”各省份的综合环境污染指数趋势图(见图 2-23)。

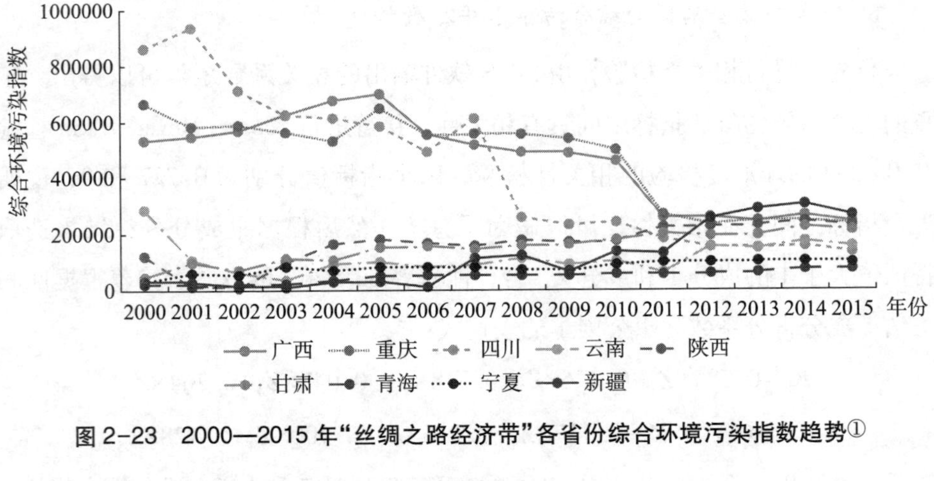

图 2-23 2000—2015 年“丝绸之路经济带”各省份综合环境污染指数趋势①

① 2015 年后各省份环境污染数据缺失太多，分析虽截至 2015 年，但也能够充分反映出变化趋势。

由图 2-23 可以很直观地看到，2000—2015 年“丝绸之路经济带”省份的综合环境污染水平两极分化较为明显。综合环境污染较为严重的有四川省、重庆市和广西，而污染程度较低的为青海省和宁夏。但四川、重庆、广西的综合环境污染水平整体在下降，其他 6 个省份的综合环境污染水平基本保持稳定，没有太大的浮动。其中，新疆作为“丝绸之路经济带”建设的核心区，综合环境污染水平有上升的趋势。总的来说，四川省的环境治理程度较高，综合环境污染指数在“丝绸之路经济带”中的排名由 2000 年的第 1 名下降到 2015 年的第 7 名。青海省在经济发展的同时一直在减少对环境的破坏，在“丝绸之路经济带”中属于环境较好的省份。

在得到“丝绸之路经济带”各省份的综合环境污染指数之后，本文进一步将各省份的人均 GDP 与其综合环境污染指数进行线性、二次、三次曲线拟合，分析两者之间的 EKC 关系。曲线估计结果见表 2-20。

表 2-20　“丝绸之路经济带”各省份人均 GDP 与综合环境污染指数的曲线估计结果

地区	方程	模型汇总		参数估计值			
		R^2	F	A_0	A_1	A_2	A_3
广西	线性	0.831	69.080	671591.7	-13.698		
	二次	0.851	37.006	738209.4	-24.145	0.000	
	三次	0.893	33.421	531562.9	26.047	-0.003	5.502
重庆	线性	0.853	80.927	666157.7	-9.407		
	二次	0.866	42.055	713623.3	-14.903	0.000	
	三次	0.903	37.429	557948.3	12.947	-0.001	1.466
四川	线性	0.714	34.929	765267.7	-20.799		
	二次	0.916	71.006	1141541.0	-76.638	0.001	
	三次	0.938	60.830	1415744.0	-139.681	0.005	-6.226
云南	线性	0.085	1.299	90487.58	2.064		
	二次	0.184	1.470	157570.2	-9.600	0.000	
	三次	0.270	1.482	309848.0	-50.705	0.003	-6.271
陕西	线性	0.566	18.274	93155.05	3.500		
	二次	0.659	12.536	40733.09	10.195	0.000	
	三次	0.682	8.583	-14847.6	21.376	-0.001	7.036

续表

地区	方程	模型汇总		参数估计值			
		R^2	F	A_0	A_1	A_2	A_3
甘肃	线性	0.749	41.693	83369.46	5.577		
	二次	0.865	41.665	23247.89	16.967	0.000	
	三次	0.912	41.654	-69865.5	44.624	-0.003	4.911
青海	线性	0.709	34.085	26081.84	1.245		
	二次	0.785	23.758	11020.66	3.267	-4.483	
	三次	0.900	35.810	-29319.3	11.707	0.000	6.686
宁夏	线性	0.581	19.434	59079.57	1.118		
	二次	0.646	11.866	44343.39	3.021	-3.994	
	三次	0.658	7.708	30353.31	5.790	0.000	1.934
新疆	线性	0.922	164.897	6.644	-55608.6		
	二次	0.922	76.576	4.324	-53845.8	8.564	
	三次	0.929	52.567	4.324	43025.88	-8.666	0.001

由表 2-20 可知，除云南省外的其他八省份的 F 检验值在显著性水平为 0.05 下均通过 F 检验。因此云南省的模型不做考虑，其他各省份的二次、三次拟合模型的拟合优度较高。

由图 2-24 中各曲线拟合情况可以看出，丝路经济带各省区人均 GDP 与综合环境污染指数之间存在显著关系。其中，陕西、甘肃、青海、宁夏和新疆正处在随着经济增长，污染程度加剧的变化状态，处于倒“U”型环境库兹涅茨曲线的左侧；四川和云南基本进入随着经济进一步增长，环境污染程度逐渐下降的发展状态，处于倒“U”型环境库兹涅茨曲线的右侧；广西和重庆则出现“N”型反转的趋势，需要引起警惕。

进一步用“丝绸之路经济带”9 个省份的人均 GDP 表征“丝绸之路经济带”的区域经济发展，将其作为自变量，用 9 个省份的综合环境污染指数表征“丝绸之路经济带”的环境污染水平，将其作为因变量，对“丝绸之路经济带”整个的环境库兹涅茨曲线进行拟合，探讨宏观视角下的“丝绸之路经济带”EKC 关系。曲线估计结果见表 2-21。

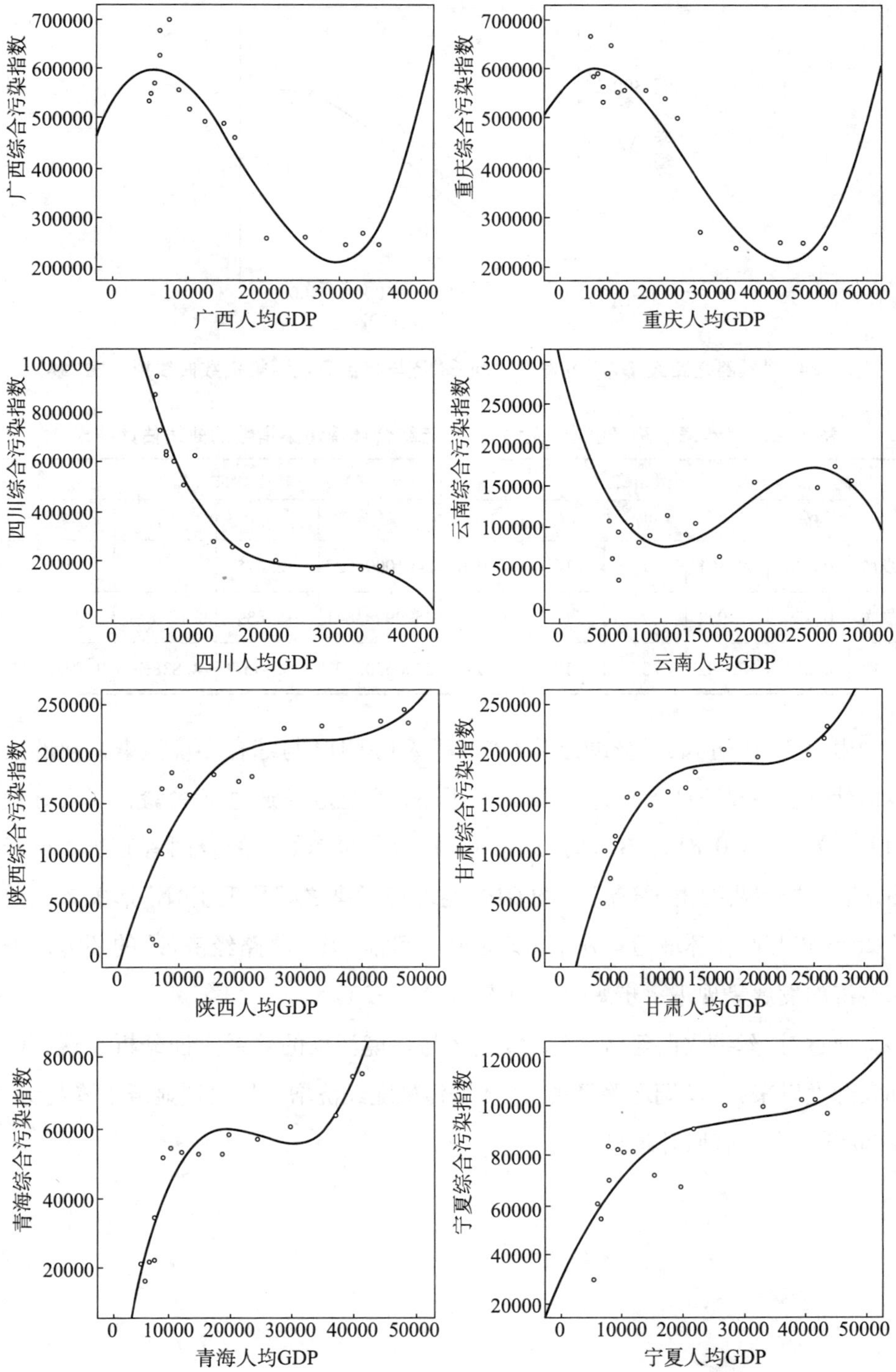

图 2-24　“丝路之路经济带”各省份人均 GDP 与综合环境污染指数曲线拟合图

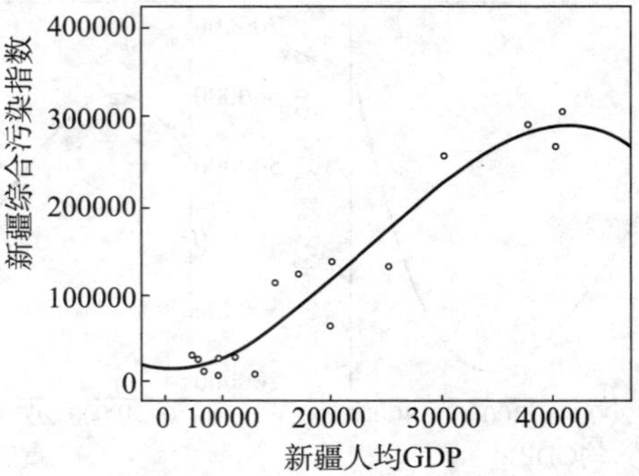

图 2-24 “丝路之路经济带”各省份人均 GDP 与综合环境污染指数曲线拟合图(续)

表 2-21 “丝绸之路经济带”人均 GDP 与综合环境污染指数的曲线估计结果

方程	模型汇总					参数估计值			
	R^2	F	df_1	df_2	Sig.	常数	b_1	b_2	b_3
线性	0.740	39.801	1	14	0.000	2491009.927	-2.675		
二次	0.779	22.972	2	13	0.000	2699998.841	-5.839	8.178E-6	
三次	0.813	17.402	3	12	0.000	2306630.793	3.445	-4.838E-5	9.702E-11

由表 2-21 可知，“丝绸之路经济带”人均 GDP 与综合环境污染指数的曲线估计方程在显著性水平为 0.05 的水平下，F 检验值通过 F 检验，三次方程的 R^2 最高，为 0.813，R^2 越接近于 1，拟合效果越好。结合两者的曲线拟合图来看，“丝绸之路经济带”人均 GDP 与环境污染之间呈现正“N”形关系，约从 2013 年开始，环境污染开始出现反转，目前“丝绸之路经济带”的环境污染随经济的发展呈现进一步恶化的趋势(见图 2-25)。

通过对“丝绸之路经济带”区域经济与环境污染的关系实证分析发现，西部大开发以来，“丝绸之路经济带”环境污染随经济增长先出现显著下降趋势，在 2013 年左右有回升趋势。

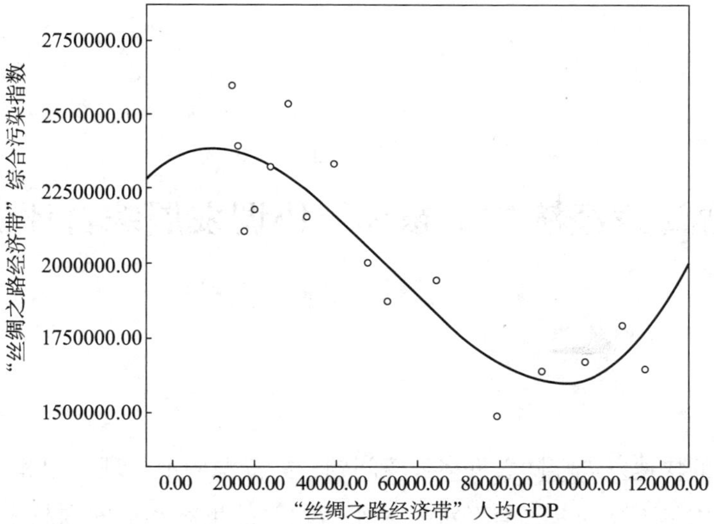

图 2-25 "丝绸之路经济带"人均 GDP 与环境污染曲线拟合图

第三章

青海省经济与生态环境协调发展综合评价

经济的快速发展伴随着许多环境问题，如资源的不合理利用和过度开采，导致环境质量不断变差，与经济发展密切相关的生态环境问题越来越引起人们的注意。生态环境恶化，制约了经济发展，影响了人们的生活。随着经济的发展，人们在物质需求得到满足的基础上，提升了对环境质量的要求。只有在经济社会得到发展的同时不断提高生态环境质量，才是高质量发展，才能实现高品质生活。实现经济与生态环境协调发展是学术界研究的重点，与社会发展的整体战略相适应。

为了经济与生态环境持续健康地发展，我国依据地区生态环境承载力和经济发展水平的不同进行主体功能划分。2011 年《全国主体功能区规划》把我国国土划分成禁止、限制、重点和优化四类开发区，分别对应生态、农业和城市化等地区。党的十八大以来，生态环境得到了党和国家的高度重视，在五大发展理念中包含了“绿色”发展，总体布局“五位一体”中也有对生态文明的明确要求。党的十九大强调人与自然和谐共处，指出生态文明建设有利于我国长期稳定的发展，我们要树立生态建设理念，正确理解生态环境与生产力之间的关系，妥善处理经济发展和环境保护的关系。坚持保护环境和节约资源基本国策，尊重自然发展规律，注重生态环境这一生产要素。在资源方面，优先对资源进行保护，节约使用，同时以自然的自我修复为主；在环境保护中要从源头开始管理及治理，防止重复污染。注重经济与环境的和谐发展，自觉地推进绿色发展，只有这样才能使生产力得到更好的发展，实现经济的稳步发展。

本章对青海省区域经济与环境协调发展程度作出总体评价，并对青海省东部重点开发区域的西宁市和海东市经济发展与生态环境的综合协调程度开展个案评价。

第一节 生态与经济协调发展研究现状与理论基础

一、国内外研究现状

（一）国外研究

由于西方国家环境问题出现时间比较早，所以对环境问题的研究从古典经济学就已经开始了。马尔萨斯提出人口论，认为人口不断增加会制约经济的发展，人们将其称为马尔萨斯人口陷阱（于同申，2000）；斯密结合资本主义生产的分析来分析人口，认为人口类似于其他商品，都有供求关系且受资本积累的影响，人口过剩是资本积累缓慢或者停顿的结果。李嘉图的地租理论认为，经济增长会受到资源报酬递减规律严重影响，从很早之前人类就已经认识到人口、资源、环境等都会对经济发展产生一定的影响，人们开始追求协调发展但是没有考虑到自然资源本身（姚开建，2016）。20世纪中叶，全球生态、环境问题日益严重，出现世界“八大公害事件”，即马斯河谷烟雾事件、美国洛杉矶光化学烟雾事件、日本骨痛病事件、日本水俣病事件、伦敦烟雾事件等。1962年出版的环保科普著作《寂静的春天》是由美国的生物学家蕾切尔·卡逊所著，阐述了人与大自然之间的关系，初步揭示了污染对生态环境系统的影响。这是对人类的行为和思想进行反思的开山之作。1968年罗马俱乐部成立，其出版的两部著作《增长的极限》《人类处于转折点》，是可持续发展思想的萌芽。1972年斯德哥尔摩在世界环境大会提出了可持续发展，世界环境与发展委员会于1983年成立，可持续发展在1987年提交的《我们共同的未来》中被正式提出。1992年“环境与发展大会”通过了《21世纪议程》和《里约环境与发展宣言》，标志着人们对环境和发展有了新的认识。

(二)国内研究

改革开放以来，我国经济得到快速发展，与此同时环境问题也集中爆发。有关部门及学者对经济与生态环境协调发展高度重视。

相关研究表明，中国陆地经济与生态环境协调发展呈现出东北地区好于西部地区，西部地区好于中、东部地区的空间格局(魏伟等，2018)。要改变协调运行机制，建立协同运行机制，从根本上落实经济与环境保护的“共生”观念(刘鸿亮等，2015)。应认识到经济与环境之间存在负反馈机制，将环境代价考虑到经济活动的成本分析中去(张元硕，2016)。

西部地区环境承载力可分为接近超载、有一定的空间和空间较大三类，青海属于第三类，可稳步推进经济发展(宁佳等，2014)，青海省重点开发区环境承载力不断上升(王晓鹏等，2016)。基于以上研究基础，本书对青海省东部重点开发区经济与生态环境协调发展进行评价，在理论和实践方面都有非常重要的意义。

二、协调发展理论

(一)“协调”与“协调发展”内涵

“协调”是指尊重客观规律，注重事物之间的和谐发展，避免两个极端的理想形态。经济学中将“协调”看成是经济力作用下处于平衡状况的经济体系，也可视其为在经济力的作用下不断地趋向于均衡的过程。在熊德平教授看来，“协调”与“统筹”“和谐”“均衡”是相近、相连、相交的关系，但是又有区别。协调是各系统要素之间由不协调、协调、不协调不断发展运动的一个过程，是既定目标下有最优均衡解的要素之间的理想状态。此外，协调在重视市场力量的同时要重视“非市场”力量(熊德平，2009)。

协调发展有“协调”和“发展”的双重意思，是在各系统间实现和谐共处，协同作用的情况下由低到高、由无序向有序的演化进程。尊重事物发展的客观规律，注重子系统要素之间的和谐，使其持续向理想的方向发展，实现人的全面发展。

协调发展理念要求：①发展过程要体现整体性与全面性。中国在协调发展过程中，要促进信息化与工业化同步发展，推动农业现代化和城镇化共同进步；促进城乡一体化，促进地域之间协调发展，实现精神与物质共同发展。②发展过程中体现平衡性的要求及特点。经济发展必须立足于基本国情、基本省情，解决好发展过程中的各种不平衡问题，使经济建设与发展社会事业和完善社会公共体系同步进行。避免出现约束经济发展的不利因素，在推动经济、国防等硬实力的同时，还要注重软实力的发展。③发展要体现可持续的目标和要求，要保证经济与人口、自然环境和谐发展；以创新驱动为方式实现经济发展，要求解决好经济、人口、环境之间的关系（中国经济网《经济日报》，2017）。

（二）经济与生态环境协调发展内涵

经济与生态环境是社会发展中的两个重要方面，它们之间相互制约又相互促进。从短期看，环境保护对经济发展是有约束的，两者之间是矛盾的。但从长期看，环境保护有长远的效益，不管是对经济发展还是社会发展都有积极的意义。

经济与生态环境保护协调发展是指，在经济快速发展的同时要兼顾生态环境的保护，在生态环境承载力范围之内发展经济。经济与生态环境协调发展有以下几个内涵：第一，经济发展水平提高的同时生态环境得到有效的保护，人民生活水平和满意度不断提高；第二，经济发展水平得到提高，生态环境在承载力范围之内受到一定程度损害，人民生活水平和满意度有所提高。这两种情况下经济与生态环境是协调发展的。当经济得不到发展或经济有发展，但是生态环境破坏超过了承载力范围，人民生活满意度下降，这时经济与生态环境之间是不协调发展的。

（三）经济与生态环境协调发展理论基础

1. 区域可持续发展

区域可持续发展是指应用生态经济学的原理方法，寻找区域环境与其经济发展之间的最适合关系。实现经济与生态各要素间和谐、优化、高效、有序的发展。强调在区域经济发展的同时兼顾生态环境保护，实现资源的高效利用、生态的良性运转，有效控制区域人口的增长。区域可持续发展由人口、资源、环境、经济与社会五个系统构成，其最高阶段是谋求这五个系统的协调发展。

2. 生态经济理论

生态经济学理论认为：生态与经济系统之间存在和谐共处、相互遏制和对立状态三种关系。和谐共处不仅谋求经济效益，还强调生态效益，使经济与生态环境和谐相处。相互遏制，指经济发展速度受环境保护的制约，同时经济发展水平会遏制环境保护的进程。对立状态，指经济与环境保护之间很难出现“双赢”的情况，经济发展水平越高，环境破坏程度越深，是“此起彼伏”的状态。

3. 环境价值理论

A. Marshall 和 A. C. Pigou 的经济学观点认为，环境问题出现是由于人们在追求自身利益最大化过程中忽视了环境保护，是经济负外部性的产生。环境产权的缺失使人们在使用环境时付出的成本很低，基本无成本，导致“搭便车”的现象产生。人们没有去保护环境的动机，于是随着经济的发展，环境问题不断突出，资源紧缺。

第二节　青海省区域经济与环境协调发展程度总体评价

随着社会的进步，单一经济增长的理念已经逐渐落后。因此，必须建立一个平衡的、“和平共处”的、共同提高的全方面发展观。为了实现全方面发展，必须建立协调的概念。协调是指物质的内在统一，和谐有序。协调可以反映出系统的两个特征：一是系统的有序性；二是具有整体效益特点。

一、评价方法思路

（一）构建评价指标体系

构建三个层次的环境—经济系统评价体系，分别是目标层、准则层、指标层。

目标层：经济—环境评价指标体系的构建目的在于定量地评价区域经济—环境系统协调程度的状态和与西北各省的比较差异。因此把经济发展和环境系统作为该评价体系的目标层，分别是经济发展和环境状态的综合体现。

准则层：为了系统地分析区域的经济发展、环境状态水平，经济发展指标从总量、结构、发展速度和效益三个方面构建经济系统评价的准则层；环境状态从环境污染、环境治理、生态抗逆能力三个方面构建环境系统评价的准则层。

指标层：在各准则层下，设置包括国内生产总值(GDP)、工业废水排放总量等指标在内的19个具体评价指标(见表3-1)。

表3-1　协调度评价指标体系

目标层	准则层	权重	指标层	权重
经济发展	经济总量	0.35	GDP	0.50
			人均GDP	0.50
	经济结构	0.30	第二产业增加值	0.45
			第三产业增加值	0.55
	经济发展速度和效益	0.35	GDP增长率	0.50
			全社会固定资产投资占生产总值比重	0.50
环境状态	环境污染	0.35	工业废水排放总量	0.20
			生活污水排放量	0.20
			化学需氧量排放量	0.20
			工业二氧化硫排放总量	0.20
			一般工业固体废物产生量	0.20
	环境治理	0.35	工业废水排放达标率	0.25
			工业二氧化硫去除率	0.25
			工业固体废物综合利用率	0.25
			工业污染治理投资	0.25
	生态抗逆能力	0.30	年末湿地面积	0.30
			森林覆盖率	0.35
			人均水资源量	0.35

（二）数据的无量纲化处理

设描述经济系统和环境系统的特征向量为 $x_{ij}^{*}=(x_{i1}, x_{i2}, \cdots, x_{ij})$；对 x_{ij} 进行标准化，即：

$$x_{ij}^{*}=\begin{cases}\dfrac{x_{ij}-x_{j,\min}}{x_{j,\max}-x_{j,\min}}，当 x_{ij}为正相关指标时\\ \dfrac{x_{j,\max}-x_{ij}}{x_{j,\max}-x_{j,\min}}，当 x_{ij}为负相关指标时\end{cases} \tag{3-1}$$

（三）环境—经济协调度评价的模型

环境—经济系统越协调，其离差程度越小，可持续发展的最终目标就是经济与环境相互促进，共同发展。令 $f(x)$ 为经济系统评价函数，$g(y)$ 为环境系统评价函数。$f(x)$ 与 $g(y)$ 正向发展趋势越相关越好。因此，在环境—经济系统协调度评价中采用相关分析，定义环境—经济耦合度函数 C：

$$C=\left[\frac{f(x)g(y)}{\left(\dfrac{f(x)+g(y)}{2}\right)^{2}}\right] \tag{3-2}$$

其中：

$$f(x)=\sum_{i=1}^{m}a_{i}x_{i} \tag{3-3}$$

$$g(y)=\sum_{i=1}^{n}b_{i}y_{i} \tag{3-4}$$

其中，a_i 和 b_i 分别表示 x_i 与 y_i 的权重。

在式(3-2)中，耦合度值 $C\in[0, 1]$。当 $C=1$ 时，耦合度最大，表示环境系统与经济系统之间可以良好有序发展；当 $C=0$ 时，耦合度最小，表示两系统之间不存在相互影响的情况。

需要注意的是，环境系统与经济系统协调程度只能说明在某一阶段时环境系统和经济系统离差系数较小。因此可能出现低水平的经济—环境系统协调度比相对高水平的系统协调度更高。因此，必须将协调度与发展水平综合（赵莺燕，2015），计算耦合协调度 D。则：

$$D=\sqrt{Cf^{\alpha}(x)g^{\beta}(x)} \tag{3-5}$$

其中，D 为耦合协调度，$D\in(0, 1)$，反映系统演变过程中内部各要素相互和谐一致的属性，C、D 值高表示两系统的耦合协调程度高，C、D 值低表示两系统的耦合协调程度高但发展水平低；α 和 β 是两系统的协同贡献参数，$\alpha+\beta=0$，因两者同等重要，从而取均值 0.5。

(四)协调类型划分

在目前耦合协调度评价研究中，尚未对耦合度与协调度的划分形成统一的标准，我们将耦合度与协调度分别划分为 4 个阶段与 4 类协调水平(见表 3-2)。

表 3-2　耦合度与协调度划分标准

指数	取值范围	所处阶段与协调水平
耦合度 C	$0<C\leqslant0.3$	低水平耦合阶段
	$0.3<C\leqslant0.5$	拮抗阶段
	$0.5<C\leqslant0.8$	磨合阶段
	$0.8<C\leqslant1.0$	高水平耦合阶段
协调度 D	$0<D\leqslant0.3$	低度协调耦合
	$0.3<D\leqslant0.5$	中度协调耦合
	$0.5<D\leqslant0.8$	高度协调耦合
	$0.8<D\leqslant1.0$	极度协调耦合

二、青海省环境—经济发展的协调度评价

(一)青海省环境与经济系统一级指标发展评价

查阅《中国统计年鉴》《青海统计年鉴》中 2010—2020 年相关数据，以研究青海省协调性为主，构建评价指标体系，选取甘肃省、陕西省两省进行协调性评价对比分析。采用专家评分法和 AHP 相结合的方式对指标赋权重(见表 3-1)，利用 SPSS 19.0 将原始数据代入式(3-1)中进行标准化处理，再对二级指标进行加权平均得到一级指标评价值，见表 3-3 至表 3-5。

表 3-3 青海省环境—经济一级指标评价值

一级指标 / 年份	经济总量	经济结构	经济发展速度和效益	环境污染	环境治理	生态抗逆能力
2000	0.0000	0.2200	0.0540	0.3237	0.1784	0.0443
2001	0.0081	0.2164	0.1230	0.3242	0.0882	0.0489
2002	0.0174	0.2141	0.1391	0.3469	0.0529	0.0116
2003	0.0277	0.2005	0.1371	0.3406	0.0448	0.0590
2004	0.0396	0.1743	0.1361	0.2850	0.0509	0.0493
2005	0.0528	0.1306	0.1335	0.1747	0.0166	0.1375
2006	0.0690	0.1051	0.1505	0.1701	0.0337	0.0344
2007	0.0876	0.0834	0.1482	0.1617	0.0767	0.0631
2008	0.1089	0.0492	0.1401	0.1623	0.0863	0.0608
2009	0.1269	0.0776	0.1056	0.1387	0.1198	0.1406
2010	0.1568	0.0464	0.2156	0.1213	0.1530	0.0888
2011	0.1863	0.0000	0.1917	0.0651	0.1066	0.0840
2012	0.2168	0.0112	0.1972	0.0599	0.1029	0.1355
2013	0.2468	0.0628	0.1919	0.0624	0.1188	0.1693
2014	0.2745	0.0757	0.1844	0.0614	0.1755	0.2134
2015	0.2535	0.1404	0.1770	0.0278	0.1552	0.1883
2016	0.2777	0.1627	0.1811	0.0649	0.1888	0.1700
2017	0.3015	0.2214	0.1875	0.0898	0.1127	0.2204
2018	0.3267	0.2369	0.1905	0.0949	0.1289	0.2959
2019	0.3500	0.3020	0.1674	0.1005	0.1480	0.2811

从表 3-3 中可以清晰看出，西部大开发以来，青海省环境—经济系统各项指标总体都呈现波动提升趋势。具体来看，经济发展指标方面，经济总量指标持续增长，经济结构指标从低级均衡向发展中不均衡，再向较好发展阶段的结构优化方向转变；经济发展速度和效益出现向下波动，然后逐步回升，但仍然较弱。环境状态指标方面，环境污染程度逐年下降，环境治理程度先下降随后稳步提升；生态抗逆能力稳步改善。

表 3-4　甘肃省环境—经济一级指标评价值

年份 \ 一级指标	经济总量	经济结构	经济发展速度和效益	环境污染	环境治理	生态抗逆能力
2000	0. 0000	0. 1099	0. 1194	0. 2237	0. 0987	0. 0208
2001	0. 0069	0. 0982	0. 1262	0. 2442	0. 1090	0. 0218
2002	0. 0145	0. 1075	0. 1316	0. 2302	0. 0836	0. 0000
2003	0. 0240	0. 1085	0. 1489	0. 2184	0. 0945	0. 0583
2004	0. 0352	0. 0850	0. 1600	0. 2210	0. 1097	0. 0344
2005	0. 0477	0. 0736	0. 1673	0. 2442	0. 0985	0. 1050
2006	0. 0615	0. 0414	0. 1604	0. 2444	0. 1706	0. 0489
2007	0. 0780	0. 0181	0. 1824	0. 2544	0. 2122	0. 0799
2008	0. 0933	0. 0315	0. 1524	0. 2509	0. 1623	0. 0457
2009	0. 1102	0. 0541	0. 1902	0. 2480	0. 2362	0. 0626
2010	0. 1316	0. 0000	0. 2356	0. 2366	0. 2715	0. 0731
2011	0. 1570	0. 0237	0. 2526	0. 1310	0. 2161	0. 1465
2012	0. 1854	0. 0462	0. 2647	0. 1363	0. 2886	0. 1645
2013	0. 2127	0. 0715	0. 2544	0. 1116	0. 2486	0. 2697
2014	0. 2419	0. 1094	0. 2428	0. 0491	0. 2588	0. 2211
2015	0. 2670	0. 2111	0. 2528	0. 0558	0. 1887	0. 1995
2016	0. 2923	0. 2473	0. 2536	0. 1721	0. 1976	0. 2060
2017	0. 3042	0. 2776	0. 0686	0. 1974	0. 1825	0. 2517
2018	0. 3263	0. 2885	0. 1222	0. 2701	0. 1652	0. 3000
2019	0. 3509	0. 3000	0. 1419	0. 2749	0. 1326	0. 2805

表 3-5　陕西省环境—经济一级指标评价值

年份 \ 一级指标	经济总量	经济结构	经济发展速度和效益	环境污染	环境治理	生态抗逆能力
2000	0. 0000	0. 1911	0. 0740	0. 2240	0. 0039	0. 0456
2001	0. 0056	0. 1937	0. 0664	0. 2308	0. 0504	0. 0456
2002	0. 0128	0. 2025	0. 0907	0. 2222	0. 0742	0. 0456
2003	0. 0212	0. 2236	0. 1181	0. 2140	0. 0847	0. 0985

续表

年份＼一级指标	经济总量	经济结构	经济发展速度和效益	环境污染	环境治理	生态抗逆能力
2004	0.0314	0.2394	0.1346	0.1976	0.1010	0.0420
2005	0.0437	0.2456	0.1525	0.1746	0.1203	0.0988
2006	0.0579	0.2631	0.1677	0.1768	0.1428	0.0309
2007	0.0763	0.2649	0.2206	0.1456	0.1644	0.0966
2008	0.0983	0.2728	0.2385	0.1433	0.1819	0.0849
2009	0.1195	0.2649	0.2267	0.1489	0.2528	0.1080
2010	0.1454	0.2816	0.2546	0.1468	0.2976	0.1377
2011	0.1736	0.2965	0.2315	0.0901	0.2033	0.1675
2012	0.2033	0.3000	0.2368	0.0993	0.2088	0.1006
2013	0.2192	0.1597	0.2315	0.1057	0.2511	0.2094
2014	0.2307	0.1343	0.2042	0.1043	0.2290	0.2205
2015	0.2525	0.1669	0.1889	0.1068	0.2436	0.2144
2016	0.2751	0.1818	0.1946	0.2128	0.2348	0.1950
2017	0.3001	0.1818	0.2051	0.2021	0.2305	0.2486
2018	0.3279	0.1844	0.2078	0.2022	0.2271	0.2242
2019	0.3520	0.2117	0.1750	0.2100	0.2508	0.2608

对比表3-3、表3-4和表3-5可以看出，2019年青海省环境—经济系统各项指标中，在经济发展指标方面，经济总量指标低于陕西和甘肃，经济结构指标略优于两省；经济发展速度和效益比陕西弱，比甘肃稍强。环境状态指标方面，环境污染程度为三省中最低，环境治理支出较少；由于人口较少，生态抗逆能力相对较好。

（二）青海省环境—经济协调度计算

将表3-3、表3-4、表3-5计算出的一级指标的评价值，代入式(3-2)、式(3-3)、式(3-4)和式(3-5)，计算得到青海省经济发展、环境状态综合得分值以及环境—经济耦合度、耦合协调度评价值，并计算出对比区域甘肃省和陕西省的相应指标值。计算结果见表3-6至表3-8。

表 3-6　青海省经济发展、环境状态耦合度和耦合协调度评价值

年份	经济发展	环境状态	耦合度 C	耦合协调度 D
2000	0. 2740	0. 5464	0. 8898	0. 5868
2001	0. 3474	0. 4613	0. 9802	0. 6264
2002	0. 3707	0. 4114	0. 9973	0. 6241
2003	0. 3653	0. 4444	0. 9905	0. 6317
2004	0. 3500	0. 3851	0. 9977	0. 6053
2005	0. 3170	0. 3288	0. 9997	0. 5681
2006	0. 3245	0. 2383	0. 9765	0. 5211
2007	0. 3192	0. 3015	0. 9992	0. 5568
2008	0. 2982	0. 3094	0. 9997	0. 5510
2009	0. 3101	0. 3991	0. 9843	0. 5884
2010	0. 4188	0. 3631	0. 9949	0. 6229
2011	0. 3780	0. 2557	0. 9628	0. 5471
2012	0. 4251	0. 2983	0. 9693	0. 5875
2013	0. 5014	0. 3504	0. 9686	0. 6372
2014	0. 5346	0. 4503	0. 9927	0. 6979
2015	0. 5709	0. 3713	0. 9551	0. 6631
2016	0. 6215	0. 4237	0. 9642	0. 7034
2017	0. 7104	0. 4229	0. 9357	0. 7162
2018	0. 7541	0. 5197	0. 9661	0. 7777
2019	0. 8174	0. 5296	0. 9543	0. 7924

从表 3-6 中可以看出，西部大开发以来，青海省经济发展综合水平稳定攀升，从 2000 年的 0. 2740 增至 2019 年的 0. 8174，环境状态综合得分先从 2000 年的 0. 5464 下滑至 2006 年的 0. 2383，随后逐步回升至 2019 年的 0. 5296，二者耦合度从 2000 年的 0. 8898 波动上升至 2019 年的 0. 9543，耦合协调度从 2000 年的 0. 5868 波动上升至 2019 年的 0. 7924。

表 3-7 甘肃省经济发展、环境状态耦合度和耦合协调度评价值

年份	经济发展	环境状态	耦合度 C	耦合协调度 D
2000	0. 2293	0. 3432	0. 9605	0. 5191
2001	0. 2313	0. 3750	0. 9439	0. 5272
2002	0. 2536	0. 3138	0. 9887	0. 5281
2003	0. 2813	0. 3712	0. 9810	0. 5630
2004	0. 2803	0. 3652	0. 9827	0. 5607
2005	0. 2886	0. 4476	0. 9533	0. 5853
2006	0. 2634	0. 4639	0. 9240	0. 5683
2007	0. 2785	0. 5465	0. 8944	0. 5907
2008	0. 2772	0. 4589	0. 9391	0. 5787
2009	0. 3545	0. 5468	0. 9545	0. 6482
2010	0. 3672	0. 5812	0. 9491	0. 6622
2011	0. 4333	0. 4936	0. 9958	0. 6786
2012	0. 4963	0. 5894	0. 9926	0. 7327
2013	0. 5386	0. 6300	0. 9939	0. 7609
2014	0. 5942	0. 5291	0. 9966	0. 7475
2015	0. 7310	0. 4439	0. 9403	0. 7319
2016	0. 7932	0. 5757	0. 9748	0. 8116
2017	0. 6504	0. 6316	0. 9998	0. 8005
2018	0. 7370	0. 7353	1. 0000	0. 8580
2019	0. 7919	0. 6879	0. 9951	0. 8570

表 3-8 陕西省经济发展、环境状态耦合度和耦合协调度评价值

年份	经济发展	环境状态	耦合度 C	耦合协调度 D
2000	0. 2651	0. 2735	0. 9998	0. 5189
2001	0. 2658	0. 3269	0. 9894	0. 5400
2002	0. 3060	0. 3420	0. 9969	0. 5679
2003	0. 3629	0. 3972	0. 9980	0. 6155
2004	0. 4054	0. 3406	0. 9925	0. 6073

续表

年份	经济发展	环境状态	耦合度 C	耦合协调度 D
2005	0.4418	0.3936	0.9967	0.6447
2006	0.4888	0.3504	0.9728	0.6345
2007	0.5618	0.4067	0.9744	0.6824
2008	0.6096	0.4100	0.9617	0.6934
2009	0.6111	0.5097	0.9918	0.7440
2010	0.6815	0.5820	0.9938	0.7911
2011	0.7016	0.4609	0.9571	0.7377
2012	0.7401	0.4088	0.9168	0.7101
2013	0.6104	0.5662	0.9986	0.7662
2014	0.5693	0.5537	0.9998	0.7492
2015	0.6083	0.5649	0.9986	0.7651
2016	0.6514	0.6426	1.0000	0.8043
2017	0.6870	0.6811	1.0000	0.8271
2018	0.7202	0.6535	0.9976	0.8273
2019	0.7367	0.7216	0.9999	0.8538

对比表 3-6、表 3-7 和表 3-8 可以看出，2019 年青海省经济发展综合水平略高于其他两省，主要归因于选取指标中人均量指标青海省相对较好；青海环境状态综合水平得分显著低于陕西和甘肃，主要是青海省自然条件严酷，环境发展压力大；从耦合度指标对比来看，青海省同样略低于其他两省；耦合协调度水平青海省略低于陕西和甘肃。青海省应加强技术改造，节能降耗，提高经济发展的质量，加快产业结构的调整，加大对环境的整治力度，促进环境经济协调发展达到一个新的水平。

第三节 青海省东部重点开发区经济与生态环境协调发展评价

《青海省主体功能区规划》将青海省划分为重点开发区、限制开发区和禁止开发区三类主体功能区，如表3-9所示。

重点开发区是指人口集聚、有一定经济基础和较强的环境承受能力，从而可以进行工业化开发的城市化地区。青海省重点开发区域，包括柴达木重点开发区域和东部重点开发区域，是国家级兰西重点开发区域，也是人口和经济活动的主要承载区域。青海省东部重点开发区是青海省重要的经济发展和交通枢纽地区，是最适宜人居住的地方。地处高原区，海拔由东向西升高，是青海省开发历史最久的地区，也是开发强度最高的地区。主要包括西宁市、海东市、海晏县、同仁县、尖扎县、贵德县、贵南县和共和县等19个县(区)。

表3-9 青海省主体功能区规划

按开发方式	按开发内容	按层级	主体功能
重点开发区	城市化地区	国家级	提供工业和服务产品
		省级	
限制开发区	农产品主产区	省级	提供农产品
禁止开发区	重点生态功能区	国家级	提供生态产品
		省级	

由前文实证分析可知，青海省整体上经济发展与生态环境系统之间的耦合协调度处于上升状态，而青海省区域经济发展差异极大，过半的人口和经济活动都集中在不足10%的重点开发区域空间中，因此极有必要分别研究，尤其是研究承载绝大多数人口和经济活动的重点开发区域，解决好重点开发区域的经济与环境协调发展问题。

一、评价指标体系建立

通过对青海省东部重点开发区的综合分析，结合上一节建立的评价指标体系，并遵循科学性与可操控性、普遍性、稳定性与动态性等原则，在充分考虑数据资料可获得性的基础上，从经济发展和生态环境两个方面构建了青海省东部重点开发区经济与生态环境协调发展的评价指标体系(见表3-10)。

表 3-10 青海省东部重点开发区经济与生态环境协调发展的评价指标体系

目标层	准则层	指标层
经济与生态环境协调发展	经济	人均 GDP(元)(X_1)
		社会消费品零售总额(亿元)(X_2)
		固定资产投资总额(亿元)(X_3)
		城市居民人居可支配收入(元)(X_4)
		农村居民人均纯收入(元)(X_5)
		人均生活消费支出(元)(X_6)
	发展	地方预算财政支出(亿元)(X_7)
		地方预算财政收入(亿元)(X_8)
		工业增加值(亿元)(X_9)
		第二产业增加值占 GDP 比重
	生态	当年造林面积(公顷)(Y_1)
		水资源总量(亿立方米)(Y_2)
		水土流失面积(万平方米)(Y_3)
	环境	工业废水排放量(万吨/年)(Y_4)
		工业用水量(亿立方米)(Y_5)
		生态环境耗水量(亿立方米)(Y_6)

二、青海东部重点开发区经济与生态环境综合发展水平测度

(一)主要步骤

首先，根据建立的指标体系进行数据的搜集与整理。通过查阅 2000—2020 年《中国统计年鉴》《青海统计年鉴》《西宁统计年鉴》和青海省年度公报、市州公报、青海省水土保持公报、青海省水资源公报等相关调查报告，整理青海省东部重点开发区经济与生态环境发展原始数据，并对数据进行无量纲化处理。

其次，在计算经济发展综合水平和生态环境质量综合水平时需要各指标权重，在这个过程中需要用主成分分析法得到解释的总方差和成分矩阵。

最后，运用 Excel 计算得到的权重和标准化处理后的数据，计算各子系统的综合发展水平，利用耦合度与协调度公式，计算出经济与生态环境耦合协调发展水平。

(二)评价结果

青海省及青海省东部重点开发区经济发展和生态环境保护的综合发展水平如表3-11所示。整体来看，经济综合发展水平在15年间稳步上升；生态环境综合发展水平呈阶梯式上升。

表3-11　青海省及青海省东部重点开发区经济、生态环境综合发展水平

年份	生态环境综合发展水平		经济综合发展水平	
	青海省	东部重点开发区	青海省	东部重点开发区
2005	-0.9241	-1.0355	-1.2796	-1.2730
2006	-1.6163	-0.9706	-1.1657	-1.1636
2007	-1.2934	-0.8952	-0.9941	-1.0472
2008	-0.7644	-0.4937	-0.7712	-0.8136
2009	0.4993	0.1630	-0.6143	-0.7189
2010	0.0664	-0.4037	-0.2975	-0.4808
2011	0.2248	-0.3522	0.1080	-0.0595
2012	1.0383	0.9197	0.4619	0.2926
2013	0.5324	0.7939	0.7600	0.6587
2014	1.0040	0.6126	1.0531	0.9037
2015	0.3522	0.4086	1.2666	1.1238
2016	0.8808	1.2531	1.4728	1.2434
2017	0.9934	1.2688	1.5964	1.3955
2018	1.2556	1.2645	1.5333	1.3011
2019	1.7789	1.2599	1.5876	1.4102

青海省经济综合发展水平从2005年的-1.2796上升到2019年的1.5876，呈现稳定增长。生态环境综合发展水平在2006—2009年平稳上升；2009—2014年有所波动，2015年下降到0.3522，随后平稳上升到2019年的1.7789。青海省的生态环境发展水平在2005年、2009—2012年高于经济的发展水平；在2006—2008年、2014—2016年滞后于经济的发展水平。

青海省东部重点开发区经济综合发展水平从2005年的-1.2730上升到2019年的1.4102，呈现稳定上升趋势。生态环境综合发展水平从2005年的-1.0355上升到2019年的1.2599，但是上升趋势不稳定。由图3-1可以明显地看出，生态环境发展水平在2005—2007年稳定上升；2008—2009年发展水

平上升速度加快。2010 年发展水平有所下降，2011 年发展水平又上升，2012 年下降，2015 年发展水平又开始上升。生态环境与经济的综合发展水平相比：在 2010 年以前、2012 年到 2013 年生态环境高于经济发展；在 2014 年、2015 年生态环境要滞后于经济发展；在 2016 年以后生态环境与经济发展趋于一致。

青海省的经济综合发展水平在 2005—2016 年整体领先于青海省东部重点开发区。青海省的生态环境综合发展水平在 2006—2008 年、2013 年、2015 年、2016 年低于青海省东部重点开发区生态环境综合发展水平；2005 年、2009—2012 年、2014 年高于青海省东部重点开发区生态环境综合发展水平。

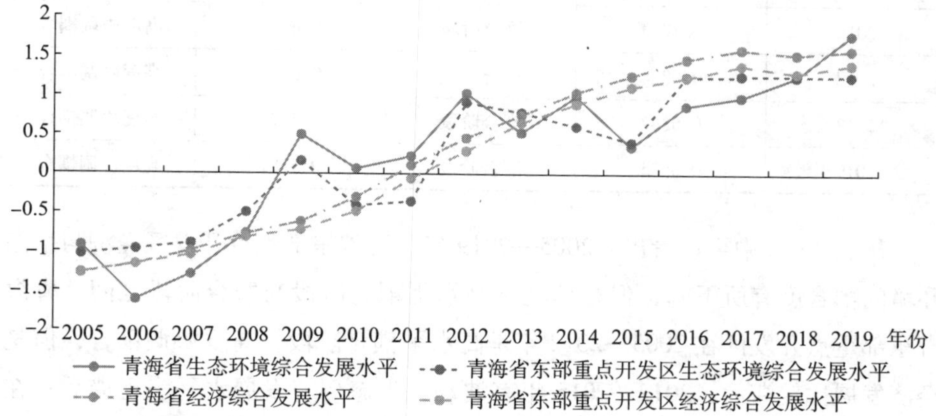

图 3-1 青海省及青海省东部重点开发区经济、生态环境综合发展水平动态图

三、青海东部重点开发区生态环境与经济发展协调度测定

根据前文公式计算青海省东部重点开发区经济与生态环境的耦合度与协调度，并评判所处阶段与协调水平，计算结果如表 3-12 所示。

表 3-12 青海省东部重点开发区经济与生态环境耦合度、协调度

年份	耦合度 C	所处阶段	协调度 D	协调水平
2005	0. 9128	高水平耦合阶段	0. 7605	高度协调耦合
2006	0. 9989	高水平耦合阶段	0. 7956	高度协调耦合
2007	0. 9999	高水平耦合阶段	0. 796	高度协调耦合
2008	0. 9937	高水平耦合阶段	0. 7935	高度协调耦合

续表

年份	耦合度 C	所处阶段	协调度 D	协调水平
2009	0.9823	高水平耦合阶段	0.7889	高度协调耦合
2010	0.9958	高水平耦合阶段	0.7943	高度协调耦合
2011	0.9436	高水平耦合阶段	0.7732	高度协调耦合
2012	0.8703	高水平耦合阶段	0.7426	高度协调耦合
2013	0.7767	磨合阶段	0.7015	高度协调耦合
2014	0.7603	磨合阶段	0.6941	高度协调耦合
2015	0.9935	高水平耦合阶段	0.7934	高度协调耦合
2016	0.7723	磨合阶段	0.6996	高度协调耦合
2017	0.6824	磨合阶段	0.6108	高度协调耦合
2018	0.6347	磨合阶段	0.5779	高度协调耦合
2019	0.6625	磨合阶段	0.5981	高度协调耦合

从表 3-12 中可以看出，2005—2019 年青海省东部重点开发区经济与生态环境的耦合度有所下降，但整体处于高水平耦合阶段与磨合阶段之间。青海省东部重点开发区在 2005—2012 年是高水平耦合阶段，高度协调耦合，但是经济发展比较滞后；2012—2015 年有波动，生态环境发展水平表现滞后；在 2016—2019 年青海省东部重点开发区经济综合发展水平较高，处于磨合阶段，表现为生态环境发展水平滞后。从协调度来看，由于阶段标准划分比较粗糙，总体都处于高度协调耦合阶段，但是耦合协调度得分也呈现波动下降趋势。

总的来看，在这 15 年间，青海省东部开发区经济与生态环境的协调度总体较高，但是经济与生态的协调发展是不稳定的。前期经济发展滞后，后期环境发展滞后。尽管青海省投入大量政策与资金，进行生态环境保护，但是东部重点开发区人口聚集规模大，产业集中度高，环境压力很大，在经济发展的同时提升生态环境质量，是东部重点开发区面临的重大问题。

青海省“生态立省”战略和《青海省生态文明建设促进条例》对于环境保护设定了严格规则，战略要求经济发展与环境保护同步进行，该条例规定了县级以上政府机构的环保责任。2014 年《青海省主体功能区规划》印发实施后，青海省东部重点开发区在建设工业化、城市化的过程中同时加大了环境的保护力度。青海省坚持对生态环境的保护和修复，提出“一优两高”发展战略。

同时要明确，生态环境的建设是一个长期的过程，生态效益不会像经济效益那样快速呈现。由于生态效益滞后，青海省东部重点开发区经济与生态发展协调程度仍有待提高，需要得到更多政府资金、社会资金、公益资金的支持。

此外，青海省东部重点开发区经济与生态环境协调发展实证研究涉及内容较广且复杂，受指标数据的可获得性与评价指标的全面性等因素影响，本节研究也存在一些不足，有待今后深入研究。例如，在经济与生态环境协调发展评价指标的构建中，应结合青海省东部重点开发区的经济、社会发展、生态环境保护三方面构建系统全面的指标体系。应对青海省东部重点开发区的19个县(区)做更详细的研究，以便对比差距。

第四节　青海东部城市经济发展与生态环境协调程度评价

一、评价目的

我国“十四五”时期经济社会发展的主要目标中指出：经济发展取得新成效，在质量效益明显提升的基础上实现经济持续健康发展；主要污染物排放总量减少，生态环境持续改善，生态安全屏障更加牢固，城乡人居环境明显改善；推进区域协调发展，健全区域协调发展体制机制；全面推动绿色发展等。青海省“十四五”时期要推进“西宁—海东都市圈”建设有序开展，拓展区域发展新空间，建设宜居宜业宜游“大西宁”“现代幸福美丽大西宁”，打造城乡统筹和新型工业化、城镇化、农业现代化“新海东”，实现西宁市和海东市协调一体发展，以促进城市群节点城市协同融合发展。

在前面章节的研究中，分别开展了青海省经济增长与环境污染的关系测度、青海省东部重点开发区域经济发展与环境质量协调发展水平评价。城市是区域的核心，青海东部重点开发区域也不例外，区域经济发展与环境质量的关系重心也在城市。因此，本节以“西宁—海东都市圈协调发展”为总目标，选择西宁市和海东市为研究对象，对两市经济发展和生态环境现状以及协调程度进行定量分析，以2005—2019年为时间区间，揭示两市经济发展与生态环境的协调关系变化规律。

首先，通过青海省统计局、西宁市统计局和海东市统计局查阅与本文相关的数据，对西宁市和海东市经济发展和生态环境质量现状进行分析；其次，建立西宁市和海东市经济发展和生态环境协调发展指标体系；最后，通过熵值法计算权重，得到西宁市和海东市的经济发展综合水平以及生态环境综合发展水平，然后进行协调度水平分析。

二、青海省东部城市发展现状

青海省东部城市群包括两个地级市：西宁市、海东市。西宁市总面积为7660平方千米，建成区面积为129平方千米，城镇化率达72.85%，全市下辖5个区、2个县。海东市总面积为13200平方千米，城镇化率达40.97%，全市下辖2个区、5个县。

(一)西宁市和海东市经济发展现状

1. 西宁市和海东市经济发展横向分析

为了解西宁市和海东市在青海省的发展水平，本节选取了青海省相关经济指标进行对比分析，从表3-13中可以看出，2019年西宁市发展要好于海东市，2019年西宁市GDP占全省比重为46.6%，海东市GDP占全省比重为16.4%；西宁市人均GDP比青海省高8951元，而海东市人均GDP比青海省低16175元；西宁市社会消费品零售总额占全省的67.3%，而海东市社会消费品零售总额占全省的12.3%；西宁市第二产业增加值占全省的42.8%，海东市第二产业增加值占全省的15.9%；西宁市第三产业增加值占全省的56.1%，海东市第三产业增加值占全省的15.4%；西宁市第二产业增加值占GDP的比重比海东市略小，第三产业增加值占GDP比重比海东市大。

以上数据表明，青海省西宁市和海东市在青海省经济发展中处于重要地位，两者GDP总量占比高达60.7%，但是海东市人均GDP低于青海省和西宁市，说明海东市经济发展有较大的空间。其中第二产业增加值所占GDP比重都比第三产业增加值占GDP比重小，证明青海省正在向高质量经济转型，第三产业成为促进经济发展的主要推力。

表 3-13　2019 年青海省、西宁市和海东市经济发展现状对比

	GDP（亿元）	人均 GDP（元）	社会消费品零售总额（亿元）	第二产业增加值（亿元）	第三产业增加值（亿元）	第二产业增加值占 GDP 比重（%）	第三产业增加值占 GDP 比重（%）
西宁市	1382. 89	57932	592. 59	496. 54	844. 17	36	61
海东市	487. 73	32806	108. 45	184. 92	232. 36	38	48
青海省	2965. 95	48981	880. 75	1159. 75	1504. 3	39	51

资料来源：《青海统计年鉴》(2019)、《2019 年西宁市国民经济和社会发展统计公报》《2019 年海东市国民经济和社会发展统计公报》。

2. 西宁市和海东市经济发展纵向分析

2005 年以来，西宁市和海东市经济发展水平整体上升。

西宁市生产总值由 2005 年的 206. 27 亿元上升到 2019 年的 1382. 89 亿元，第二产业增加值占 GDP 比重由 2005 年的 53%减少到 2019 年的 36%；第三产业增加值占 GDP 比重由 2005 年的 41%上升到 2019 年的 61%；西宁市人均 GDP 快速上升，由 2005 年的 9906 元上升到 2019 年的 57932 元；城镇居民可支配收入由 2005 年的 8397. 36 元上升到 2019 年的 34846 元；农民人均可支配收入由 2005 年的 2592. 77 元上升到 2019 年的 12577 元。

海东市生产总值由 2005 年的 74. 19 亿元上升到 2019 年的 487. 73 亿元，第二产业增加值占 GDP 比重由 2005 年的 39%先上升至 53%，其后减少到 2019 年的 38%，第三产业增加值占 GDP 比重由 2005 年的 41%上升到 2019 年的 48%。由图 3-2 可以看出，海东市人均 GDP 上升快速，由 2005 年的 4768 元上升到 2019 年的 32806 元。城镇居民可支配收入由 2005 年的 7065 元上升到 2019 年的 31962 元；农民人均可支配收入由 2005 年的 2011. 2 元上升到 2019 年的 11627 元。

自 2005 年以来，西宁市和海东市区域经济得到快速发展，社会整体发展水平不断提高，在经济发展的同时人民生活水平也得到了提高，第二产业增加值占 GDP 比重逐渐减少，体现产业结构转型的效果；第三产业增加值占 GDP 比重逐步增加，并逐步超过第二产业增加值占 GDP 比重(见图 3-3)。在第二产业增加值占 GDP 比重下降的过程中，GDP 增长率逐步下降，说明西宁市和海东市产业结构转型还要深入实施，进一步提升产业竞争力。

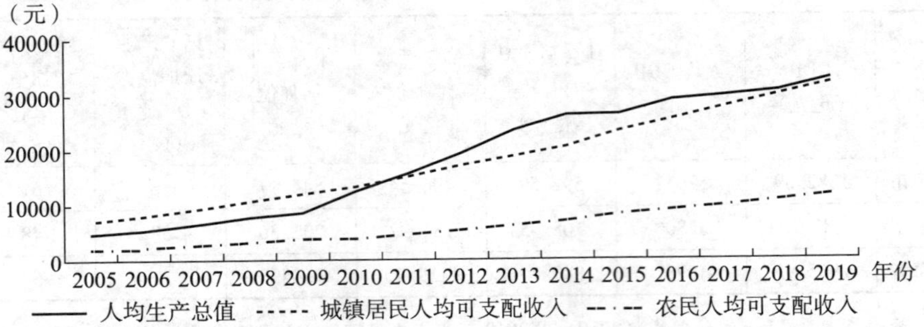

图 3-2　2005—2019 年海东市人均 GDP、城镇居民与农民人均可支配收入

图 3-3　2005—2019 年海东市 GDP 增长率与第二、第三产业增加值占 GDP 比重

（二）青海省东部城市生态环境质量现状

由图 3-4 可看出，西宁市第二产业废污水排放量在 2005—2019 年虽有上升，但整体呈下降趋势，由 2005 年的 18991 万吨降到 2019 年的 5015 万吨。第三产业废污水排放量逐年缓慢上升，由 2005 年的 2019 万吨上升到 2019 年的 5043 万吨。由图 3-5 可以看出，化学需氧量排放量占全省比例以及二氧化硫排放量占全省比例变化缓慢，整体稳定。化学需氧量排放量占全省比例由 2005 年的 42.01%上升到 2019 年的 43.5%，变化量不是很大；二氧化硫排放量占全省比例由 2005 年的 53.63%下降到 2019 年的 43.5%，下降了 10.13%。

由图 3-6 可看出，海东市第二产业废污水排放量波动明显，但整体呈下降趋势。由 2005 年的 3622 万吨降到 2019 年的 2049 万吨。第三产业废污水排放量逐年上升，上升趋势缓慢，由 2005 年的 242 万吨上升到 2019 年的 954 万吨。

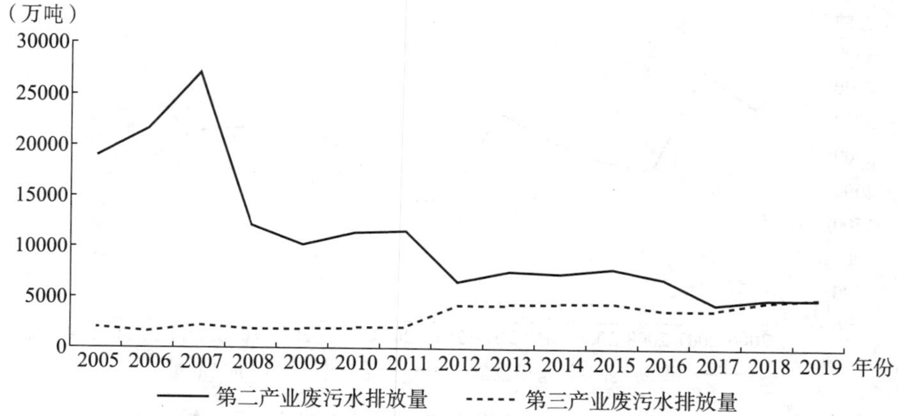

图 3-4 2005—2019 年西宁市第二、第三产业废污水排放量

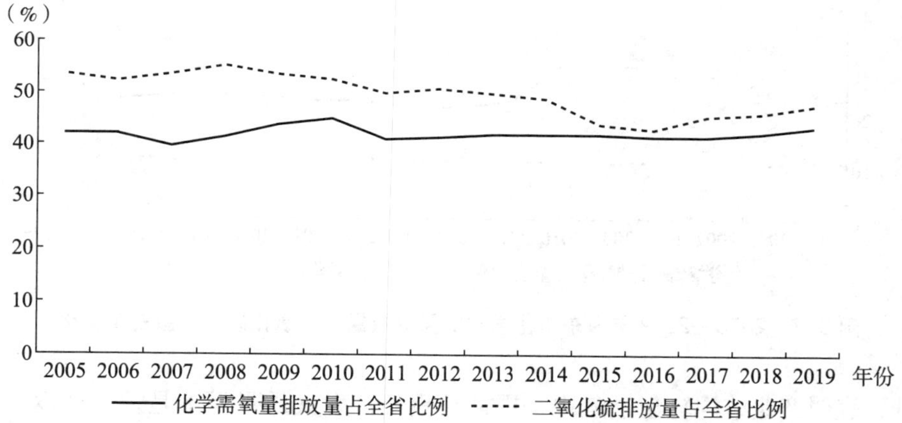

图 3-5 2005—2019 年西宁市化学需氧量排放量、二氧化硫排放量占全省比例

由图 3-7 可以看出，海东市化学需氧量排放量占全省比例波动较大，但在 2011 年后变化趋向稳定。二氧化硫排放量占全省比例整体变化稳定。2005 年化学需氧量排放量占全省比例为 24.2%，2019 年为 22.7%，变化量不是很大，但其间变化波动较大；二氧化硫排放量占全省比例在 2005—2019 年始终维持在 11.3%左右。

由图 3-4、图 3-5、图 3-6、图 3-7 可以看出，西宁市和海东市生态环境质量在向良性发展，第二产业废污水排放量下降，说明对于工业等第二产业的监管力度加强，排污得到有效控制。但第三产业废污水排放量逐年缓慢上

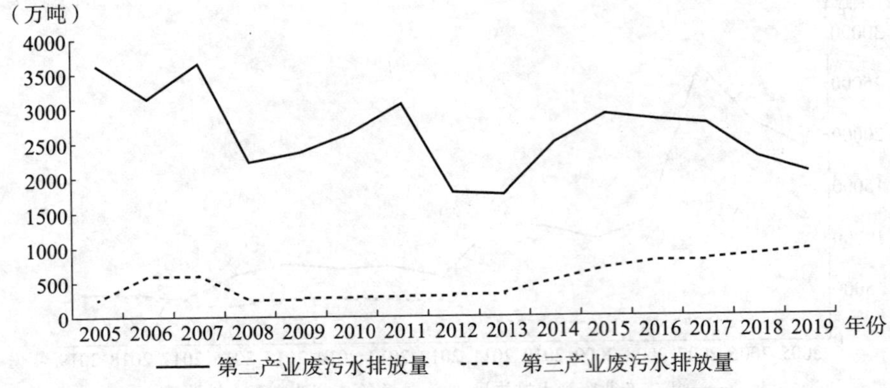

图 3-6　2005—2019 年海东市第二、第三产业废污水排放量

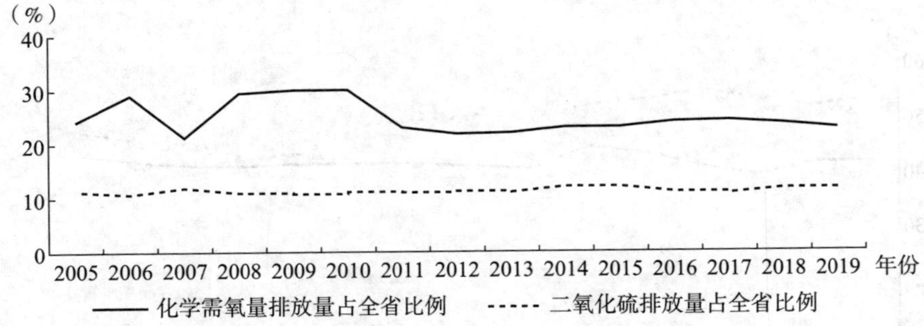

图 3-7　2005—2019 年海东市化学需氧量排放量、二氧化硫排放量占全省比例

升，表明产业结构转型过程中，更加注重经济发展质量而不是发展速度。化学需氧量和二氧化硫排放量占全省比例变化不大，但西宁市占全省比例明显高于海东市，证明西宁市经济发展环境压力高于海东市。

三、青海东部城市经济与生态环境协调发展水平评价

（一）评价指标选择

通过对西宁市和海东市的综合分析，结合城市功能特性，从经济发展和生态环境两个方面构建了西宁市和海东市经济与生态环境协调发展的评价指标体系，该指标体系主要基于上一节青海东部重点开发区经济发展与生态环境协调发展评价指标体系，考虑到城市的特点与资料可获得性，做了部分补

充（见表 3-14）。

表 3-14 西宁市和海东市经济发展与生态环境协调发展的评价指标体系

目标层	准则层	指标层	单位	指标属性	西宁市指标权重	海东市指标权重
经济与生态环境协调发展	经济发展	人均生产总值(X_1)	元	+	0.089487	0.099455
		GDP 增长率(X_2)	%	+	0.065435	0.065907
		第二产业增加值占 GDP 比重(X_3)	%	−	0.066573	0.110559
		第三产业增加值占 GDP 比重(X_4)	%	+	0.0149858	0.065712
		社会消费品零售总额(X_5)	亿元	+	0.100103	0.098488
		全市居民消费价格总水平涨幅(X_6)	%	−	0.065524	0.128173
		固定资产投资(X_7)	亿元	+	0.136521	0.156947
		常住人口城镇化率(X_8)	%	+	0.100856	0.084453
		城镇居民人均可支配收入(X_9)	元	+	0.120448	0.09064
		农民人均可支配收入(X_{10})	元	+	0.105194	0.099666
	生态环境	工业用水量(Y_1)	亿立方米	−	0.049134	0.1121
		生态环境用水量(Y_2)	亿立方米	+	0.147659	0.240898
		水资源总量(Y_3)	亿立方米	+	0.085244	0.080637
		第二产业污水排放量(Y_4)	万吨	−	0.046138	0.066282
		第三产业污水排放量(Y_5)	万吨	−	0.112388	0.069111
		化学需氧量排放量占全省比例(Y_6)	%	−	0.0463	0.081274
		二氧化硫排放量占全省比例(Y_7)	%	−	0.098513	0.07508
		耕地总资源(Y_8)	公顷	+	0.165141	0.159457
		化肥施用量(Y_9)	实物吨	−	0.249483	0.115161

（二）评价过程与方法

1. 数据标准化处理

根据信息论，“熵”衡量的是不确定性问题。首先，对指标评价内容即指标体系的统计数据进行标准化处理：

$$R_{ij}=(X_{ij}-X_{j\min})/(X_{j\max}-X_{j\min})+0.01 \tag{3-6}$$

$$R_{ij}=(X_{j\max}-X_{ij})/(X_{j\max}-X_{j\min})+0.01 \tag{3-7}$$

其中，$i=1, 2, \cdots, m$ 表示年份，$j=1, 2, \cdots, n$ 表示第 j 项指标，X_{ij} 表示第 j 项指标第 i 年的原始数据，$X_{j\max}$ 和 $X_{j\min}$ 分别表示第 j 项指标的最大值和

最小值，为了消除可能出现的零值和负值，分别加 0.01 进行坐标平移，得到标准化值 R_{ij}。

其次，对指标标准化值 R_{ij} 进行归一化处理，然后计算指标 j 的信息熵值，计算指标 j 的差异系数，得出权重：

$$Y_{ij}=\frac{R_{ij}}{\sum_{i=1}^{m}R_{ij}}(i=1,\ 2,\ \cdots,\ m;\ j=1,\ 2,\ \cdots,\ n) \tag{3-8}$$

$$P_j=-\frac{1}{\ln m}\sum_{i=1}^{m}Y_{ij}\ln Y_{ij}(i=1,\ 2,\ \cdots,\ m;\ j=1,\ 2,\ \cdots,\ n) \tag{3-9}$$

$$E_j=1-Pj(i=1,\ 2,\ \cdots,\ m;\ j=1,\ 2,\ \cdots,\ n) \tag{3-10}$$

$$W_j=\frac{E_j}{\sum_{j=1}^{n}E_j}(i=1,\ 2,\ \cdots,\ m;\ j=1,\ 2,\ \cdots,\ n) \tag{3-11}$$

其中，Y_{ij} 是第 j 项指标第 i 年的归一值，P_j 是第 j 项指标的信息熵值，E_j 是第 j 项指标的差异系数，W_j 是第 j 项指标的权重。

2. 经济发展和生态环境发展评价线性加权模型

利用式(3-11)中计算出的权值和线性加权函数分别构建经济发展和生态环境的发展评价模型：

$$NU_i=\sum_{j=1}^{d}w_jR_{ij} \tag{3-12}$$

其中，$\sum_{j=1}^{d}w_j=1(i=1,\ 2,\ \cdots,\ m;\ j=1,\ 2,\ \cdots,\ d)$

$$EE_i=\sum_{j=d+1}^{d}w_jR_{ij} \tag{3-13}$$

其中，$\sum_{j=d+1}^{d}w_j=1(i=1,\ 2,\ \cdots,\ m;\ j=d+1,\ d+2,\ \cdots,\ n)$

NU_i 表示经济发展指数，EE_i 表示生态环境发展指数。

(三)原始数据的搜集与整理

根据建立的指标体系进行数据的搜集与整理。通过查阅历年《青海统计年鉴》《青海省水资源公报》《青海省生态环境状况公报》《西宁统计年鉴》《海东市统计年鉴》等作为数据的主要来源。由于《青海省水资源公报(2019 年版)》并未公布，因此运用 MATLAB 插值法对 2019 年的数据进行估计（限于篇幅原因，原始数据表略）。

（四）经济发展与生态环境发展评价结果

本节研究是通过熵值法对数据进行处理得到所需要的权重。熵是系统无序程度的测量，可以用于度量已知数据包含的有效信息量和确定权重，然后进行综合水平的评价。

根据式（3-6）至式（3-11），得到西宁市和海东市的经济发展以及生态环境的权重（见表 3-14）。根据式（3-12）、式（3-13）计算出两市经济发展以及生态环境综合发展水平，计算结果如表 3-15 和图 3-8 所示。整体看来两市经济综合发展水平在 15 年间稳步上升；生态环境综合发展水平在 15 年间总体呈阶梯式上升。

表 3-15 西宁市与海东市经济和生态环境综合发展水平

年份	经济综合发展水平		生态环境综合发展水平	
	西宁市	海东市	西宁市	海东市
2005	0.121215	0.112905	0.369806	0.322121
2006	0.199911	0.131003	0.350241	0.297201
2007	0.214742	0.214395	0.338464	0.270057
2008	0.257360	0.324819	0.281214	0.374109
2009	0.282683	0.240022	0.342518	0.340792
2010	0.382750	0.267010	0.297585	0.274751
2011	0.428722	0.382677	0.511189	0.435169
2012	0.483977	0.441935	0.375328	0.582920
2013	0.544983	0.537045	0.329455	0.574091
2014	0.594930	0.571054	0.327083	0.420129
2015	0.629359	0.599956	0.326548	0.366790
2016	0.674374	0.635624	0.538615	0.572473
2017	0.663915	0.659462	0.600344	0.590482
2018	0.722235	0.707485	0.615502	0.680498
2019	0.760623	0.743413	0.659181	0.794120

从表 3-15 中可以看出，西宁市经济综合发展水平从 2005 年的 0.121215

上升到2019年的0.760623，上升了0.639408，增长稳定。西宁市生态环境综合发展水平在2005—2007年平稳上升；2008—2012年波动较大，但总体呈上升趋势，2009年上升至0.342518，但是在2010年又下降到0.297585，在2011年又增加到0.511189，在2015年又降至0.326548；在2016—2019年生态环境综合发展水平平稳上升，直到2019年为0.659181；在2009年之前，生态环境综合发展水平高于经济综合发展水平，在2009年之后，生态环境综合发展水平与经济综合发展水平波动较大，在2012年后，经济综合发展水平高于生态环境综合发展水平。

海东市经济综合发展水平从2005年的0.112905上升到2019年的0.743413，共提升0.630508，体现稳定增长。海东市生态环境综合发展水平在2005—2007年呈下降趋势，但下降缓慢，2008年上升为0.374109，在2009—2010年又呈下降趋势，整体波动较小；在2012年达到0.58292之后，2013—2015年呈下降趋势，2016年后开始上升，直到2019年升至0.79412，整体看来呈波动上升。生态环境综合发展水平在2016年前都高于经济综合发展水平，在2016年后，经济综合发展水平高于生态环境综合发展水平。

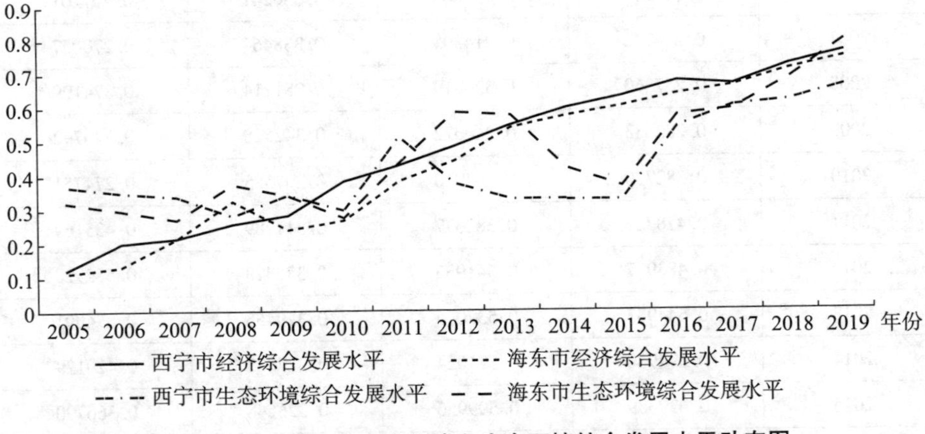

图3-8 西宁市、海东市经济和生态环境综合发展水平动态图

从图3-8中可以看出，西宁市经济综合发展水平总体高于海东市，海东市生态环境综合发展水平整体高于西宁市，两市经济以及生态环境综合发展水平变化趋势相同。

（五）计算耦合度与协调度

从表 3-16 中可以看出，西宁市和海东市经济与生态环境耦合度有所上升，处于磨合阶段以上，其中海东市耦合度水平整体比西宁市更好。在 2005 年西宁市和海东市都处于磨合阶段，在 2005 年以后，两市大都处于高水平耦合阶段。但是经济与生态环境的协调发展是不稳定的，发展速度是不一致的。主要表现为 2010 年以前，生态环境发展整体滞后，2011 年以来经济发展滞后，在未来的发展中，如何在生态环境保护优先的前提下，实现生态价值向经济价值转换，是未来必须探索解决的现实问题。此外，除了 2006 年、2008 年、2009 年、2012 年、2017 年海东市耦合度低于西宁市，在其他年份高于西宁市，但这并不能说明海东市生态经济协调发展水平总体优于西宁市，还要结合协调度水平分析。

表 3-16　西宁市与海东市经济和生态环境耦合度

年份	西宁市		海东市	
	耦合度	所处阶段	耦合度	所处阶段
2005	0.553072	磨合阶段	0.590912	磨合阶段
2006	0.856241	高水平耦合阶段	0.721407	磨合阶段
2007	0.902466	高水平耦合阶段	0.973772	高水平耦合阶段
2008	0.996081	高水平耦合阶段	0.990078	高水平耦合阶段
2009	0.981765	高水平耦合阶段	0.940703	高水平耦合阶段
2010	0.968905	高水平耦合阶段	0.999592	高水平耦合阶段
2011	0.984663	高水平耦合阶段	0.991778	高水平耦合阶段
2012	0.968282	高水平耦合阶段	0.962509	高水平耦合阶段
2013	0.88219	高水平耦合阶段	0.997778	高水平耦合阶段
2014	0.838339	高水平耦合阶段	0.954167	高水平耦合阶段
2015	0.809372	高水平耦合阶段	0.887042	高水平耦合阶段
2016	0.975104	高水平耦合阶段	0.994543	高水平耦合阶段
2017	0.99495	高水平耦合阶段	0.993918	高水平耦合阶段
2018	0.987309	高水平耦合阶段	0.999244	高水平耦合阶段
2019	0.989816	高水平耦合阶段	0.997826	高水平耦合阶段

从表 3-17 中可以看出，西宁市和海东市经济与生态环境协调度整体上有

所上升。西宁市由 2005 年的 0. 36849 上升到 2019 年的 0. 838256，海东市由 2005 年的 0. 358512 上升到 2019 年的 0. 87584。海东市和西宁市生态经济协调度都呈逐步上升态势，整体波动较小。西宁市在 2005—2011 年，稳步上升；在 2011—2013 年，有下降趋势，但下降幅度较小；在 2013 年后，稳步上升。海东市在 2005—2008 年稳步上升，在 2008—2010 年，有下降趋势，在 2011—2013 年开始上升，在 2013 年上升为 0. 744536；2013—2015 年下降，2015 年下降至 0. 654807；2015 年后开始上升。

表 3-17　西宁市与海东市经济和生态环境协调发展水平

年份	西宁市		海东市	
	协调度	协调水平	协调度	协调水平
2005	0. 36849	中度协调耦合	0. 358512	中度协调耦合
2006	0. 485316	中度协调耦合	0. 393007	中度协调耦合
2007	0. 499625	中度协调耦合	0. 485668	中度协调耦合
2008	0. 517911	高度协调耦合	0. 588215	高度协调耦合
2009	0. 553985	高度协调耦合	0. 522672	高度协调耦合
2010	0. 574099	高度协调耦合	0. 520356	高度协调耦合
2011	0. 680256	高度协调耦合	0. 636837	高度协调耦合
2012	0. 645	高度协调耦合	0. 702294	高度协调耦合
2013	0. 621056	高度协调耦合	0. 744536	高度协调耦合
2014	0. 621675	高度协调耦合	0. 68766	高度协调耦合
2015	0. 621967	高度协调耦合	0. 654807	高度协调耦合
2016	0. 769022	高度协调耦合	0. 775082	高度协调耦合
2017	0. 793056	高度协调耦合	0. 788144	高度协调耦合
2018	0. 812637	极度协调耦合	0. 832747	极度协调耦合
2019	0. 838256	极度协调耦合	0. 87584	极度协调耦合

2005—2019 年西宁市和海东市协调度波动变化，整体呈上升趋势。说明在这 15 年中，经济与生态环境保护协调发展成效明显，但是在 2010 年以前协调水平较低，在 2011 年以后协调发展水平整体上升。西宁市和海东市要更加注重经济发展质量，在以后的发展中要提高经济与生态环境之间的协调性，实现和谐发展。

总结评价结果可以看出，从综合发展水平来看，两市经济稳步上升，生态环境呈阶梯式上升。在2005—2009年和2011年西宁市生态环境综合发展水平高于经济综合发展水平；在2005—2013年和2019年海东市生态环境综合发展水平高于经济综合发展水平。依据本章选择的划分标准，从耦合度来看，两市整体从磨合阶段进入高水平耦合阶段；从协调度来看，两市大致从中度协调耦合上升至高度协调耦合阶段，进而达到极度协调耦合阶段。

由于耦合协调度有多重划分标准，本节采用了粗分法，后期相关研究中将调整划分标准，以得到更为细致的分段结果。无论评价结果怎样，对青海省来说，西宁市和海东市在经济发展和生态环境保护方面都具有主导地位，仍有很大的上升和发展空间。

第四章

青海省经济与生态环境协调发展的新型城镇化路径

本章以新型城镇化为发展路径，针对城镇化进程与生态空间综合协调程度开展动态评价，分别对新型城镇化与环境质量协调程度、城镇化进程中人口与土地要素协调程度、新型城镇化的承载力基础开展综合评价。

第一节　理论基础与研究现状

中国作为世界上最大的发展中国家，人口基数大，城乡和地区发展差距较大，城镇化建设是必然选择。党的十八大报告明确指出，要坚持走中国特色新型城镇化道路，要求工业化、信息化、城镇化、农业现代化良性互动、同步发展(人民日报，2013)；“十三五”规划中提出要推进以人为核心的新型城镇化(人民日报，2016)。城镇化建设是我国一项长期且重大的任务。

一、研究背景与意义

(一)研究背景

根据数据统计，自20世纪80年代至今全球的城市面积翻了4倍，而城镇人口仅增长2倍。其中，中国已经成为世界上城镇土地规模扩张最迅速的国家之一(Seto K. C. , et al. , 2011)。党的十九大召开以来，新型城镇化未来的美好建设成为我国实现“两个一百年”奋斗目标以及全面建成小康社会的关键举措。我国城镇化存在“急躁轻进”的扩张现象，基于此发展的城镇化也引发了诸多环境、经济发展和社会问题(陆大道等，2015)。各个领域的学者对城镇化发展模式和城镇化质量等进行深入的探讨(孙丽萍等，2017)。随着《国家新型城镇化规划(2014—2020 年)》的正式出台，我国的城镇化建设逐渐从过去单一的征地造城以及“地”的城镇化向多样化的城市建设和“人”的城镇化转变，在城镇化建设的过程中更注重土地城镇化与人口城镇化的协调发展(王丽艳等，2015)。我国政府非常重视高质量发展，如党的十九届四中全会强调：坚持和完善社会主义基本经济制度，推动经济高质量发展，不断完善科技创新体制机制，促进高水平的对外开放经济体制(新华网，2019)。党的十九届五中全会又将其具体化：全面推行乡村振兴战略，更高水平地推进区域协调发展和新型城镇化，构建高质量发展的国土空间布局与支撑体系。

21 世纪，世界城镇化的发展进入一个崭新阶段，城镇化建设速度明显加快，给各地区经济社会带来了重大影响。我国的城镇化水平明显提高，2000 年，我国的城镇化率为 36.2%，至 2020 年我国的城镇化率达到 60.6%，提高了 24.4 个百分点。根据美国地理学家诺瑟姆的城市化的三阶段规律，工业化中期阶段以后，随着工业化进程的迅速推进，城市化呈现出快速增长的态势(丁生喜等，2018)。我国的城镇化已经过了高速发展阶段，未来将是稳步推进阶段。我国的经济发展也从过度依赖自然资源、粗放型的发展模式转向高质量发展，因此环境问题无疑是我国乃至全世界城镇化进程中的一项严峻挑战，如果不能协调城镇化与环境质量之间的关系，环境问题无疑将会制约新型城镇化的建设。

(二)研究意义

城镇化作为实现我国现代化的一项重要举措，对国民经济良性循环和社会协调发展具有重大意义。然而，城镇化进程中，城镇化与环境的相互影响不容忽视，一方面，城镇化对环境质量具有胁迫作用；另一方面，环境质量对城镇化建设具有约束作用，两者协调发展才能有效促进经济社会健康持续发展。因此，研究如何实现城镇化与环境质量的协调发展具有重要意义。

西部大开发以来，青海省城镇化水平显著提高，经济发展速度明显提升，同时，青海省的生态文明建设也成为一项重要任务，青海省“十三五”规划首次明确指出“生态环境质量总体改善”的核心目标，2016 年习近平总书记访问青海时提出，“青海省最大的价值在生态、最大的责任在生态，最大的潜力也在生态”。由此看来青海省不仅要推行城镇化，同时也要注重环境质量的提高，建设生态文明。《国家新型城镇化规划(2014—2020年)》指出，“要走以人为本、四化同步、优化布局、生态文明、文化传承的中国特色新型城镇化道路”(人民日报，2014)，青海省也要顺应时势，改革传统的城镇化道路，推行新型城镇化建设。

青海省地处西部，是中国欠发达地区的典型省份之一，青海省的经济社会发展对西部地区经济发展有着重要的影响，同时青海省也正处于新型城镇化加速发展的关键时期(郝丽洁，2016)。“十三五”规划中提出的关于新型城镇化建设的战略要求要与青海省发展城镇化同步进行，新型城镇化的关键在于城镇人口规模增长与土地有序扩张，经济与生态环境协调发展。

因此，迫切需要对青海省新型城镇化与环境质量的协调发展、土地城镇化与人口城镇化协调性发展进行实证研究，分析青海省新型城镇化与环境质量的协调程度，土地城镇化与人口城镇化之间的协调程度，揭示城镇化发展过程中存在的问题，为创新型城镇化发展模式提供建议。

二、相关概念与理论基础

(一)城镇化的含义

城市化一词源于英文“urbanization”，可以翻译为城镇化或者都市化。城市化是指农业人口非农化和农业用地非农化的过程。可以从广义和狭义两个方面解析城市化：广义上，城市化就是三个过程同时进行的过程，一是居住在市、镇地区的人口占总人口比例的增长过程；二是市、镇物质文明和精神文明不断提升的过程；三是区域产业结构不断变换升级、经济结构演进和社会结构发生本质性变化的过程。狭义上，城市化就是农村人口转化为城市人口，实现城镇化的数量增长的动态过程(刘成明，2005)。综合来看，城镇化是农村人口向城市人口转化的过程，是第二、第三产业向城镇集聚，农村人口向非农产业和城镇转移，城镇数量和规模增加，城镇生产方式和生活方式向农村扩散的经济社会发展过程。即农业人口转化和农业用地流转的过程。

由于我国的城市系统包括市和镇，既要发展城市，也要发展小城镇，因此我国的众多学者认为“城镇化”更贴切，自党的十五届五中全会后正式替代“城市化”一词，实质上两者并无区别。城镇化的定义，不同的学科有不同的侧重点。人口学家认为城镇化是农村人口转变为城市人口的过程；地理学家认为城镇化是一种地域的转变，即农村地域转变为城市地域的过程；社会学家则认为城镇化是农村的生活方式逐步向城市生活方式转变的过程；经济学家对城镇化的定义也有不同的见解，但普遍接受城镇化是一种社会经济转变的过程，包括人口转移、地域发展、经济转变等多方面内容（刘耀彬，2005）。所以城镇化也有多方面的内涵，通常有城市人口比重不断提高的过程，产业结构由第一产业向第二、第三产业转变的过程，居民生活消费水平不断提高的过程，城市文明不断发展渗透和传播的过程，人的整体素质不断提高的过程及农村人口城市化和城市现代化的统一等（丁生喜等，2018）。

（二）新型城镇化的含义

2012 年，党的十八大提出“新型城镇化”，这是城市化在新时代发展的产物。以保障社会、经济、环境可持续发展为核心，以工业化为动力，以科学发展观为指导，以城市、新农村、小城镇相互协调、共同发展为方向，推进城乡统筹、城乡一体化、产业互动、节约集约、生态宜居、制度完善的城镇化。

新型城镇化的含义比传统城镇化更深更广，涉及社会的各个方面，是以城乡统筹一体、产城互动、节约集约、生态宜居、和谐发展为基本特征的城镇化，是大中小城市、小城镇、新型农村社区协调发展、互促共进的城镇化，是与新型工业化相互协调适应的城镇化，更强调内在质量的全面提升，从注重数量规模增加转变为注重质量内涵提升，真正地提升城镇文化、公共服务水平。新型城镇化的核心在于以人为本，在保护生态环境的基础上，提高公共服务水平，建设基础设施，提高人口素质，缩小地区发展差距，建立现代文明，真正达到造福百姓、共同富裕的目的（毛雪艳等，2014）。本研究将其概括为人口城镇化、空间城镇化、经济城镇化及社会城镇化等四个方面，并选取人口、空间、经济、社会等四个方面的指标建立指标体系，通过复合指标法衡量青海省新型城镇化发展水平。

(三)相关理论基础

1."S"形曲线理论

1979 年美国城市地理学家诺瑟姆提出"S"形曲线理论。在"S"形曲线研究的基础上，大多数学者认为随着社会经济发展水平的提高，城市化水平由低到高明显地呈现出三个不同的发展阶段，起步阶段：工业化处于初期，城市化进程慢，城市化率保持在 30%以下；加速阶段：进入工业化中期阶段以后，城市化进程加快，城市化率由 30%上升至 70%左右；后期阶段：进入工业化后期，城市化水平增长的速度开始下降，城市化率大体稳定在 80%～90%(见图 4-1)(丁生喜等，2018)。

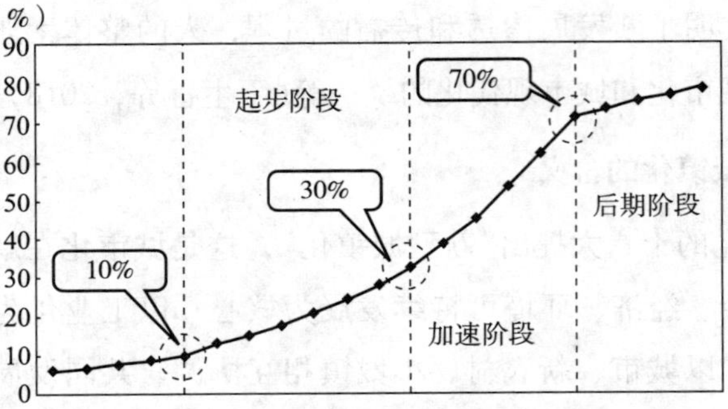

图 4-1　城市化发展的"S"形曲线图(诺瑟姆曲线)

2. 城市区位理论

区位理论(Location Theory)又称空间理论，是研究人类活动，包括城市、产业和区域经济活动的空间组织以及优化的理论。其中，城市区位理论主要是区位论的成本学派和市场学派，即基于杜能的农业区位理论、韦伯的工业区位理论和克里斯塔勒的服务业区位理论的研究，分别阐述在不同的产业环境下产业发展与城市区位的关系。哈佛商学院教授迈克尔·波特的产业集群理论分析中提到，相关产业、相关行业等在一个具有区位优势的地区集聚，能够降低信息和物流成本，共享优势资源，形成较强的集群竞争优势。同时这些区域有可能是小城镇，也可能处于城市的核心区域(安虎森等，2018)。

3. 循环累积因果理论

累积因果理论，又叫循环累积因果理论，是瑞典经济学家缪尔达尔在

1957年提出的，他明确指出在市场机制的作用下，市场的力量通常是倾向于增加而不是减少区域间的差异，由于集聚经济效应的作用，地区间发展水平存在的差距会使条件优势方地区不断为自己积累有利因素，遏制条件差且发展缓慢地区的经济发展(安虎森等，2018)。经济循环累积的过程中，发达地区因其发达而越发达，欠发达地区因其欠发达而越落后。这种效应在我国农村发展中集中表现为“贫困恶性循环”，严重阻碍了城乡协调发展，在维护城乡二元结构的政策体系中派生了一些不合理的制度安排，从而导致了城乡管理制度不完善、市场就业服务体系不健全、城乡转移就业难度加大等一系列发展问题，而这些问题的出现也间接成为发展新型城镇化的阻碍(杨云彦，2003)。

对城市化领域的研究具有重要影响的理论主要体现在以下三方面：

一是工业化理论。工业化理论是生产方式发生转变，是一个国家经济发展水平进入富裕层面，社会安全安定的一个必经的阶段。重要的研究成果有美国城市学者诺瑟姆的“S”形曲线、钱纳里工业六阶段论、赛尔昆的发展形势理论以及罗斯托的发展阶段理论(陈明星，2015)。

二是城市偏向理论。它是对城市—工业化模式的质疑，由于政府受该模式的影响制定了一系列相关政策导致城乡关系是城市偏向的(顾朝林，2003；薛凤旋等，2003)。

三是新经济地理理论。随着城市化研究理论的不断成熟，出现了克鲁格曼核心—外围模型理论，他还提出行业在地理上出现集聚现象受三种效应的驱动(安虎森，2018)。

4. 梯度推移理论

该理论以弗农工业生产生命周期理论为基础。区域经济学家认为，区域经济的发展取决于其产业结构的地位，而产业结构的地位取决于区域经济部门，尤其是其主导产业在生命周期中所处的阶段。随着时间的推移和生命周期阶段的变化，生产活动将由高梯度地区向低梯度地区转移。

5. 中心城市发展理论

(1)增长极理论。该理论认为：一个国家是不可能实现平衡发展的，经济增长通常是从一个或数个“增长中心”逐渐向其他部门或地区传导的。因此，应选择特定的地理空间作为增长极，以带动经济发展。

(2)中心地理论。该理论认为经济增长是推动城市发展的主导因素，同时城市发展不仅受到城市地理位置与自然条件的影响，更受到城市数量、城市规模、城市规划、城市空间结构等因素的影响。因此中心地理论是一种综合性、宏观性、整体性的区位理论，为解决城市的规划与空间布局等问题提供了思路。

(3)生长轴理论。该理论认为随着联结各中心地重要干线的建立，会形成新的有利区位，新的交通干线对产业和劳动力有新的吸引力，这使得产业和人口向交通干线集聚，从而会产生新的居民点。

(4)城镇化发展动力机制理论。它包括了农村剩余的动力机制、共享中间投入品的动力机制、共享劳动力储备的动力机制、劳动力资源有效配置的动力机制和知识溢出效应的动力机制。

三、国内外研究现状

(一)国外城镇化与生态环境关系研究概述

国外的城市化起步比较早，主要分三个阶段：城市化起步阶段、逆城市化阶段和进入 20 世纪 80 年代末期的再城市化阶段。

18 世纪下半叶开始的工业革命，导致社会发生了巨大变化，城镇化开始大规模出现，农村人口开始大量涌入城市，经济结构、社会结构发生巨大改变，城镇化带来的环境问题也日益突出，由此城镇化与环境问题逐渐引起人们的关注。

19 世纪末，埃比尼泽·霍华德(E. Howard，1898)试图用理性的规划方法解决城市发展中存在的一系列生态环境问题。

20 世纪初，以帕克(Park，1925)为代表的美国芝加哥大学的众多学者借助于生态学理论研究城镇化中的生态环境问题，先后提出了同心圆模式(W. Burgess，1925)、扇形模式(H. Hoyt，1936)及多核心模式(D. Harris and E. L. Ull，1945)，从此生态学研究方法被纳入城镇化和环境关系领域(张弘等，2008)。梅多斯等(Meadows，1972)用系统动力学的方法对世界城镇化发展极限趋势进行研究，引起人们对世界资源环境问题的广泛关注(梅多斯，2006)。沃尔特以政治学视角进行研究，提出优化资源在城市与生态环境发展中的重要作用(Walter A.，1980)。1982 年弗里德曼就提出了中心地区和外围地区不平等关系的理论：中心—外围理论(安虎森等，2018)。

20 世纪 90 年代以后，越来越多的国外学者开始对城镇化与环境进行专题研究。奥利什认为要推动城市和生态环境的协调发展，需要建立起以生态容量为基础的绿色花园城市(Onlishi，1994)。格罗斯曼和克鲁格尔用计量经济学方法进行实证，发现随着城市经济水平的提高生态环境质量呈现出倒“U”形的演变规律，提出著名的环境库兹涅茨曲线(EKC)假设(Grossman and Krueger，1995)。理查德·瑞杰斯(Richard Register，1996)在其著作《生态城市的发展》中提出了生态城市的理念。Rork 等通过建立双对数模型，分析城镇化与环境关系(Rork，2003)。吉布斯运用了常规的城镇化率，还加入了之前未使用到的三个评价指标：城镇数量、城镇绝对人口、人口在不同规模的城镇分布(何志扬，2009)。日本学者村田从农村的角度着手，认为促进城镇化的发展主要是推动农村劳动力的城镇化(Krugman P.，1991)。

(二)国内研究概述

1. 关于城镇化与生态环境的关系研究

我国的城镇化建设起步较晚，对城镇化与环境关系的相关研究也较晚，直到 20 世纪 80 年代，城镇化与环境的关系才引起我国学者的关注。有学者把生态学的相关理论和方法融入对城市的研究当中，提出了社会—经济—自然复合生态系统理论(马世骏等，1984)。随后，我国的众多学者通过不同的视角及方法对城镇化与环境之间的关系进行了研究，包括城镇化对环境的影响及治理、环境资源对城镇化的约束作用以及城镇化与生态环境的耦合协调关系等相关问题的研究。

例如：用博弈理论对新型城镇化背景下的环境污染进行分析(刘传江等，2014)，通过建立回归方程分析验证上海城镇化对于局地气候的胁迫符合环境库兹涅茨曲线规律(王原等，2015)，提出新型城镇化进程中地方政府的环境治理行为的内容(崔晶，2016)。采用耦合分析法对重庆市新型城镇化质量和生态环境承载力的耦合分类，为探索可持续发展的城镇化道路提供数据参考(张引等，2016)。

2. 关于我国土地城镇化与人口城镇化协调发展的相关研究成果

改革开放 30 多年来，我国经济社会得到了前所未有的高速发展，随着 20 世纪 90 年代中期中国城镇化水平进入加速发展阶段，城镇化全面推动了我国经济和社会的发展，并在很大程度上改善了城镇居民的住房条件和提高了城镇居民的生活水平。我国城镇化的进程严重超出了正常的城镇化发展轨道，属于“急速城镇化”。根据现有的研究表明，中国土地城镇化与人口城镇化之间存在失衡并且对具体的类型的确定有很多种说法，普遍接受人口城镇化滞后于土地城镇化的说法(姚士谋、陆大道等，2012)。也有研究则认为是土地城镇化滞后于人口城镇化(李鑫等，2012)，还有研究则表明中国属于土地—人口城镇化同步型(李明月等，2012)。

此外，有学者运用中国省际面板数据从经济和制度两个变量入手分析人口城镇化水平落后于土地城镇化的原因(李子联，2013)，运用耦合模型来分析评价两类指标的协调性(吕添贵等，2016)。运用耦合模型构建和评价中原经济区两者之间的关系，发现土地城镇化与人口城镇化普遍存在非均衡性(张鹏岩等，2017)。

3. 关于青海省土地城镇化与人口城镇化的研究

在西部城镇化建设的进程中要积极把握好西部大开发战略、丝绸之路经济带建设的政策背景，大力推进西部城镇化进程的发展。研究表明，虽然总体的城镇化道路发展仍未成熟，但西部地区内部表现各不相同，空间上的差异也比较明显。青海省作为我国重要的生态屏障，三江发源地的独特区位决定了地区的发展方向和重点。

通过前面章节对青海省经济发展与环境质量之间协调发展情况进行研究，本章以青海省为研究对象，通过实证研究分析青海省新型城镇化建设与环境质量的耦合关系及人口城镇化与土地城镇化的协调发展关系。

第二节　青海省新型城镇化与环境质量协调程度评价

随着我国工业化水平的提高，青海省的城镇化建设也步入了高速发展阶段，但城镇化的发展不能以牺牲环境为代价，要建立以人为本、城乡一体、产城互动、节约集约、生态宜居、和谐发展的新型城镇化，环境质量也很关键。青海省的城镇化建设要更加注重环境的保护，走新型城镇化道路，建立城镇化建设与环境质量协调健康发展的模式。因此，本节对青海省的新型城镇化水平和环境质量进行定性和定量分析。

一、青海省城镇化发展情况

自西部大开发以来，青海省经济实现跨越式发展，城镇化发展也进入一个新阶段。截至 2019 年，青海省下辖 2 市 6 州、3 个县级市、27 个县、7 个民族自治县、6 个市辖区及 5 个行政委员会，常住人口 607. 82 万人，其中城镇人口达到 337. 48 万人，城镇人口比重达到 55. 52%。

(一) 人口城镇化变动

从 2000—2019 年青海省的人口城镇化率来看，青海省的城镇化水平有明显提高，一直处于增长趋势，根据诺瑟姆的城市发展阶段论，青海省的城镇化正处于高速发展阶段，特别是西部大开发战略实施以后，2000—2009 年，城镇化一直处于稳定增长的状态，城镇化速度平均每年提高 0. 793 个百分点，2010—2019 年，城镇化速度更有所提高，9 年间城镇化水平提高了 9. 32%，城镇化速度平均每年提高 1. 036 个百分点。

从 2000—2019 年青海省与全国人口城镇化水平对比来看，青海省的城镇化率一直低于全国的平均水平，且差距有扩大趋势。2000 年我国的人口城镇化率是青海省的 1. 04 倍，到 2019 年我国的城镇化率是青海省的 1. 10 倍，在 19 年里全国城镇化水平提高了 24. 38%，城镇化速度平均每年提高 1. 283 个百分点，而青海省城镇化速度平均每年提高 1. 076 个百分点，青海省城镇化率水平略低于全国总体水平(见图 4-2)。

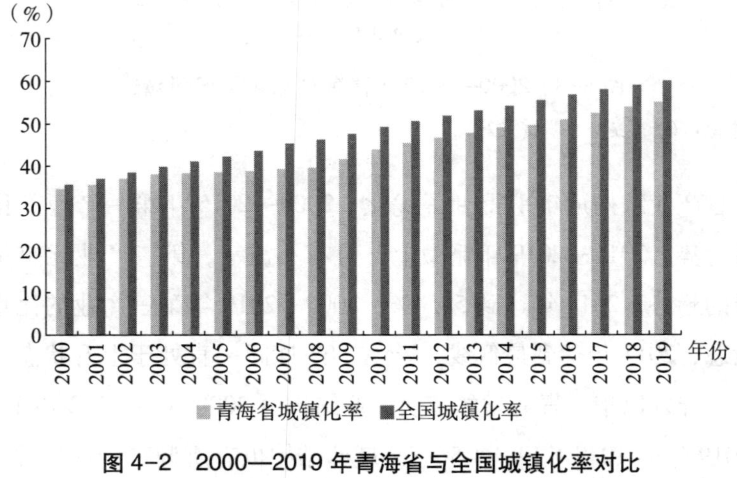

图 4-2　2000—2019 年青海省与全国城镇化率对比

资料来源：《中国统计年鉴》(2020)、《青海统计年鉴》(2020)。

(二)经济城镇化变动

西部大开发战略实施以来，青海省的经济实现了较快发展，2019 年青海省 GDP 达到了 2965.95 亿元，人均 GDP 也处于持续增长状态(见图 4-3)。青海省人均 GDP 由 2000 年的 5138.4 元增加到 2019 年的 48981 元，增长了 8 倍多，年均增速为 11.94%，就增长速度来看，大致可以分为三个阶段，2000—2008 年的波动上升阶段、2008—2010 年的“V”形阶段及 2010—2017 年的持续下降阶段，其中 2010 年的增速最大，达到 26.98%，2009 年的人均 GDP 增速处于一个转折点，2017 年的增速最小，为 3.99%。2017—2019 年，增速缓慢回升。

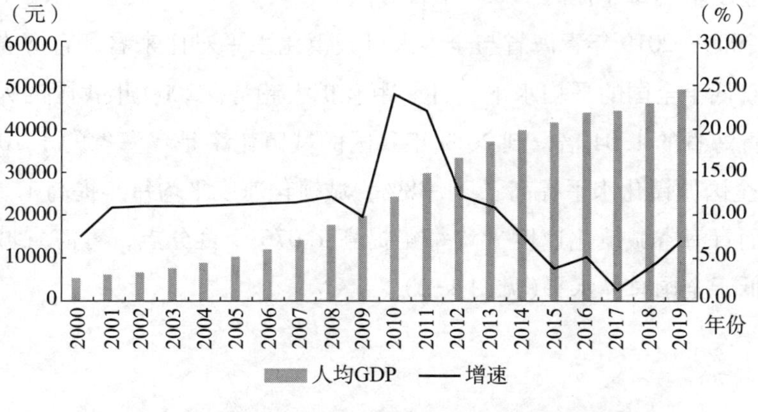

图 4-3 2000—2019 年青海省人均 GDP 及增速

资料来源：《青海统计年鉴》(2020)。

青海省产业结构近年来得到了优化，2000—2015 年第一产业的比重一直处于下降趋势，2016—2019 年略微上升且有小波动，第二产业比重呈现先上升后下降的趋势，2011 年达到 58.4%，2000—2010 年第三产业的比重整体处于下降状态，2011 年达到最低线，“十二五”期间一直处于上升状态。整体上看，西部大开发以来，青海省的三次产业结构由 2000 年的 15.2∶41.3∶48.5 调整为 2019 年的 10.2∶39.1∶50.7。就业结构也有所调整，青海省的就业结构由 2000 年的 55.8∶12.6∶31.6 转变为 2019 年的 31.9∶20.4∶47.7，第一产业就业人员比重呈下降趋势，第二、第三产业就业人员比重逐年上升，青海省劳动力逐渐由第一产业向第二、第三产业转移(见表 4-1)。

表 4-1 2000—2019 年关键年份青海省三次产业就业人员比重

年份	第一产业就业人员比重(%)	第二产业就业人员比重(%)	第三产业就业人员比重(%)
2000	55.8	12.6	31.6
2005	49.5	17.4	33.1
2010	41.4	22.6	36.0
2015	35.8	23.0	41.2
2019	31.9	20.4	47.7

资料来源:《青海统计年鉴》(2020)。

(三)空间城镇化变动

青海省的建设用地面积整体上呈增加态势,从 2000 年的 91.78 平方千米增加至 2019 年的 202.43 平方千米,但 2000—2012 年上升幅度不大,基本处于平稳状态,年均增速仅为 2.40%;2012—2015 年上升幅度比较大,年均增速 12.37%,尤其是 2013 年同比增长 22.47 个百分点,2015—2019 年增速放缓,年均增速 4.24%。城镇建设用地面积相对较小,2019 年青海省的建设用地面积在我国内陆排名倒数第二,排名最高的广东省是青海省的 29.13 倍。青海省建设用地规模在西北五省份中排名最低,仅占新疆的 16.74%。2019 年我国大陆 31 个省份的平均城镇建设用地面积为 1875.19 平方千米,青海省仅为其 10.80%,远低于我国平均水平,西北五省份的平均建设用地面积为 817.44 平方千米,是青海省的 4.04 倍(见表 4-2)。

表 4-2 2019 年中国内陆地区建设用地面积 单位:平方千米

地区	建设用地面积	地区	建设用地面积	地区	建设用地面积
西藏	153.14	内蒙古	1170.37	湖北	2646.26
青海	202.43	新疆	1209.56	四川	2865.85
宁夏	445.83	广西	1493.78	河南	2785.03
海南	319.07	江西	1530.80	辽宁	2768.13
贵州	1007.75	吉林	1490.61	浙江	2935.19
甘肃	897.91	福建	1511.41	上海	1944.96
天津	998.15	北京	1471.75	江苏	4529.05
云南	1194.04	湖南	1758.08	山东	5129.91

续表

地区	建设用地面积	地区	建设用地面积	地区	建设用地面积
陕西	1331.45	黑龙江	1773.73	广东	5896.26
山西	1326.40	河北	1899.89		
重庆	1319.16	安徽	2165.47		

资料来源：《中国统计年鉴》(2020)。

(四)社会城镇化变动

2000—2019 年，青海省每万人中的普通高校在校人数增加了 4.67 倍，由 2000 年的 25.7 人增加到 2019 年的 145.7 人，其趋势大致可分为三个阶段，2000—2005 年的直线上升阶段、2006—2010 年的波动上升阶段以及 2011—2019 年的稳定上升阶段。三个阶段的年均增长速度分别为 19.76%、3.75%和 3.45%(见图 4-4)。

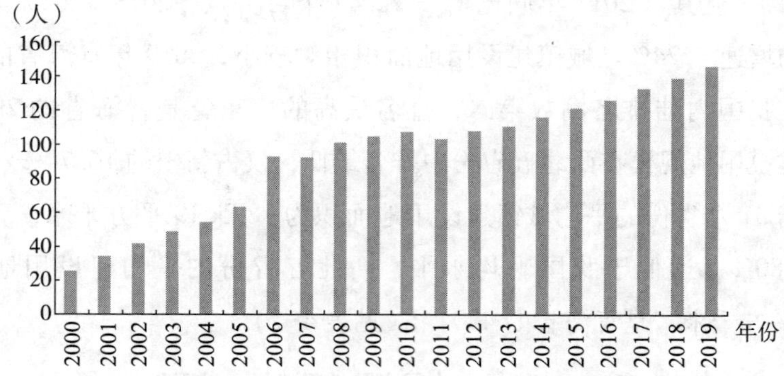

图 4-4　2000—2019 年青海省每万人中普通高校在校人数

资料来源：《青海统计年鉴》(2020)。

青海省 2019 年每千人口医疗卫生机构床位超过我国大陆 31 个省份床位平均数，在西北五省区中排名第三，仅次于陕西和甘肃，特别是城镇每千人口医疗卫生机构床位数，接近全国平均水平的 1.2 倍，农村平均每千人口医疗卫生机构床位数在西北五省区中排名第四，与甘肃接近，同样高于全国平均水平(见图 4-5)。

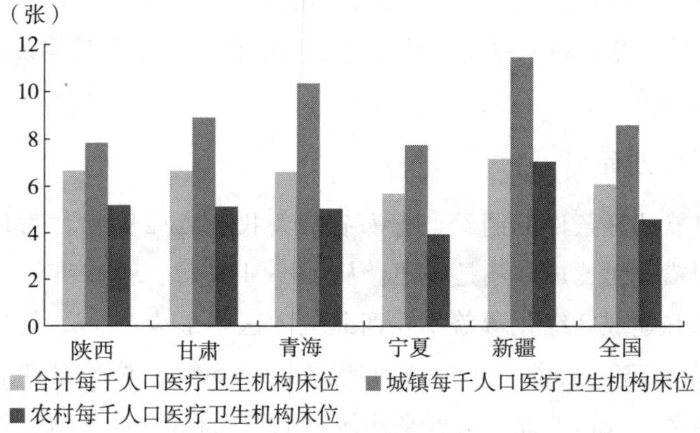

图 4-5 2019 年西北五省区及全国每千人口医疗卫生机构床位

资料来源：《中国统计年鉴》(2020)。

由表 4-3 来看，2000—2019 年青海省的每万人拥有公共交通车辆数据波动起伏较大，2004—2007 年出现连续上升的情况，2007 年最高达到每万人 18.73 标台。随后开始下降，至 2015 年降为每万人 13.25 标台，随后连续稳步上升。青海省的电话普及率持续上升，“十二五”期间呈现小幅波动，2019 年每百人拥有的电话是 2000 年的 5 倍多，2018 年电话普及率最高，平均每人 1.33 部。

表 4-3 2000—2019 年关键年份青海省公共交通车辆及电话普及率

年份	每万人拥有公共交通车辆(标台)	电话普及率(部/百人)
2000	13.9	25.5
2005	11.48	46
2010	10.6	89.9
2015	13.25	106.09
2019	18.53	132.35

资料来源：《青海统计年鉴》(2020)。

二、青海省环境质量动态变化

青海省拥有全国最大的自然保护区——三江源自然生态保护区，也是生态文明建设的重要地区之一，近年来生态环境越发得到重视，2019 年森林覆盖率为 7.3%，全省的环境保护治理投入达到 350837 万元，占全省生产总值的 1.18%。接下来，将从绿化、环境治理与能耗三个方面具体说明青海省环境质量状况。

(一)绿化方面

由于自然地理条件的制约，青海省尽管投入大量财力物力用于生态环境保护，但横向对比成效还是有限。从表 4-4 来看，2019 年，青海省的园林绿地面积和建成区绿化覆盖率在西北五省区中最少(小)，特别是园林绿地面积，仅有 7309 公顷，比最高的新疆少 90.50%，位于第四名的宁夏是青海的 3 倍多，仅占西北五省区平均园林绿地面积的 18.34%。建成区绿化覆盖率西北五省区中青海省和甘肃省相差不大，但尚未达到 40%，和陕西、宁夏、新疆相比仍存在较大差距，就上述情况看来，青海省的绿化情况落后于西北五省区其他地区。

表 4-4　2019 年西北五省区园林绿地面积及建成区绿化覆盖率

地区	园林绿地面积(公顷)	建成区绿化覆盖率(%)
陕西	59616	39.3
甘肃	29186	36
青海	7309	35.2
宁夏	26216	41.3
新疆	76931	39.9

资料来源：《中国统计年鉴》(2020)。

(二)环境污染治理方面

2019 年，青海省工业污染治理完成投资 38903 万元，在西北五省区中排名第五，低于甘肃省的 48765 万元，低于西北五省区平均完成投资额的 67.26%，其中排名最高的陕西省的工业污染治理完成投资为 294610 万元，是青海省的 7.57 倍，宁夏的工业污染治理完成投资是青海省的 1.6 倍(见图 4-6)。

从图 4-7 来看，青海省的污水处理率及工业固体废物综合利用率整体上都有所提高，大致可以分为四个阶段，“十五”期间的波动阶段、“十一五”期间的持续上升阶段、“十二五”期间的平稳阶段和“十三五”期间的持续上升阶段。19 年间，青海省的污水处理率提升了 11.51 倍，2019 年达到 95.2%，工

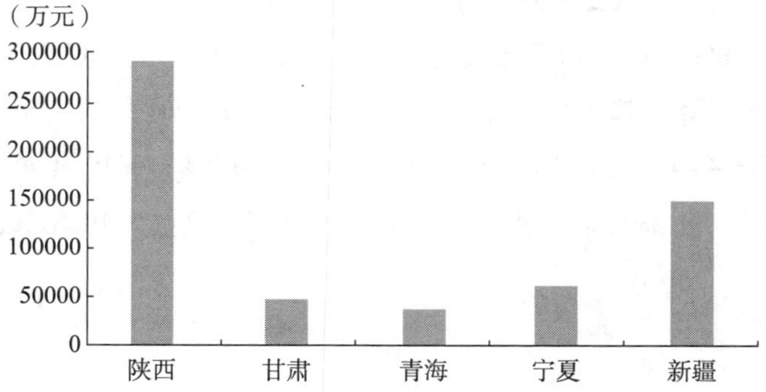

图 4-6　2019 年西北五省区工业污染治理完成投资

资料来源：《中国统计年鉴》(2020)。

业固体废物利用率上升了 3.66 倍，两者都有上升的趋势，不过工业固体废物处理率低于污水处理率。

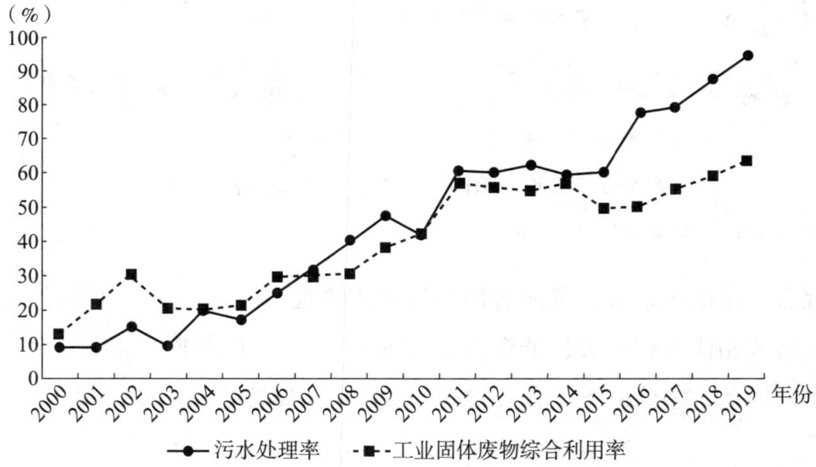

图 4-7　2000—2019 年青海省污水处理率及工业固体废物综合利用率

资料来源：《青海统计年鉴》(2001—2020)。

(三)能源消费

2000—2019 年，青海省的能源消费总量整体上升，2019 年消耗 4235.23 万吨标准煤。“十三五”期间，青海省的各项能源消耗基本稳定，电力和煤炭略有波动，且基本以两者的消耗为主。“十一五”期间能源消耗量偏高，2007 年达到最高，占能源消耗总量的 47.56%。从图 4-8 来看，青海省的电力和煤炭的消耗此消彼长，属于替代关系，两者的消耗比重和在70%以上，2006年甚至达到83.79%。石油和天然气的消耗也属于替代关系，2000—2019年，石油的消耗量先下降后基本处于平稳状态，天然气的消耗量先上升后下降再上升并逐渐趋于平稳，2005年消费比重最小，仅为8%，2019年消费比重达到16.38%，上升了8.38个百分点，2019年石油的消费比重为10.87%(见图4-8)。

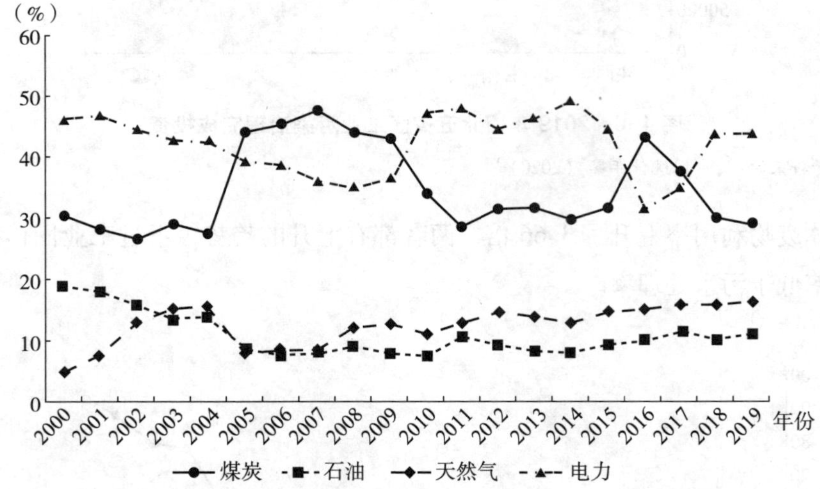

图4-8　2000—2019年青海省能源消耗结构变动

资料来源：《青海统计年鉴》(2020)。

综合上述情况来看，青海省的环境治理方面基本呈波动上升的趋势，但与其他地区相比差距较大，能源消费方面有待进一步改进，绿化方面存在严重不足，因此，整体来看，青海省的环境质量需要持续地采取措施加以改善。

三、青海省新型城镇化水平实证分析

(一)青海省新型城镇化水平指标体系建立

新型城镇化的综合水平测度指标比较复杂，指标的选取既要能明确代表新型城镇化的水平，也要反映出对环境的作用。因此本部分通过参考多篇文献，同时结合青海省的特殊性及数据的可得性，从新型城镇化的具体内涵即人口城镇化、经济城镇化、空间城镇化及社会城镇化四个方面初步选取21个指标建立新型城镇化水平指标体系，同时为对青海省西部大开发以来的新型城镇化水平进行测度，选取了2000—2019年的时间序列数据。本文数据来源于历年《青海统计年鉴》《青海省环境统计公报》《中国统计年鉴》，个别年份缺失数据采用数据补漏的方法补齐。初步选取的21个新型城镇化水平指标见表4-5。

表4-5 初步选取的新型城镇化水平指标

	指标
人口城镇化	总人口(万人)
	城镇人口(万人)
	城市人口密度(人/平方千米)
经济城镇化	人均GDP(元)
	GDP(亿元)
	工业总产值(亿元)
	第二产业占GDP比重(%)
	第三产业占GDP比重(%)
	第二产业就业人员比重(%)
	第三产业就业人员比重(%)
	R&D经费支出(亿元)
	全社会固定资产投资(亿元)
社会城镇化	每万人中普通高等学校在校人数(人)
	每万人拥有医疗床位(张)
	人均社会消费品零售额(元)
	每万人拥有交通车辆(标台)
	电话普及率(部/百人)
	固定互联网用户(万户)
空间城镇化	人均拥有道路面积(平方米)
	人均拥有公共绿地面积(平方米)
	建设用地面积(平方千米)

为保证选取指标的科学性，进一步对上述指标进行筛选，通过SPSS21.0软件进行指标之间的相关性分析，排除与其他指标之间无相关性和相关性过高的因子，通过Pearson相关性检验发现除每万人拥有交通车辆外，其他20个指标之间都在0.01或0.05的水平上显著相关。因此，首先剔除每万人拥有交通车辆这一指标。另外，总人口、人均GDP、GDP、工业总产值与其他

多数指标之间的相关性都超过 0.95，因此剔除上述四项指标；考虑到因子分析的可行性，剔除电话普及率这一指标，最终保留 15 项指标(见表 4-6)。

表 4-6 青海省新型城镇化水平评价指标体系

	指标
人口城镇化	城镇人口(万人)(X_1)
	城市人口密度(人/平方千米)(X_2)
经济城镇化	第二产业占 GDP 比重(%)(X_3)
	第三产业占 GDP 比重(%)(X_4)
	第二产业就业人员比重(%)(X_5)
	第三产业就业人员比重(%)(X_6)
	R&D 经费支出(亿元)(X_7)
	全社会固定资产投资(亿元)(X_8)
社会城镇化	每万人中普通高等学校在校人数(人)(X_9)
	每万人拥有医疗床位(张)(X_{10})
	人均社会消费品零售额(元)(X_{11})
	固定互联网用户(万户)(X_{12})
空间城镇化	人均拥有道路面积(平方米)(X_{13})
	人均拥有公共绿地面积(平方米)(X_{14})
	建设用地面积(平方千米)(X_{15})

(二)青海省新型城镇化水平测度及评价

本文采用因子分析法测度青海省的新型城镇化综合水平。因子分析法是把有共同性、关系复杂的多个变量归纳为少数几个不相关的综合因子的一种统计分析方法，优点在于可以尽量减少各指标间的相关性，使评价更加准确。进行因子分析前，为了消除变量间在数量级和量纲上的差别，确保指标之间的可比性，需要采用前面章节标准化公式对 2000—2019 年青海省城镇化指标体系中的原始数据进行标准化处理(原始数据略)。

利用 SPSS21.0 软件对青海省城镇化指标标准化后的数据进行因子分析。

第一步，对标准化数据进行 KMO 和 Bartlett 检验球形度(见表 4-7)，得出 KMO 值=0.752，大于 0.5，Bartlett 球形度检验的卡方值也达到 467.162，临界置信水平为 0.000，说明这些变量检验通过，选取的指标适合做因子分析。

表 4-7 KMO 和 Bartlett 球形度检验

检测指标		指标值
取样足够度的 Kaiser-Meyer-Olkin 度量		0.752
Bartlett 的球形度检验	近似卡方	467.162
	df	105
	Sig.	0.000

第二步，通过对 15 个指标进行因子分析得到相关矩阵的特征值、方差贡献率及累计贡献率(见表 4-8)。发现前两个因子的特征值大于 1，累计贡献率达到 88.610%，大于 85%，概括了原始变量的 88%以上的信息，具有代表性，因此最终确定两个公因子，分别为 F_1 和 F_2。

第三步，通过正交旋转法，得出 15 个因子的旋转因子载荷矩阵(见表 4-9)，由此矩阵发现，公因子 F_1 在第二产业占 GDP 比重(0.972)、第三产业就业人员比重(0.853)、每万人拥有医疗床位(0.732)、人均社会消费品零售额(0.701)、固定互联网用户(0.893)及人均拥有公共绿地面积(0.759)上有较高载荷，在第三产业占 GDP 比重(-0.962)上有较高负载荷，说明青海省的城镇化发展仍过分依赖于工业，第三产业效率低下，且未起到应有的动力作用，公因子 F_2 在城镇人口(0.772)、城市人口密度(0.773)、第二产业就业人员比重(0.902)、R&D 经费支出(0.926)、全社会固定资产投资(0.826)、人均拥有道路面积(0.772)及建设用地面积(0.839)上有着较高载荷，发现技术投入对青海省的新型城镇化的发展起关键作用，两个公因子在指标 X_9 每万人中普通高等学校在校人数上载荷都不高，因此应提高教育水平。综合上述两个公因子各指标载荷发现，青海省新型城镇化的推进要从基础设施建设、劳动力素质与教育、科技投入、产业结构优化等多方面入手。

表 4-8 解释的总方差

成分	初始特征值			提取平方和载入			旋转平方和载入		
	合计	方差百分比(%)	累计百分比(%)	合计	方差百分比(%)	累计百分比(%)	合计	方差百分比(%)	累计百分比(%)
1	11.747	78.310	78.310	11.747	78.310	78.310	6.822	45.479	45.479
2	1.545	10.299	88.610	1.545	10.299	88.610	6.470	43.130	88.610

表 4-9　旋转成分矩阵

	成分	
	1	2
X_1 城镇人口	0.627	0.772
X_2 城市人口密度	0.574	0.773
X_3 第二产业占 GDP 比重	0.972	0.182
X_4 第三产业占 GDP 比重	-0.962	-0.032
X_5 第二产业就业人员比重	0.399	0.902
X_6 第三产业就业人员比重	0.853	0.453
X_7R&D 经费支出	0.321	0.926
X_8 全社会固定资产投资	0.548	0.826
X_9 每万人中普通高等学校在校人数	0.123	-0.343
X_{10}每万人拥有医疗床位	0.732	0.481
X_{11}人均社会消费品零售额	0.701	0.665
X_{12}固定互联网用户	0.893	0.425
X_{13}人均拥有道路面积	0.507	0.772
X_{14}人均拥有公共绿地面积	0.759	0.640
X_{15}建设用地面积	0.515	0.839

第四步，为了对青海省新型城镇化质量进行综合分析，根据因子分析得出青海省城镇化水平因子得分系数矩阵（见表 4-10），计算出 15 个指标在 F_1 和 F_2 上的因子得分，公式如下：

$F_1=0.007X_1-0.012X_2+0.295X_3-0.334X_4-0.111X_5+0.177X_6-0.146X_7-0.037X_8+0.140X_9+0.126X_{10}+0.063X_{11}+0.199X_{12}-0.036X_{13}+0.091X_{14}-0.052X_{15}$

$F_2=0.114X_1+0.129X_2-0.204X_3+0.258X_4+0.227X_5-0.070X_6+0.258X_7+0.157X_8-0.164X_9-0.025X_{10}+0.053X_{11}-0.091X_{12}+0.148X_{13}+0.027X_{14}+0.171X_{15}$

其中 X_1，X_2，X_3，…，X_{14}，X_{15}为城镇化原始指标数据处理后的标准化数据。

表 4-10 成分得分系数矩阵

	成分	
	1	2
X_1 城镇人口	0.007	0.114
X_2 城市人口密度	-0.012	0.129
X_3 第二产业占 GDP 比重	0.295	-0.204
X_4 第三产业占 GDP 比重	-0.334	0.258
X_5 第二产业就业人员比重	-0.111	0.227
X_6 第三产业就业人员比重	0.177	-0.070
X_7R&D 经费支出	-0.146	0.258
X_8 全社会固定资产投资	-0.037	0.157
X_9 每万人中普通高等学校在校人数	0.140	-0.164
X_{10} 每万人拥有医疗床位	0.126	-0.025
X_{11} 人均社会消费品零售额	0.063	0.053
X_{12} 固定互联网用户	0.199	-0.091
X_{13} 人均拥有道路面积	-0.036	0.148
X_{14} 人均拥有公共绿地面积	0.091	0.027
X_{15} 建设用地面积	-0.052	0.171

第五步，以 F_1 和 F_2 两个因子的旋转后的方差贡献率占累计贡献率的比值作为权重，计算青海省新型城镇化的综合得分：

$$F(x)=F_1\times[a_1/(a_1+a_2)]+F_2\times[a_2/(a_1+a_2)]$$

其中 F_1、F_2 为因子得分，a_1、a_2 分别为两因子的方差贡献率。得出 2000—2019 年青海省新型城镇化水平综合得分（见表 4-11）。

表 4-11 2000—2019 年青海省新型城镇化水平综合得分

年份	城镇化水平综合得分	年份	城镇化水平综合得分
2000	-0.038	2010	0.418
2001	-0.001	2011	0.507
2002	0.027	2012	0.554
2003	0.068	2013	0.577
2004	0.097	2014	0.63

续表

年份	城镇化水平综合得分	年份	城镇化水平综合得分
2005	0. 127	2015	0. 601
2006	0. 19	2016	0. 623
2007	0. 227	2017	0. 645
2008	0. 301	2018	0. 657
2009	0. 354	2019	0. 681

从青海省的新型城镇化水平综合得分来看，2000—2014年一直处于上升态势，且上升速度一直比较平稳，2015年的综合得分比上年下降了0.029，2016—2019年综合得分回升了0.058。整体来看，青海省的新型城镇化建设水平呈上升趋势，但上升速度较慢。

四、青海省环境质量变化实证分析

(一)环境质量指标评价体系构建

对于环境质量指标体系的建立，国内的学者尚未形成统一的标准，选取的指标要能够代表所处区域的情况，因此本部分借鉴相关文献的方法，从环境水平、环境压力及环境治理三个方面选取指标，并采用2000—2019年的时间序列数据，初步选取了14个指标，同样地，为进一步保证指标的科学性，对各指标进行相关性检验，最终剔除人均水资源量这一指标，具体方法与前一部分相似，这里不做具体阐述，最终确立的13个指标如表4-12所示。

表4-12 环境质量指标体系

	指标
环境水平	Y_1 粮食产量(万吨)
	Y_2 森林覆盖率(%)
	Y_{13} 耕地面积(千公顷)
	Y_3 建成区绿化覆盖率(%)
	Y_4 园林绿地面积(平方米)

续表

	指标
环境压力	Y_5 工业废水排放量(万吨)
	Y_6 工业二氧化硫排放量(吨)
	Y_7 工业废气排放量(亿立方米)
	Y_8 工业烟粉尘排放量(吨)
	Y_9 能源消费总量(万吨标准煤)
环境治理	Y_{10}环境污染与治理投资总额(万元)
	Y_{11}污水处理率(%)
	Y_{12}工业固体废物综合利用率(%)

(二)环境质量测度及分析

在青海省的环境质量指标体系中，为了消除量纲影响，对 13 项指标数据进行标准化，其中环境压力中工业废水排放量、工业废气排放量、工业二氧化硫排放量、工业烟粉尘排放量和能源消费总量是负向指标，即指标值越小越好，其余则为正向指标。

利用 SPSS21. 0 软件对标准化后的数据进行因子分析，与前一部分的步骤相同，首先进行 KMO 检验，环境指标的 KMO 值=0. 670，大于 0. 5，因此适合做因子分析(见表 4-13)。接下来，计算各因子的初始特征值和贡献率，发现因子 1 和因子 2 的累计贡献率达到 86. 285%，可以代表原始因子 85%以上的信息，因此确定两个公因子，命名为 E_1 和 E_2(见表 4-14)。

表 4-13 KMO 和 Bartlett 球形度检验

检测指标		指标值
取样足够度的 Kaiser-Meyer-Olkin 度量		0. 670
Bartlett 球形度检验	近似卡方	335. 804
	df	78
	Sig.	0. 000

表 4-14　解释的总方差

成分	初始特征值			提取平方和载入			旋转平方和载入		
	合计	方差百分比（%）	累计百分比（%）	合计	方差百分比（%）	累计百分比（%）	合计	方差百分比（%）	累计百分比（%）
1	9.813	75.481	75.481	9.813	75.481	75.481	8.415	64.733	64.733
2	1.405	10.804	86.285	1.405	10.804	86.285	2.802	21.552	86.285

得到两个公因子的旋转成分矩阵如表 4-15 所示。从表 4-15 来看，公因子 E_1 在粮食产量(0.831)、森林覆盖率(0.832)、建成区绿化覆盖率(0.760)、园林绿地面积(0.695)、环境污染与治理投资总额(0.897)、污水处理率(0.957)、工业固体废物综合利用率(0.953)上有较高的载荷，在工业废水排放量(-0.829)、工业二氧化硫排放量(-0.705)、工业废气排放量(-0.969)、能源消费总量(-0.935)上有较高的负载荷。公因子 E_2 在耕地面积(0.913)上载荷较高。由此看来，青海省的工业污染对环境质量的负面影响很大，环境的治理对环境质量的提高有重要的作用，绿化起到一定作用，但仍显不足。因此，青海省要想改善环境质量就要从源头上减少污染排放，继续加大环境治理力度并提高绿化水平。

表 4-15　旋转成分矩阵

	成分	
	1	2
Y_1 粮食产量	0.831	-0.027
Y_2 森林覆盖率	0.832	-0.464
Y_3 建成区绿化覆盖率	0.760	-0.508
Y_4 园林绿地面积	0.695	-0.616
Y_5 工业废水排放量	-0.829	0.360
Y_6 工业二氧化硫排放量	-0.705	0.578
Y_7 工业废气排放量	-0.969	0.194
Y_8 工业烟粉尘排放量	-0.576	0.649
Y_9 能源消费总量	-0.935	0.326
Y_{10} 环境污染与治理投资总额	0.897	-0.185
Y_{11} 污水处理率	0.957	-0.219

续表

	成分	
	1	2
Y_{12}工业固体废物综合利用率	0. 953	-0. 070
Y_{13}耕地面积	0. 116	0. 913

表 4-16 成分得分系数矩阵

	成分	
	1	2
Y_1 粮食产量	0. 163	0. 172
Y_2 森林覆盖率	0. 064	-0. 094
Y_3 建成区绿化覆盖率	0. 039	-0. 137
Y_4 园林绿地面积	0. 001	-0. 218
Y_5 工业废水排放量	-0. 087	0. 032
Y_6 工业二氧化硫排放量	-0. 012	0. 193
Y_7 工业废气排放量	-0. 153	-0. 102
Y_8 工业烟粉尘排放量	0. 030	0. 265
Y_9 能源消费总量	-0. 116	-0. 013
Y_{10}环境污染与治理投资总额	0. 140	0. 091
Y_{11}污水处理率	0. 145	0. 084
Y_{12}工业固体废物综合利用率	0. 178	0. 174
Y_{13}耕地面积	0. 231	0. 584

根据 SPSS 得出的成分得分系数矩阵(见表 4-16)，分别计算出 13 个因子在两个公因子上的得分，公式如下：

$$E_1 = 0.163Y_1 + 0.064Y_2 + 0.039Y_3 + 0.001Y_4 - 0.087Y_5 - 0.012Y_6 - 0.153Y_7 + 0.030Y_8 - 0.116Y_9 + 0.140Y_{10} + 0.145Y_{11} + 0.178Y_{12} + 0.231Y_{13}$$

$$E_2 = 0.172Y_1 - 0.094Y_2 - 0.137Y_3 - 0.218Y_4 + 0.032Y_5 + 0.193Y_6 - 0.102Y_7 + 0.265Y_8 - 0.013Y_9 + 0.091Y_{10} + 0.084Y_{11} + 0.174Y_{12} + 0.584Y_{13}$$

其中 Y_1，Y_2，Y_3，…，Y_{12}，Y_{13}为环境质量指标标准化后的数据。根据公因子得分系数矩阵计算出环境质量综合得分(见表 4-17)，同样地，以环境质量公因子旋转后的方差贡献率占累计贡献率的比重作为两公因子的权重，公式如下：

$$E(y) = E_1 \times [b_1/(b_1+b_2)] + E_2 \times [b_2/(b_1+b_2)]$$

其中 b_1 和 b_2 分别为公因子 E_1 和 E_2 的方差贡献率。

表 4-17　青海省环境质量综合得分

年份	环境质量综合得分	年份	环境质量综合得分
2000	0.146	2010	0.451
2001	0.329	2011	0.644
2002	0.171	2012	0.606
2003	-0.047	2013	0.637
2004	-0.089	2014	0.675
2005	-0.03	2015	0.606
2006	0.057	2016	0.624
2007	0.159	2017	0.657
2008	0.253	2018	0.693
2009	0.441	2019	0.635

从青海省环境质量综合得分来看，2001—2004 年出现下降的趋势，且 2004 年下降到近 20 年的最低值，为-0.089，随后直到 2011 年又呈现上升的态势，2011—2019 年波动起伏，2018 年达到最高，2019 年小幅回调至 0.635。总体来说，2000—2019 年，青海省环境质量的综合得分上升了 0.489。

五、青海省新型城镇化与环境质量耦合分析

耦合本是物理学概念，是指两个(或两个以上的)系统或运动形式通过各种相互作用而彼此影响的现象(宋学峰，2005)。城镇化与环境质量的耦合借鉴物理上的概念，指城镇化系统与环境系统之间相互作用、相互影响。城镇化进程中，一方面会对环境造成压力，另一方面新型城镇化的建设又能促进环境质量的改善；同样地，良好的环境质量为城镇化的建设提供有利条件，环境质量恶化势必会对城镇化进程造成阻碍，因此两者存在耦合关系。耦合度用于描述系统或要素彼此相互作用影响的程度。

本部分首先通过建立回归模型对城镇化与环境质量之间的关系作出定量分析，随后通过耦合函数模型说明青海省新型城镇化与环境质量两者之间的协调发展情况。

(一)回归分析

根据延伸的环境库兹涅茨理论，环境质量会随城镇化的发展改善或恶化，因此通过 EViews 软件对青海省新型城镇化与环境质量进行回归分析具有经济意义，以新型城镇化的综合得分作为自变量，以环境质量综合得分为因变量，发现两者呈三次函数关系，建立回归模型：

$$Y=\beta_0+\beta_1X^3+\beta_2X^2+\beta_3X$$

得出的回归方程及曲线如下：

$$Y=0.143712-13.5881X^3+13.83677X^2-2.57712X$$

$$(0.043566)(3.396949)(3.044518)(0.708266)$$

调整的可决系数 $R^2=0.898485$，拟合优度较高，证明两者之间存在较高的相关关系，常数 C、X^3、X^2、X 的 t 值分别为 3.298755、-4.000092、4.544817、-3.638626 且都通过了检验，$F=45.25845$ 大于临界值，也通过检验，D. W. =1.994775 不存在自相关性，因此该方程具有统计意义，该方程成立。

通过拟合图 4-9 发现青海省城镇化与环境质量之间存在倒“N”形关系，说明青海省的环境质量在新型城镇化的推行中受到了影响。第一阶段，随着城镇化的推进，环境质量出现恶化的现象；第二阶段，随着新型城镇化的推进，技术水平有所提高，政策方面有所完善，加上对环境的重视与治理，青

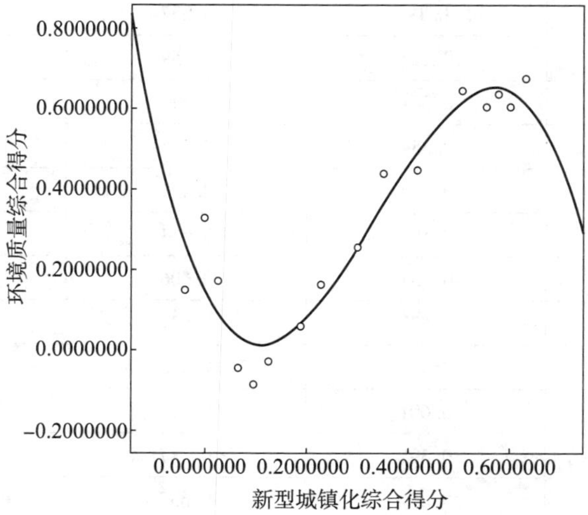

图 4-9　青海省城镇化与环境质量回归曲线拟合图

海省的环境质量得到了改善；第三阶段，可能达到环境治理的一个瓶颈期，城镇化推进会影响环境质量，需要进一步地改进技术，高效率地推进青海省新型城镇化的建设。

(二)耦合度计算

由于青海省城镇化与环境质量通过因子分析得出的综合得分出现负值，因此，在这里对负值进行处理，处理的公式如下：

$$M=F(x)+g$$

其中，M 表示正向化后的综合得分，$F(x)$ 为新型城镇化或环境质量综合得分中的负值，g 表示使 $F(x)$ 为正值的一个尽可能小的正数。耦合度计算公式见第三章，计算结果见表 4-18。

表 4-18　非负处理后青海省城镇化与环境质量综合得分及耦合度

年份	城镇化综合得分	环境质量综合得分	耦合度 C
2000	0.002	0.146	0.217
2001	0	0.329	0.015
2002	0.027	0.171	0.686
2003	0.068	0.003	0.414
2004	0.097	0.001	0.146
2005	0.127	0.001	0.127
2006	0.19	0.057	0.844
2007	0.227	0.159	0.984
2008	0.301	0.253	0.996
2009	0.354	0.441	0.994
2010	0.418	0.421	0.999
2011	0.507	0.644	0.993
2012	0.554	0.606	0.999
2013	0.577	0.637	0.999
2014	0.63	0.675	0.999
2015	0.601	0.606	1
2016	0.595	0.587	0.995
2017	0.657	0.637	0.993
2018	0.684	0.662	0.999
2019	0.713	0.702	0.999

（三）青海省新型城镇化与环境质量耦合关系分析

为了准确地反映出青海省新型城镇化与环境质量耦合的协调程度高低，再次采用耦合协调模型，计算出青海省新型城镇化与环境质量耦合协调度。

为了细致反映耦合协调度变动情况，采用如下耦合协调度等级划分标准：根据耦合协调度得分 D 值大小，将协调程度和协调度等级由低到高依次划分为失调衰退（0≤D≤0.09，极度失调）、失调衰退（0.10≤D≤0.19，严重失调）、失调衰退（0.20≤D≤0.29，中度失调）、过渡阶段（0.30≤D≤0.39，轻度失调）、过渡阶段（0.40≤D≤0.49，濒临失调）、基本协调（0.50≤D≤0.59，勉强协调）、基本协调（0.60≤D≤0.69，初级协调）、高度协调（0.70≤D≤0.79，中级协调）、高度协调（0.80≤D≤0.89，良好协调）、高度协调（0.90≤D≤1，优质协调），并将耦合协调度协调发展程度划分为 10 种协调类型（廖重斌，1996）。

最终，得到青海省城镇化与环境质量耦合协调度 D 值及等级，如表 4-19 所示。

表 4-19 青海省城镇化与环境质量耦合协调度及等级

年份	耦合协调度 D	耦合协调程度	年份	耦合协调度 D	耦合协调程度
2000	0.127	严重失调	2010	0.659	初级协调
2001	0.05	极度失调	2011	0.756	中级协调
2002	0.26	中度失调	2012	0.761	中级协调
2003	0.122	严重失调	2013	0.779	中级协调
2004	0.084	极度失调	2014	0.808	良好协调
2005	0.09	极度失调	2015	0.777	中级协调
2006	0.323	轻度失调	2016	0.813	良好协调
2007	0.436	濒临失调	2017	0.834	良好协调
2008	0.525	勉强协调	2018	0.857	良好协调
2009	0.628	初级协调	2019	0.783	中级协调

由表 4-19 得到的青海省新型城镇化和环境质量的耦合协调度及图 4-10 发现，青海省的新型城镇化与环境质量的耦合协调水平在 2000—2005 年波动起伏剧烈，呈现"N"形，2001 年为极度失调，耦合协调度仅为 0.05，2005 年以后直到 2019 年两者的协调度一直在上升，但上升的幅度渐次减小，2008 年为勉强协调，2009 年和 2010 年都是初级协调，2011 年达到中级协调，虽然之后两年都是中级协调，但 D 值在增大。2018 年耦合协调度 D 值最大，为 0.857，达到良好协调，2019 年 D 值又有所下降，再次降为中级协调。整体来说，青海省的城镇化与环境质量两系统逐渐走向有序状态，向良性方面发展，但上升空间还很大。

从图 4-10 来看，环境质量的得分在 2003—2008 年低于新型城镇化的综合得分，随后环境质量水平上升并逐渐超过新型城镇化，2019 年两者同时下降，几乎重合。根据耦合协调度的趋势来看，2019 年以后很可能再次出现下降趋势，因此，必须要予以重视。

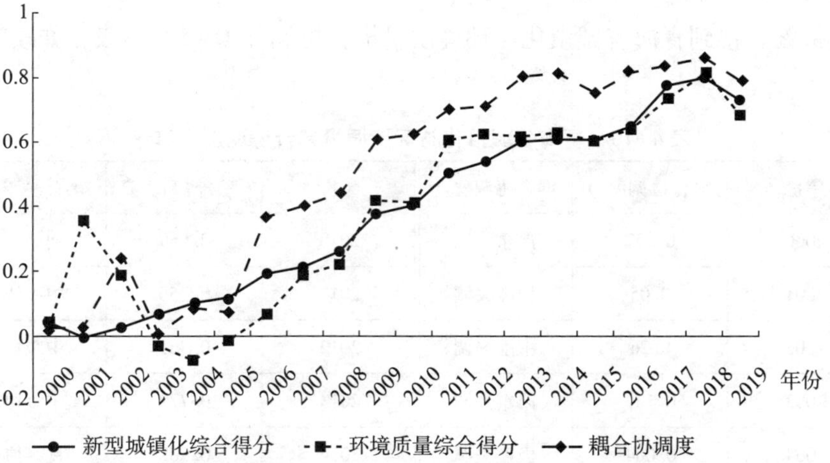

图 4-10　2000—2019 年青海省新型城镇化与环境质量综合得分及耦合协调度

第三节　青海省土地城镇化与人口城镇化协调发展实证研究

土地城镇化与人口城镇化是新型城镇化进程中重要的两个耦合节点，测度土地城镇化与人口城镇化协调度有利于帮助提升青海省新型城镇化速度与质量。青海省作为“丝绸之路经济带”重要沿线省份，实现土地城镇化与人口城镇化协调发展是青海省新型城镇化发展的重要目标。在分析青海省以及省内两市土地城镇化与人口城镇化协调发展现状的基础上，通过模型的构建，运用熵值法，从人口和土地两个因素评价层确定评价指标体系，测度青海省土地城镇化与人口城镇化的协调发展水平。这有利于分析青海省区域发展水平差异的影响因素，为青海省经济社会健康发展和提高新型城镇化发展的质量水平提供实践指导，同时为西部其他欠发达地区实现新型城镇化的健康发展提供参考依据。

一、土地城镇化与人口城镇化协调度评价的必要性

土地城镇化，是土地从非城镇状态向城镇状态转变，即农用地转换用途的非农化过程。改革开放后，我国的城镇化发展特点主要是在政府政策引导下，城镇土地总面积不断扩张。随着我国经济进入新常态和新型城镇化概念的提出，土地城镇化更加突出地表现在加大对农村交通、水利水电等基础设施的建设力度，从劳动力投入向机械化的生产方式转变，产业结构由第一、第二产业向第三产业为主导转变等向城市先进生产方式和生产力转化的趋势。

人口城镇化，即乡村人口大规模涌入城市，形成城市人口聚集的城镇化。人口城镇化是农村人口变成城镇人口，使城镇人口比重不断上升的过程。马克思与恩格斯人口迁移与流动理论中认为人口的流动是保持生产力内部平衡的前提，而社会化大生产的本质决定了人口的“全面流动性”。此外，城市和农村二元差异的收入水平是形成人口城镇化的主要根源，较为发达的地区劳动力的价格上涨形成了一种吸引劳动力人口迁移的拉力，农村人口涌入城市。随着新型城镇化概念的提出和政策的实施，数量已不再是衡量人口城镇化的唯一标准，而是强调以人为核心。

近年来国内外学者纷纷对城镇化问题的研究提出不同见解。但针对青海省土地城镇化和人口城镇化协调发展的研究还不足，因此本部分定量计算了2000—2019 年青海省土地城镇化与人口城镇化协调发展度，确定青海省整体区域内土地城镇化与人口城镇化发展阶段，数据来源为相关的统计年鉴，使

研究现状和结论更具说服力。在利用熵值法进行实证研究的基础上，确定各因素影响土地城镇化与人口城镇化协调发展的程度，有助于提出对应的政策建议。

二、青海省土地城镇化与人口城镇化的基本概况

青海省城镇化发展起步较晚，发展历程曲折，随着改革开放和实施西部大开发战略，青海省城镇化水平稳步提升。

（一）西部地区土地城镇化与人口城镇化现状

西部区域包括渝、川、黔、滇、藏、陕、甘、青、宁、新、蒙、桂等12个省、自治区、直辖市，面积为685万平方千米，占全国总面积的71.4%。西部地区地广人稀，自然环境差异极大，经济社会发展水平相对滞后。西部地区的发展关系到国家的整体发展。

截至2019年，西部人口约3.82亿人，占全国人口的27.27%，创造的国内生产总值达205185.18亿元，占全国总量的20.71%。由表4-20可知，2019年西部地区城镇居民人均可支配收入达到36040.6元，比全国平均值低6318.2元，比东部地区低14104.8元，仅为东部地区的71.87%；青海省城镇居民人均可支配收入只有33830元，比全国人均数值低8528.8元，比东部地区低16315.4元。在全国的四大区域之中，西部总人口占全国比重将近30%，城镇居民可支配收入水平在区域内差距最大。

表4-20　2019年地区国民经济和社会发展主要指标情况对比

指标	全国总计	东部地区		西部地区		青海省	
		绝对数	占全国比重（%）	绝对数	占全国比重（%）	绝对数	占全国比重（%）
总人口（万人）	140005	58517.0	41.7	38180.0	27.3	608	0.43
城镇居民人均可支配收入（元）	42358.8	50145.4	/	36040.6	85.08	33830	79.87

资料来源：《中国统计年鉴》（2020）。

由图4-11可知，2019年全国总城区面积为200569.5平方千米，建成区面积为60312.5平方千米，其中，西部地区总城区面积为42989.9平方千米，

建成区面积为 14208.8 平方千米，建成区面积占全国总建成区面积的 23.6%，城区和建成区建设发展水平与其他地区相比较低，城乡统筹和城乡一体化的难度比东部和中部地区更大。

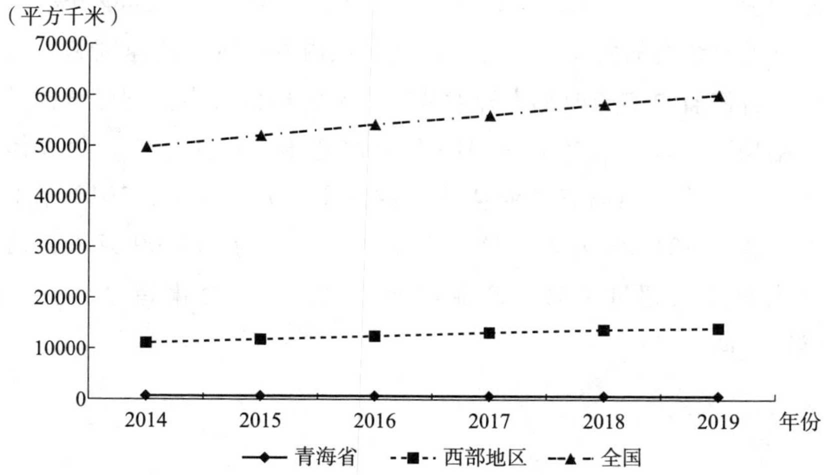

图 4-11　2014—2019 年地区建成区面积变化情况

（二）青海省土地城镇化与人口城镇化现状分析

青海省城镇化水平逐渐提高，以小城镇为基础、大城市为中心的城镇体系不断完善，城镇化格局基本形成。城镇数量和规模逐年增加，形成了由 2 个地级城市、3 个县级城市和 137 个建制镇组成的城镇体系，城镇化进程逐步推进，但不同的历史时期变化幅度差异大，城镇化发展历程经过几个较大波动的年份，其变化趋势大致分为四个阶段（见表 4-21）。

表 4-21　1949—2019 年青海省城镇化的进程

阶段	阶段特征	阶段末城镇人口（万人）	阶段末城市化率（%）
1949—1955 年	城镇化起步阶段	5	7
1956—1977 年	城镇化非常规发展阶段	67.84	14.6
1978—2000 年	城镇化快速发展阶段	180.09	34.77
2000—2019 年	城镇化加速发展阶段	337.48	55.5

资料来源：参考那小红．青海省城镇化问题研究［D］．甘肃：兰州大学，2008.

青海省经济总量大幅提升，全省生产总值从 2000 年的 263.68 亿元上升到

2019年的2965.95亿元，增长了10.25倍。人均国内生产总值得到大幅度提升。同时，青海省积极推进产业结构升级，产业产值得到大幅提高，产业结构不断优化。2019年全省第二产业生产总值为1159.75亿元，第三产业生产总值为1504.30亿元，第二、第三产业占全省生产总值比重达89.8%。

人口就业结构的发展情况可以衡量区域内发展阶段的速度和发展水平的高低。青海省自实施西部大开发战略以来，经济实力得到显著提升，人口产业结构不断优化。2000—2019年青海省第一产业从业人数大体呈现下降的趋势，第二和第三产业从业人数动态上升。其中，2012年第三产业从业人数为121.28万人，第一产业从业人数为115.09万人，第三产业从业人数首次超过了第一产业从业人数，这一变化趋势一直持续至2019年(见图4-12)。

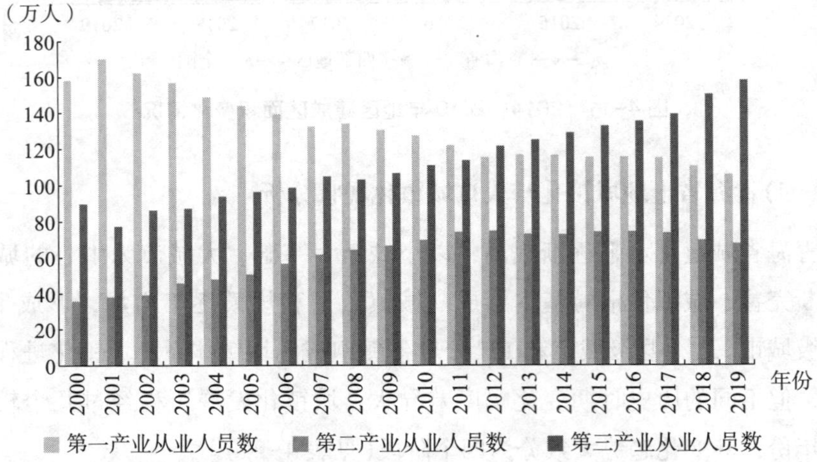

图4-12 2000—2019年青海省第一、第二、第三产业从业人员数

青海省产业从业人员结构变化明显，2000年三次产业从业人员结构从高到低为“一、三、二”，截至2019年三次产业从业人员结构从高到低为“三、一、二”，表现出就业结构优化趋势。

青海省城镇土地资源的利用和分配情况，内部表现不均衡，城镇土地规模分布不平衡，具体表现为市州城区和建成区建设差异大。土地利用结构不合理，主要表现在青海省的建成区绿化覆盖率不高与人均城市道路面积的不均衡。如图4-13所示，2016—2019年青海省的建成区的绿化覆盖率总体是在上升，但是上升速度较慢。

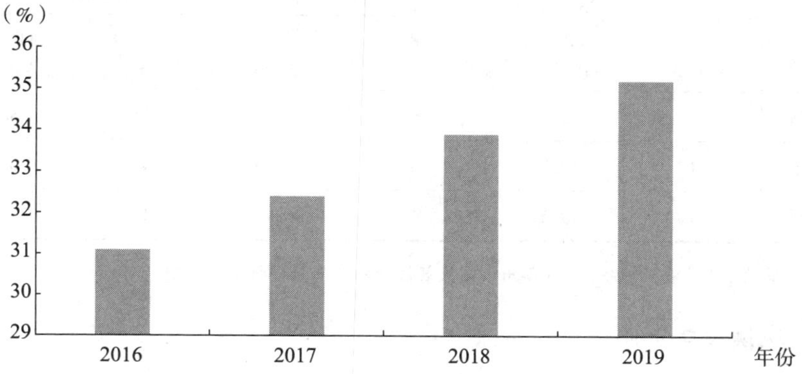

图 4-13　2016—2019 年青海省的建成区绿化覆盖率

（三）青海省土地城镇化与人口城镇化地区间差异

全省各地区间的自然地理环境、自然资源禀赋以及经济社会水平发展的差异性导致了不同地区间的城镇化水平相差比较大，城镇人口数量和人口分布差异显著。

1. 各地区城镇分布情况

从城镇地区布局角度看，截至 2019 年全省有 2 个地级以上城市，3 个县级市，共 406 个乡镇。由表 4-22 可知，西宁市、海东市和海西州乡镇数占全省乡镇总数一半以上。

表 4-22　青海省各年份城镇数和城镇人口比重

地区	2000 年		2006 年		2019 年	
	乡镇数（个）	城镇人口比重（%）	乡镇数（个）	城镇人口比重（%）	乡镇数（个）	城镇人口比重（%）
青海省	52	34.76	138	39.26	406	55.52
西宁市	15	56.58	28	58.34	75	72.85
海东地区	14	12.19	33	17.45	94	40.97
海西州	12	62.10	23	70.00	46	72.22
海南州	2	14.63	15	26.48	36	44.10
海北州	4	28.21	11	28.77	30	40.12

续表

地区	2000年		2006年		2019年	
	乡镇数（个）	城镇人口比重(%)	乡镇数（个）	城镇人口比重(%)	乡镇数（个）	城镇人口比重(%)
黄南州	3	21.71	8	22.30	33	38.50
玉树州	1	19.91	12	20.33	48	36.85
果洛州	1	19.51	8	26.17	44	28.02

资料来源：《青海统计年鉴》、各州市国民经济和社会发展统计公报。

2. 城镇人口分布

由表4-23可知，2019年青海省城镇人口337.48万人，其中西宁市173.9万人，占全省城镇人口的一半多。海东为61.18万人，占18.13%，海西州37.6万人，占11.14%，海南州21.08万人，占6.25%，海北州11.43万人，占3.39%，黄南州10.79万人，占3.2%，玉树州15.57万人，占4.61%，果洛州5.39万人，占1.76%。其中西宁市、海东地区和海西州的城镇人口占全省城镇人口的80.8%。图4-14为2019年青海省部分地区城镇化率。

表4-23　青海省2019年各地区常住人口和城镇人口数

地区＼人口	常住人口(万人)	城镇人口(万人)
青海省	603.02	337.48
西宁市	233.71	173.9
海东地区	149.32	61.18
海西州	52.07	37.6
海南州	47.80	21.08
海北州	28.49	11.43
黄南州	28.02	10.79
玉树州	42.45	15.57
果洛州	21.16	5.39

资料来源：《青海统计年鉴》(2020)。

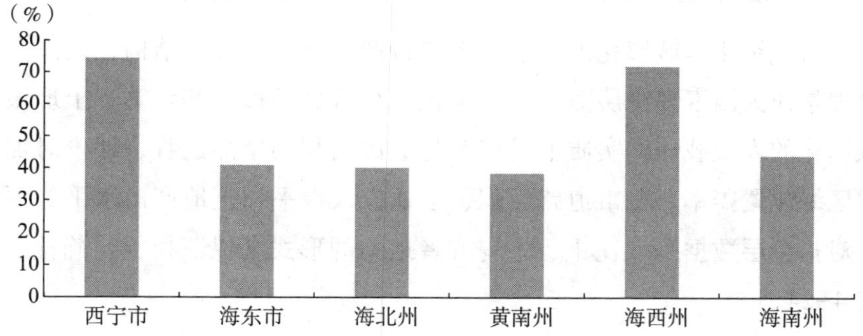

图 4-14　2019 年青海省部分地区城镇化率

由图 4-15 可以看出，自 2000 年以来，青海省城镇化水平稳步上升，建成区面积比重逐年上升，建成区绿化覆盖率不断提高。其中除西宁和海西州外，海东市受 2013 年撤地设市政策的影响，建成区面积也突破 55 平方千米。

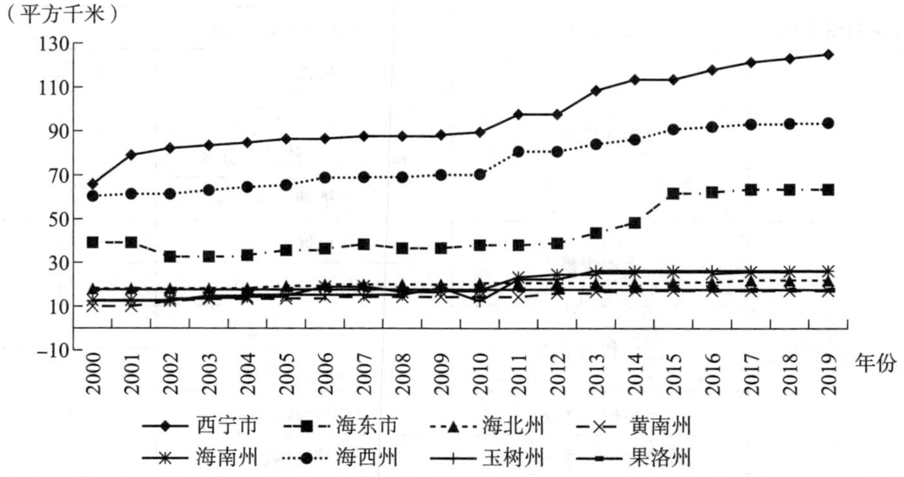

图 4-15　2000—2019 年青海省各地区建成区面积

三、青海省土地城镇化与人口城镇化协调程度实证分析

本节主要利用熵值法对青海省土地城镇化与人口城镇化协调发展进行实证研究。

(一)构建土地城镇化与人口城镇化协调发展度评价指标体系

人口城镇化是城镇化的核心，本节将产业结构、人口结构、人民生活质量等因素作为因素评价层对人口城镇化进行数据的搜集和计算；土地城镇化是城镇化的表现载体，实质上是城镇建成区面积的增加过程，评价时加入了建成区绿化覆盖率、城市道路面积、土地投入水平和土地产出水平等评价因素。对指标层数据采取比重、人均或者地均的形式来保证指标精确性。具体见表4-24。

表4-24　土地城镇化与人口城镇化协调发展评价指标体系

目标层	因素评价层	指标层	权重
人口城镇化	产业结构	第二、第三产业占GDP比重	P_1
	人口结构	城镇人口比重	P_2
	劳动者就业情况	第二、第三产业就业人口比重	P_3
		城镇登记失业率	P_4
	人口素质	每万人在校大学生人数	P_5
	生活质量	城镇居民恩格尔系数	P_6
		城镇居民人均可支配收入	P_7
		每万人卫生技术人员数	P_8
		城镇社会消费品零售总额	P_9
土地城镇化	土地规模	建成区面积	L_1
		人均公园绿地面积	L_2
	土地利用结构	建成区绿化覆盖率	L_3
		人均城市道路面积	L_4
	土地投入水平	地均财政投入	L_5
	土地产出水平	地均财政收入	L_6

(二)青海省土地城镇化与人口城镇化协调发展总体评价

熵值法具体公式及计算依据见前面章节，本节具体操作步骤如下。

1. 数据选取与标准化处理

通过查阅2000—2019年《中国统计年鉴》《中国城市统计年鉴》《青海统计年鉴》《中国区域经济统计年鉴》和青海省建设统计年报以及各州市国民经济和社会发展统计公报，通过计算得到部分数据，并根据指标属性进行相应的标准化处理（原始数据表略，标准化数据见表4-25）。

表4-25　标准化处理后指标数据

年份	P_1	P_2	P_3	P_4	P_5	P_6	P_7	P_8	P_9	L_1	L_2	L_3	L_4	L_5	L_6
2000	0.00	0.00	0.16	1.00	0.00	0.00	0.00	0.08	0.00	0.00	0.00	0.00	0.00	0.00	0.02
2001	0.07	0.09	0.00	0.28	0.09	0.25	0.03	0.06	0.01	0.10	0.03	0.03	0.02	0.00	0.00
2002	0.23	0.17	0.13	0.28	0.17	0.68	0.06	0.06	0.02	0.17	0.11	0.04	0.02	0.04	0.06
2003	0.42	0.20	0.22	0.08	0.24	0.54	0.07	0.00	0.03	0.21	0.18	0.08	0.18	0.05	0.08
2004	0.37	0.22	0.35	0.02	0.30	0.68	0.10	0.14	0.04	0.24	0.29	0.17	0.24	0.06	0.10
2005	0.50	0.27	0.42	0.00	0.35	0.60	0.13	0.13	0.09	0.28	0.16	0.29	0.32	0.09	0.14
2006	0.62	0.27	0.51	0.02	0.40	0.61	0.18	0.42	0.12	0.32	0.52	0.44	0.43	0.13	0.21
2007	0.68	0.32	0.63	0.12	0.45	0.47	0.24	0.13	0.16	0.34	0.52	0.50	0.44	0.19	0.30
2008	0.70	0.36	0.63	0.08	0.75	0.05	0.30	0.21	0.21	0.33	0.58	0.43	0.58	0.27	0.40
2009	0.78	0.42	0.69	0.08	0.79	0.06	0.35	0.31	0.26	0.36	0.53	0.49	0.61	0.38	0.51
2010	0.77	0.59	0.76	0.08	0.82	0.20	0.40	0.33	0.40	0.34	0.55	0.61	0.57	0.64	0.65
2011	0.88	0.68	0.84	0.08	0.78	0.26	0.48	0.45	0.49	0.53	0.67	0.61	0.66	0.78	0.79
2012	0.88	0.75	0.94	0.35	0.82	0.41	0.57	0.55	0.58	0.55	0.71	0.68	0.69	0.92	0.94
2013	0.83	0.82	0.93	0.41	0.85	0.74	0.70	0.80	0.68	0.76	0.81	0.75	0.81	0.90	0.99
2014	0.87	0.89	0.95	0.48	0.90	0.80	0.79	0.88	0.79	0.84	0.99	0.79	1.00	0.95	1.00
2015	1.00	0.92	0.99	0.48	0.96	1.00	0.90	0.85	0.89	0.96	0.96	0.80	0.98	1.00	0.94
2016	1.00	1.00	1.00	0.54	1.00	0.96	1.00	1.00	1.00	1.00	1.00	1.00	1.00	0.99	0.86
2017	1.15	1.04	1.01	0.69	0.97	0.01	1.00	1.10	0.95	1.01	0.74	1.07	1.13	0.22	1.14
2018	0.63	0.09	0.03	0.46	0.06	0.01	0.01	0.24	0.09	0.03	1.14	0.16	1.06	0.87	0.40
2019	0.53	0.95	0.99	1.15	1.03	1.01	1.00	0.86	1.04	0.99	0.40	0.91	0.93	1.09	0.74

2. 确定信息熵值

信息熵值的数据表见表4-26。

表4-26　信息熵值计算结果

	P_1	P_2	P_3	P_4	P_5	P_6	P_7	P_8	P_9	L_1	L_2	L_3	L_4	L_5	L_6
e_j	0.94	0.91	0.93	0.83	0.92	0.91	0.86	0.86	0.82	0.91	0.90	0.89	0.90	0.83	0.86

3. 计算各个指标的权重

各个指标权重数据见表 4-27。

表 4-27　各个指标权重数据

	P_1	P_2	P_3	P_4	P_5	P_6	P_7	P_8	P_9	L_1	L_2	L_3	L_4	L_5	L_6
p_j	0.04	0.05	0.04	0.10	0.05	0.05	0.08	0.08	0.10	0.05	0.06	0.06	0.06	0.10	0.08

4. 土地城镇化指数与人口城镇化指数计算

表 4-28　青海省土地城镇化与人口城镇化指数计算结果

年份	2000	2001	2002	2003	2004	2005	2006	2007	2008	2009
P(a)	0.11	0.06	0.11	0.09	0.11	0.13	0.17	0.17	0.18	0.21
L(b)	0.00	0.01	0.03	0.05	0.07	0.08	0.13	0.15	0.17	0.19
年份	2010	2011	2012	2013	2014	2015	2016	2017	2018	2019
P(a)	0.25	0.29	0.36	0.42	0.46	0.45	0.54	0.52	0.56	0.68
L(b)	0.23	0.28	0.32	0.35	0.38	0.38	0.39	0.38	0.25	0.35

由表 4-28 和图 4-16 可知，青海省人口城镇化与土地城镇化表现出明显的阶段性。

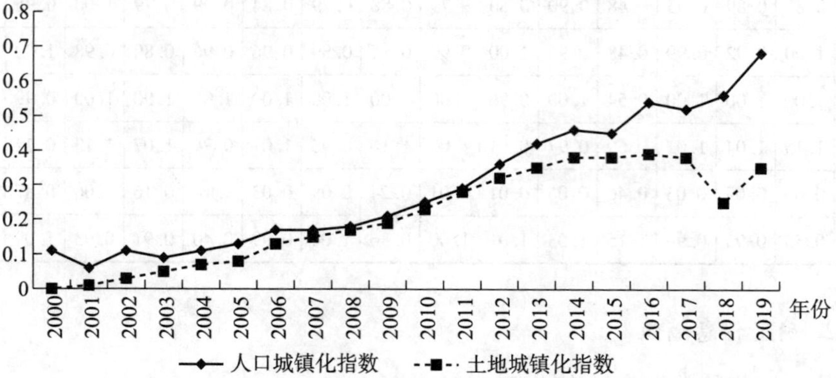

图 4-16　青海省人口城镇化指数 P(a)和土地城镇化指数 L(b)变化

2000—2005 年，人口城镇化指数 P(a)由 0.11 增长至 0.13，土地城镇化指数 L(b)从 0.00 增长至 0.08，二者相比，人口城镇化指数增幅比较缓慢。

2006—2011 年，人口城镇化指数 P(a)分别为 0.17、0.17、0.18、0.21、

0.25、0.29，土地城镇化指数 L(b) 依次为 0.13、0.15、0.17、0.19、0.23、0.28。此阶段人口城镇化指数 P(a) 整体高于土地城镇化指数L(b)，但差距逐渐缩小，并且土地城镇化指数增幅仍然较大。

2012—2016 年，青海省土地城镇化指数 L(b) 分别为 0.32、0.35、0.38、0.38 和0.39，人口城镇化指数 P(a) 分别为 0.36、0.42、0.46、0.45 和0.54，此阶段土地城镇化指数 L(b) 依然整体低于人口城镇化指数P(a)，但是增幅仍然高于人口城镇化指数。

2017—2019 年青海省人口城镇化指数 P(a) 分别为 0.52、0.56 和 0.68，土地城镇化指数 L(b) 分别为 0.38、0.25、0.35。此阶段的 P(a) 都大于L(b)，并且人口城镇化指数增幅超过土地城镇化指数增幅，表明青海省以人为核心的新型城镇化建设取得显著成效。

5. 计算发展度和协调度

发展度 T 计算结果见表 4-29。

表 4-29 发展度 T 计算结果

年份	2000	2001	2002	2003	2004	2005	2006	2007	2008	2009
T	0.06	0.04	0.07	0.07	0.09	0.11	0.15	0.16	0.18	0.20
年份	2010	2011	2012	2013	2014	2015	2016	2017	2018	2019
T	0.24	0.29	0.34	0.39	0.42	0.44	0.47	0.46	0.47	0.48

为了度量二者是否协调，计算协调度 C，本节中调节系数 $k \geq 2$；$C \in (0, 1)$。计算结果见表 4-30。

表 4-30 协调度 C 计算结果

年份	2000	2001	2002	2003	2004	2005	2006	2007	2008	2009
C	0.00	0.14	0.45	0.84	0.90	0.74	0.96	0.99	0.89	0.99
年份	2010	2011	2012	2013	2014	2015	2016	2017	2018	2019
C	0.99	0.93	0.99	0.93	0.98	0.96	0.91	0.98	0.95	0.96

由表 4-29 和表 4-30 可知，2000—2005 年，发展度 T 分别为 0.06、0.04、0.07、0.07、0.09、0.11，协调度 C 分别为 0.00、0.14、0.45、0.84、0.90、0.74，协调度 C 明显高于发展度 T，由此可见，人口城镇化和土地城镇

化的整体发展水平比较低。2006—2012 年，协调度 C 分别为 0.96、0.99、0.89、0.99、0.99、0.93 和 0.99，发展度 T 分别为 0.15、0.16、0.18、0.20、0.24、0.29 和 0.34，从数据上可以看出整体城镇化发展水平偏低，发展度 T 仍未达到 0.4 的水平。2013—2019 年依旧是协调度 C 高于发展度 T，但城镇化整体水平也在不断提高，2016 年发展度首次接近 0.5，2019 年达到 0.48。

由于协调度 C 属于单一评价指标，无法对不同地区的土地城镇化与人口城镇化进行比较研究，而协调发展度公式综合了协调度和发展度，有良好的稳定性（张鹏岩等，2017）。因此，此处运用协调发展度进行分析。

6. 计算土地城镇化与人口城镇化协调发展度 D

其中，D ∈（0，1），具体计算结果见表 4-31。

表 4-31　协调发展度 D 计算结果

年份	2000	2001	2002	2003	2004	2005	2006	2007	2008	2009
D	0.00	0.07	0.18	0.24	0.29	0.28	0.38	0.40	0.40	0.45
年份	2010	2011	2012	2013	2014	2015	2016	2017	2018	2019
D	0.49	0.52	0.58	0.60	0.64	0.65	0.66	0.67	0.85	0.75

根据土地城镇化与人口城镇化协调发展类型划分标准，将研究结果划分为不同的区间和不同的发展类型。与前面章节协调发展类型划分标准相比，本节土地城镇化与人口城镇化协调发展类型划分标准更细一些，主要考虑土地城镇化与人口城镇化的协调发展变动会更加深刻地影响青海省经济社会发展，因此，划分标准更细。具体标准见表 4-32。

表 4-32　土地城镇化与人口城镇化协调发展类型划分标准

协调区间	协调发展度 D	协调发展亚类	发展指数	协调发展亚型
协调区间	0.90~1	优质协调发展类	$f(x)>g(y)$	土地城镇化滞后型
			$f(x)=g(y)$	人口、土地城镇化同步型
			$f(x)<g(y)$	人口城镇化滞后型
	0.80~0.89	良好协调发展类	同上	同上
	0.70~0.79	中级协调发展类	同上	同上
	0.60~0.69	初级协调发展类	同上	同上

续表

协调区间	协调发展度 D	协调发展亚类	发展指数	协调发展亚型
过渡区间	0.50~0.59	勉强协调发展类	同上	同上
失调区间	0.40~0.49	濒临失调衰退类	同上	同上
	0.30~0.39	轻度失调衰退类	同上	同上
	0.20~0.29	中度失调衰退类	同上	同上
	0.10~0.19	严重失调衰退类	同上	同上
	0.00~0.09	极度失调衰退类	同上	同上

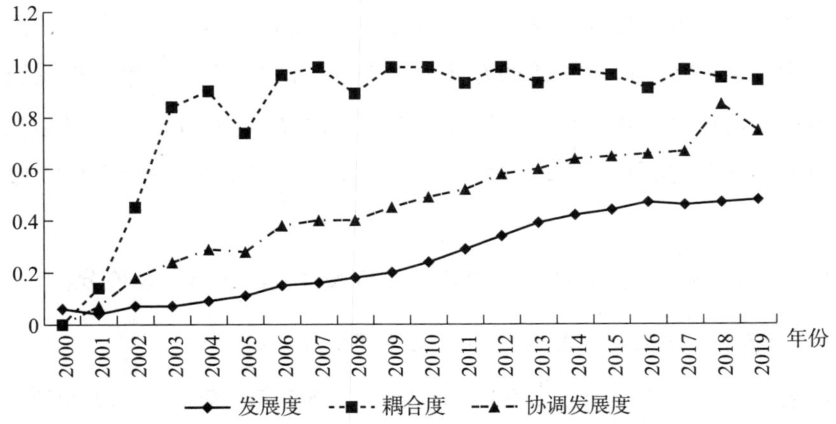

图 4-17　2000—2019 年青海省城镇化耦合度、发展度及协调发展度变化

根据表 4-31 和表 4-32、图 4-17，并结合表 4-28，可将 2000—2019 年青海省土地城镇化与人口城镇化协调发展过程大致分为以下三个阶段：

(1)失调阶段(2000—2005 年)。总体可以看出，2000—2005 年 L(b)均低于 P(a)，因此，从协调发展亚型的类型可以判断出，青海省在 2000—2005 年属于土地城镇化滞后、人口城镇化主导型阶段。

(2)过渡阶段(2006—2012 年)。2006—2012 年，协调发展区间属于过渡阶段，2006 年协调发展度 D 为 0.38。2006—2012 年 P(a)均高于 L(b)，从绝对水平来看，仍属于土地城镇化滞后、人口城镇化主导型阶段，但是土地城镇化增速加快。

(3)协调阶段(2013—2019 年)。由表 4-31 可知，2013 年协调发展度 D 达到 0.60，属于初级协调发展阶段，实现从失调到协调发展的转变。2013—

2016 年青海省 L(b)低于 P(a)，从总体水平上看，此阶段仍属于土地城镇化滞后、人口城镇化主导型阶段，但是此阶段土地城镇化增速快于人口城镇化。2017—2019 年，人口城镇化指数迅速增加，说明青海省实施西部大开发战略以来，城镇化的快速发展整体与人口城镇化的迅速发展密切相关。

综上所述，2000—2019 年青海省 L(b)与 P(a)数值均呈现动态上升的趋势，这一时期土地城镇化与人口城镇化协调发展度 D 也在逐渐提高。其中，2000—2012 年人口城镇化与土地城镇化协调发展水平很低，处于失调(2000—2005 年)和过渡状态(2006—2012 年)，这一时期土地城镇化指数低于人口城镇化指数，并且发展度 T 一直处于 0.4 以下(0.06~0.34)，青海省城镇化整体发展水平处于落后阶段，协调发展水平偏低。从 2013 年开始人口城镇化与土地城镇化协调发展水平得到了较大的提高，由 2000 年的 0.00，迅速提高至 2018 年的 0.85。在 2013 年跨越到协调区间，协调发展亚型属于初级协调发展类。

(三)青海省两个主要城市土地城镇化与人口城镇化协调发展分析

1. 西宁市土地城镇化与人口城镇化协调发展分析

由表 4-33 可以看出，2000—2003 年、2005 年、2011 年和 2013—2019 年，西宁市人口城镇化指数 P(a)高于土地城镇化指数 L(b)，2006 年、2009 年和 2012 年出现 L(b)= P(a)，其余年份 L(b)高于 P(a)。其中，P(a)整体呈上升趋势；L(b)也是逐年增长的并且变化幅度比较平缓。从内部结构看，各个因素对指数的影响有很大的差异。

表 4-33　2000—2019 年西宁市 P(a)与 L(b)值

年份	2000	2001	2002	2003	2004	2005	2006	2007	2008	2009
P(a)	0.03	0.03	0.05	0.06	0.07	0.11	0.12	0.15	0.18	0.20
L(b)	0.00	0.01	0.02	0.05	0.09	0.09	0.12	0.18	0.21	0.20
年份	2010	2011	2012	2013	2014	2015	2016	2017	2018	2019
P(a)	0.23	0.24	0.29	0.36	0.37	0.50	0.60	0.65	0.67	0.75
L(b)	0.25	0.09	0.29	0.31	0.35	0.38	0.37	0.38	0.39	0.40

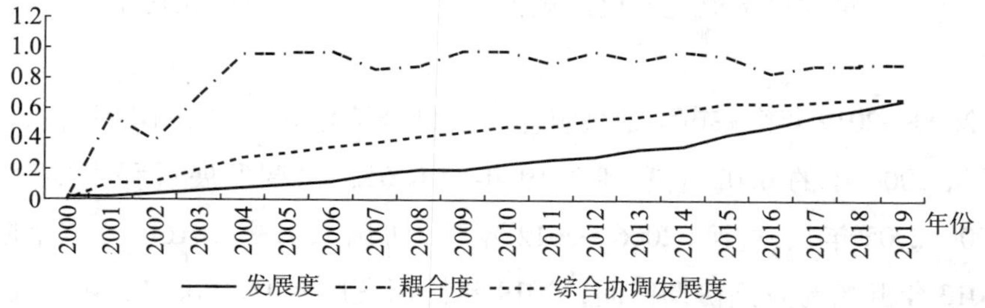

图 4-18 2000—2019 年西宁市土地城镇化与人口城镇化协调发展分析曲线

西宁市协调发展指标中第二、第三产业占 GDP 比重一直在 90%以上，说明推进城镇化离不开经济良性发展的支撑。从 2000 年开始，P(a)保持持续快速发展，增幅最快达到 0.07。此外，恩格尔系数一直表现出 4%以下的状态，但城镇居民人均消费有很大的提高。

西宁市 L(b)呈现上升态势。在 2004 年、2007—2008 年、2010 年，L(b)高于 P(a)，表现出土地城镇化滞后、人口城镇化主导的特点。L(b)增长率变化幅度减小，下降的主要原因是城镇建成区面积指标的变化，城镇化快速发展带动建成区面积的扩大，对土地的使用提出更高的要求。

2000—2019 年西宁市土地城镇化与人口城镇化协调发展过程主要分失调(2000—2004 年)、过渡(2005—2014 年)和协调三个阶段(2015—2019 年)。从 2015 年开始，人口城镇化与土地城镇化协调发展水平都有大的提高，跨越到协调区间，协调发展亚型属于初级协调发展类(见图 4-18)。

2. *海东市土地城镇化与人口城镇化协调发展分析*

由表 4-34 可以看出，2000 年海东市 P(a)低于 L(b)，2001 年属于土地和人口城镇化同步型，2002—2007 年 P(a)高于 L(b)，2008—2014 年 P(a)又低于 L(b)，属于土地滞后型。城镇人均可支配收入的增长、每万人卫生技术人员数的增加和城镇社会消费品零售总额的提高是 P(a)高于 L(b)主要的贡献力量。

海东市的土地城镇化水平总体上属于上升趋势，协调发展亚型属于土地滞后型。L(b)从 2000 年的 0.02 上升到 2019 年的 0.42，主要受到建成区面积和地均财政收入的影响。特别地，2008 年土地城镇化指数增长 9 倍，同时是土地滞后转变为人口滞后的一个时间节点，主要原因在于 2008 年海东市出台

《关于加快推进农村土地流转促进规模经营的意见》，全市农村土地流转快速推进。

2000—2019 年海东市土地城镇化与人口城镇化整体水平不断提高，发展度 T 从 2000 年的 0.02 上升到 2019 年的 0.52，协调发展过程主要分失调（2000—2005 年）、过渡（2006—2012 年）和协调（2013—2016 年）三个阶段。从 2013 年开始跨越到协调区间，2019 年协调发展度 D 为 0.71，协调发展亚型属于初级协调发展类（见图 4-19）。

表 4-34　2000—2019 年海东市 P(a) 与 L(b) 值

年份	2000	2001	2002	2003	2004	2005	2006	2007	2008	2009
P(a)	0.01	0.03	0.06	0.06	0.09	0.14	0.14	0.15	0.16	0.18
L(b)	0.02	0.03	0.02	0.04	0.04	0.06	0.08	0.13	0.18	0.24
年份	2010	2011	2012	2013	2014	2015	2016	2017	2018	2019
P(a)	0.20	0.26	0.31	0.37	0.40	0.41	0.48	0.50	0.55	0.61
L(b)	0.30	0.38	0.41	0.38	0.42	0.41	0.42	0.42	0.43	0.42

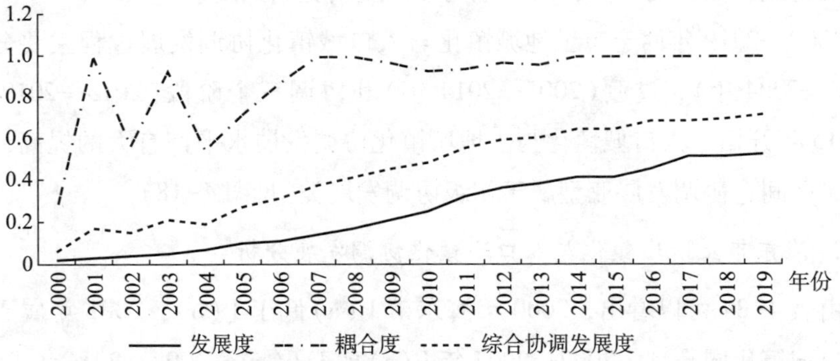

图 4-19　2000—2019 年海东市土地城镇化与人口城镇化协调发展分析曲线

（四）青海省土地城镇化与人口城镇化协调度变动时空分析

1. ARCGIS 协调度时空分析思路

运用耦合协调度模型测度地区间的协调性，通过 ARCGIS 技术表现在空间上，利用 ARCGIS 软件将样本数据投影到平面内，将协调发展度 D 进行分区间表示，作为图例，可以描绘出协调发展度空间分布图，进而直观表达出地区之间的分布差异(限于篇幅，本部分相关时空差异分布图略)。

2. 土地城镇化与人口城镇化协调度变动时空分析过程

采取青海省2000年、2005年、2010年和2019年的指标数据作为时间纵切面，将二市六州作为空间横切面，根据建立的协调度评价模型计算出二市六州的土地城镇化与人口城镇化指数，借助ARCGIS软件将样本数据投影到平面内，将土地城镇化与人口城镇化协调度D值进行分区间表示，作为图例，可以绘出空间分布图，进而直观表达出协调分布差异。

四、青海省土地城镇化与人口城镇化协调发展影响因素分析

(一)城乡二元体制

城乡二元制度主要是由我国长期以来实行的二元土地制度、二元户籍制度和二元财政制度构成。首先是二元土地制度，在现行的法律制度规定下，征收土地成本低于土地的市场出让价格导致地方政府垄断农业土地非农化的供给，从而获得级差地租，这种收益激励对土地城镇化产生了非理性的推动作用；其次是二元户籍制度，新型城镇化的以人为本的核心凸显了人口城镇化不是单一的劳动人口进入城市，而是在其基础上解决教育、医疗、就业、住房等社会福利保障问题，而二元户籍制度恰恰制约了农民市民化的进程，使农民在城市的生活成本提高，社会福利得不到保障，因此城镇化发展受到影响；最后是二元财政制度，土地级差地租的存在成为地方财政收入来源之一，农民市民化过程中提高了迁移的成本，必然会使人口城镇化滞后于土地城镇化。

(二)城镇体系等级结构不合理

青海省现有西宁市和海东市两个大城市，玉树市、格尔木市和德令哈市、茫崖市等几个小城市，除此之外都是小城镇。城镇体系等级结构上出现城市发展结构落后和发展失衡的现象，影响了新型城镇化的进程。除此之外还影响创新成果在区域内扩散的效应，制约区域内创新能力提升。并且青海省总体城镇化水平都是由总面积占全省不足3%的西宁市和海东市贡献的，占全省97%行政区域面积的区域皆为广大的农牧区。这种空间分布不均匀和地区间发展差异严重影响了全省城镇化发展的总体水平。

(三)县域经济发展水平滞后于城市地区

青海省内地区间经济发展不均衡，总体生产总值贡献很大一部分是由地级以上城市承担的。2019 年全年全省生产总值 2965.95 亿元，其中省会城市西宁实现地区生产总值 1327.82 亿元，占全省的 44.77%。分产业看，2019 年西宁市第二产业占 GDP 比重为 30.03%，海东市为 37.91%，西宁市第三产业占 GDP 比重为 66.10%，海东市为 47.64%，青海省的经济水平主要靠西宁市、格尔木市和德令哈市三个城市拉动，县域经济发展水平滞后于城市地区。

当然，本部分研究存在不足之处，主要包括评价体系的构建和数据搜集两个方面。评价指标不够全面，数据的收集及测算的方法上存在一定偏差。由于历年人口统计对城镇人口的统计口径的不断调整与修改，统计年鉴的统计指标与实际城镇人口数量存在偏差，在测算精度上也存在一定的误差。例如，采用常住人口作为城镇人口统计指标与实际城镇人口数存在偏差。城镇化发展是一个较为复杂的过程，涉及社会经济发展水平、公共管理、政府政策等方面，影响因素十分复杂。未来的研究中应在指标建立、判定标准、影响因素分析等方面进行深入研究。

第四节　青海省重点开发区域新型城镇化的承载力评价

人口资源环境承载力是一个国家或地区资源的数量和质量，对该空间内人口的基本生存和发展的支撑力(牛文元等，1994)。党的十八大提出要走“集约、智能、绿色、低碳的新型城镇化道路”，新型城镇化是区域人口、经济、社会、资源、环境协调发展和高效发展的多元演变过程，区域人口资源环境承载力水平体现新型城镇化的质量。青海省 2014 年发布的主体功能区规划中，重点开发区域包括东部重点开发区域和柴达木重点开发区域 2 个部分，其中柴达木重点开发区域的格尔木市已在 2015 年成功入选国家级新型城镇化城市试点名单，说明青海省重点开发区域将在未来承担更多的新型城镇化建设任务，但是从区域承载力角度对青海省重点开发区域进行新型城镇化研究的文献不多，这不利于青海省重点开发区域新型城镇化的综合建设。

本节依据区域人口资源环境综合承载力理论，从人口城镇化、资源城镇化、环境城镇化3个方面构建青海省新型城镇化水平评价指标体系，运用状态空间法和熵值法对青海省重点开发区域新型城镇化水平进行定量评价（诸宁扬、丁生喜，2017）。

一、状态空间法工作原理

目前评价区域综合承载力的方法有多种，如TOPSIS法、系统动力学法、层次分析法、状态空间法等。这些方法各有千秋，而状态空间法可以直观描述区域的承载力状况，简便直接、一目了然，故此处采用状态空间法。

状态空间法（state-space techniques）是欧氏几何空间用于定量描述系统状态的一种有效方法，通常由表示系统各要素状态向量的三维状态空间轴组成。在生态环境承载力研究中，三维状态空间轴分别代表生态环境承载力的影响因素，将三维轴界定为人类活动轴、资源轴和环境轴（毛汉英等，2001）（见图4-20）。

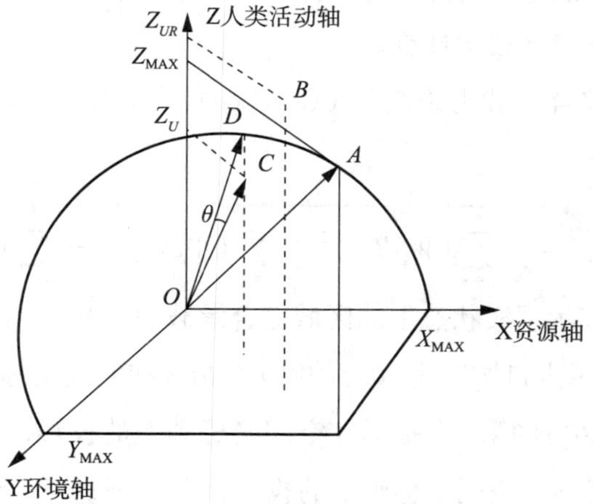

图4-20　生态环境承载力模型示意图

图4-20中的3个轴中，Z轴（人类活动轴，包括人口及其经济活动等）是受载体，而X轴和Y轴（资源轴和环境轴）是承载体，承载人类活动。图4-20中A、B、C是状态空间法中的承载状态点。而曲面$X_{MAX}OY_{MAX}$则是由某一时间尺度内，在资源环境满载状态下所能承受的最大人类活动能力的满载状态点所构成，如点A，是一种理想状态。点C位于曲面$X_{MAX}OY_{MAX}$之下，表示这一时期的人类活动低于资源环境承载能力，资源环境处于可载状态。与之相

反，点 B 位于曲面 $X_{MAX}OY_{MAX}$ 之上，表示这一时期的人类活动高于资源环境承载能力，资源环境处于超载状态。

依据状态空间法原理，图 4-20 模型中曲面 $X_{MAX}OY_{MAX}$ 上任意一点状态承载点到原点的空间距离（如 OA）所构成的矢量模，即为该模型中综合承载力的理想值。曲面 $X_{MAX}OY_{MAX}$ 外的空间内任意一点状态承载点到原点的距离（如 OC）所构成的矢量模，即表示该模型中综合承载力的现实值。

满载状态下的区域承载力理想值 CCS（Carryring Capicity State）为：

$$CCS = |M| = \sqrt{\sum_{j=1}^{n} B_{1jg}^2 + \sum_{j=1}^{m} B_{2jg}^2 + \sum_{j=1}^{k} B_{3jg}^2}$$

本部分在借鉴前人研究成果的基础上，结合青海省重点开发区域特定的生态、经济、社会、资源和环境背景，将三维轴界定为人口城镇化轴、资源城镇化轴和环境城镇化轴，从而构建青海省重点开发区域生态环境承载力评价模型。在现实情况下，资源环境中各要素对综合承载力的影响力各有不同，因此需要为各要素增加权重计算。

所以，区域综合承载力现实值 CCC（Comprehensive Carryring Capicity）计量模型为：

$$CCC = |M_g| = \sqrt{\sum_{j=1}^{n} (W_{1j}B_{1jg})^2 + \sum_{j=1}^{m} (W_{2j}B_{2jg})^2 + \sum_{j=1}^{k} (W_{3j}B_{3jg})^2}$$

其中，CCC 表示现实状态里的区域综合承载力；M_g 表示综合承载力空间向量的模；B_{1jg} 表示人口城镇化（B_1）的第 j 个指标在空间坐标轴上的投影；B_{2jg} 表示资源城镇化（B_2）的第 j 个指标在空间坐标轴上的投影；B_{3jg} 表示生态城镇化（B_3）的第 j 个指标在空间坐标轴上的投影；W_{1j}、W_{2j}、W_{3j} 分别表示 B_1、B_2、B_3 的第 j 个指标对应的权重。

二、权重与理想值的确定

（一）权重确定

权重的确定方法多种多样，主要分为主观赋权法和客观赋权法。主观赋权法有专家打分法、层次分析法等；客观赋权法有熵值法、标准离差法等。客观赋权法可以最大限度地避免主观赋权法中人为情感因素的影响，做到尽量地客观公正，所以本研究采用熵值法对指标进行赋权。

熵值法赋权的主要步骤如下：

1. 构建指标矩阵

设选取 m 个评价对象，n 个评价指标，构建评价指标矩阵 $X=(X_{ij})_{mn}$。

$$X=\begin{pmatrix} X_{11} & X_{12} & \cdots & X_{1m} \\ X_{21} & X_{22} & \cdots & X_{2m} \\ \vdots & \vdots & \ddots & \vdots \\ X_{n1} & X_{n2} & \cdots & X_{nm} \end{pmatrix}(i=1,\ 2,\ \cdots,\ n;\ j=1,\ 2,\ \cdots,\ m)$$

X_{ij}表示第 j 个对象的第 i 个指标的数值。

2. 指标标准化处理

指标标准化处理时要区分正指标和负指标，和区域综合承载力正相关的指标就是正指标，和区域综合承载力负相关的指标则是负指标。正指标的标准化处理方式为 $X_{ij'}=\frac{X_{ij}-\mathrm{Min}X_j}{\mathrm{Max}X_j-\mathrm{Min}X_j}$；负指标的标准化处理方式为$X_{ij'}=\frac{\mathrm{Max}X_j-X_{ij}}{\mathrm{Max}X_j-\mathrm{Min}X_j}$。

3. 计算指标 X_{ij} 占第 j 项总指标值和的权重 P

$$P(X_{ij})=\frac{X_{ij}}{\sum_{j=1}^{m}X_{ij}}$$

4. 计算指标 X_{ij}的信息熵 e

$$e_i=-k\sum_{j=1}^{m}p_{ij}\ln P_{ij}$$

其中，k 表示参数，$k=\frac{1}{\ln m}$，即评价指标个数 m 的自然对数的倒数。且 $0\leqslant e_i\leqslant 1$。

5. 计算指标 X_{ij}的差异性因数 g

$$g_i=1-e_i$$

6. 计算指标 X_{ij} 的权重 w

$$w_i = \frac{g_i}{\sum_{i=1}^{n} g_i}$$

(二)理想值的确定

理想值是指在一定时间内，在可持续发展的前提下，区域综合承载力的最大阈值。理想值的确定方法多种多样，有问卷调查法、专家咨询法、文献资料法、参照系法、平均值法、最大(小)值法、目标值法等。本部分的理想值确定方法主要运用文献资料法及平均值法，通过查阅《青海省主体功能区规划》并结合重点开发区的实际情况，运用平均值法，确定青海省重点开发区综合承载力各个评价指标的阈值(见表4-35)。

表 4-35　青海省重点开发区评价指标理想值

指标			理想状态值
人口城镇化	人口压力	X_1	19.000
		X_2	68.000
		X_3	63.000
		X_4	6.000
	经济发展	X_5	1617692.000
		X_6	84798.000
		X_7	88.000
		X_8	56.000
		X_9	8000.000
		X_{10}	18000.000
		X_{11}	892885.000
资源城镇化	土地资源	X_{12}	0.110
		X_{13}	3000.000
		X_{14}	7.500
	科技资源	X_{15}	2.860
		X_{16}	0.320
		X_{17}	21.000
		X_{18}	2436.000

续表

指标			理想状态值
环境城镇化	环境污染	X_{19}	0.007
		X_{20}	0.080
		X_{21}	0.350
		X_{22}	20964.000
	环境治理	X_{23}	100.000
		X_{24}	1918.000
		X_{25}	3.000

三、实证分析

(一)评价指标体系建立

通过对青海省重点开发区域的综合分析，参考相关文献(甘佩娟等，2014)，建立青海省重点开发区域新型城镇化评价指标体系(见表4-36)。

表4-36　青海省重点开发区域新型城镇化评价指标体系

目标	指标	
新型城镇化	人口发展	人口压力指标：X_1 总人口；X_2 人口密度；X_3 城镇化率；X_4 人口自然增长率
		经济发展指标：X_5GDP；X_6 人均GDP；X_7 非农产业比重；X_8 非农就业比重；X_9 农牧民人均纯收入；X_{10}城镇人均可支配收入；X_{11}全社会固定资产投资额
	资源支撑	土地资源指标：X_{12}人均耕地面积；X_{13}行政区域土地总面积；X_{14}森林覆盖率；X_{15}水域面积率
		科技资源指标：X_{16}研发支出占GDP比重；X_{17}全年专利申请数；X_{18}专业技术人员数
	生态环境	环境污染指标：X_{19}万元工业增加值二氧化硫排放量；X_{20}单位地区生产总值电耗；X_{21}单位耕地化肥使用量；X_{22}民用汽车拥有量
		环境治理指标：X_{23}工业废水排放量达标率；X_{24}环境污染治理本年完成投资额；X_{25}垃圾处理站数

(二)青海省重点开发区域新型城镇化水平评价结果

通过查阅《青海统计年鉴》，整理得到青海省重点开发区域26个区(县)相关原始数据。对数据进行标准化处理，并用熵值法对指标的权重进行确定（见表 4-37）。

表 4-37　青海省重点开发区域新型城镇化评价指标权重一览表

目标	指标			权重
新型城镇化	人口发展	人口压力	总人口（万人）X_1	0.022
			人口密度（人/平方千米）X_2	0.099
			城镇化率（%）X_3	0.011
			人口自然增长率（‰）X_4	0.023
		经济发展	GDP（万元）X_5	0.027
			人均 GDP（元）X_6	0.032
			非农产业比重（%）X_7	0.001
			非农就业比重（%）X_8	0.010
			农牧民人均纯收入（元）X_9	0.012
			城镇人均可支配收入（元）X_{10}	0.017
			全社会固定资产投资额（万元）X_{11}	0.029
	资源支撑	土地资源	人均耕地面积（公顷）X_{12}	0.024
			行政区域土地总面积（平方千米）X_{13}	0.073
			森林覆盖率（%）X_{14}	0.040
			水域面积率（%）X_{15}	0.039
		科技资源	研发支出占 GDP 比重（%）X_{16}	0.075
			全年专利申请数（件）X_{17}	0.094
			专业技术人员数（人）X_{18}	0.034
	生态环境	环境污染	万元工业增加值二氧化硫排放量（吨）X_{19}	0.040
			单位地区生产总值电耗（千瓦时）X_{20}	0.058
			单位耕地化肥使用量（吨/公顷）X_{21}	0.086
			民用汽车拥有量（辆）X_{22}	0.028
		环境治理	工业废水排放量达标率（%）X_{23}	0.002
			环境污染治理本年完成投资额（万元）X_{24}	0.055
			垃圾处理站数（个）X_{25}	0.068

根据计算出的权重与处理过的数据，运用状态空间法公式，分别测算青海省重点开发区域及各县（市）综合承载力的现实值和理想值，判断青海省重点开发区域承载力的状态。其中，承载潜力 RCC 是理想值与现实值的差值，

因此，青海省重点开发区域综合承载状况见表4-38。

表4-38　2019年青海省重点开发区域新型城镇化综合承载状况

	现实值 CCC	理想值 CCS	承载潜力 RCC	理想值/现实值
人口资源环境综合承载力	133.27	285.72	152.45	2.14
人口城镇化承载力	3.76	8.51	4.76	2.26
资源城镇化承载力	82.13	233.79	151.66	2.85
环境城镇化承载力	104.88	164.03	59.15	1.56

由表4-38可知，2019年青海省重点开发区域的人口资源环境综合承载力处于可载状态，说明青海省重点开发区域仍有进一步开发的潜力。这得益于青海省在"十二五"和"十三五"期间，积极响应国家政策并具体落实，通过制定《青海省城乡体系规划(2014—2030年)》等引导全省新型城镇化健康持续地建设和发展。而在具体的方面，人口、资源、环境三大承载力的承载潜力都处于比较乐观的状态，但资源和环境的问题仍不容忽视(见图4-21)。

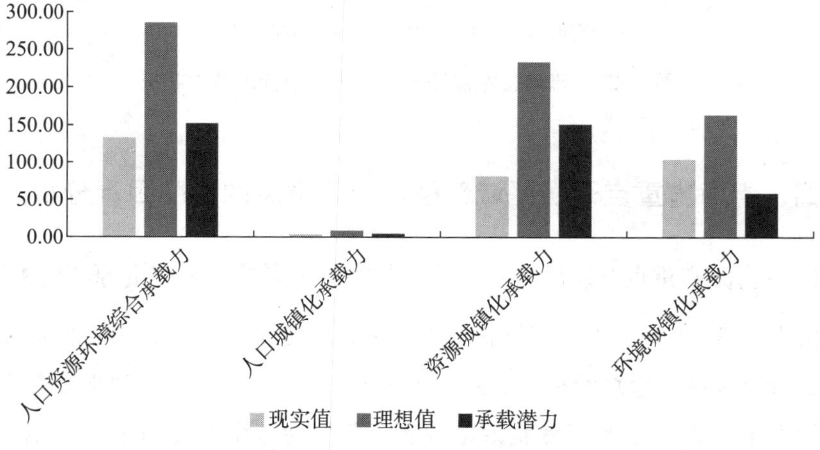

图4-21　青海省重点开发区域综合承载力状况

从图4-22中可以看出，X_{13}行政区域土地总面积、X_{18}专业技术人员数、X_{24}环境污染治理本年完成投资额等三项指标表现特殊，其中X_{13}的理想值与承载潜力比较一致，说明对于城镇化发展来说，青海省重点开发区域行政区域土地面积总体十分充足，但是不能因此而过于乐观，因为其中有相当部分为基本农田及限制开发区，真正能用于城镇化开发的并不多，还是需要集约用地；X_{18}的现实值与理想值接近，承载潜力极小，说明青海省新型城镇化未来急需专业技术人才和创新推动，而目前专业技术人才极度缺乏，对新型城镇化形成严重制约；X_{24}的现实值与理想值之间有一定空间，因此承载潜力比较明显，说明青海省大量的环境污染治理投资对承载力提升已经起到了重要作用，未来仍需持续投资于环境污染治理，促进绿色经济与循环经济发展，才能确保新型城镇化进程中生态环境的承载力稳定提升。

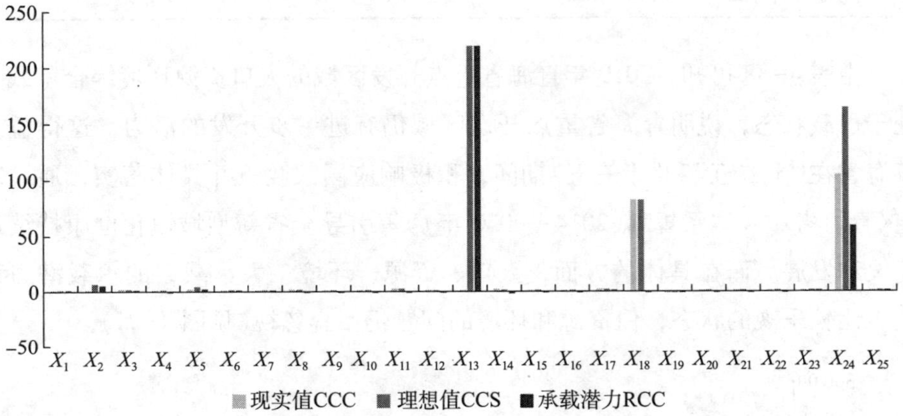

图 4-22　青海省重点开发区域三级指标承载力状况

四、青海省重点开发区域新型城镇化发展的影响因素分析

(一)青海省重点开发区域新型城镇化的主要影响因素在资源环境领域

由表 4-37 可知，人口城镇化方面，人口密度指标权重较大；资源城镇化方面，行政区域土地总面积、研发支出占 GDP 比重、全年专利申请数等指标权重均大于 0.05；生态环境城镇化方面，单位地区生产总值电耗、单位耕地化肥使用量、环境污染治理本年完成投资额、垃圾处理站数等指标权重值较大(以权重大于 0.05 为标准)，说明这些指标就是当前青海省重点开发区域新型城镇化发展的重要影响因素。从高权重指标的分布来看，主要在资源和环境领域，说明青海省新型城镇化发展需要资源和生态环境提供重要支撑。

(二)青海省重点开发区域新型城镇化综合承载状况理想值与现实值差距大

由表 4-38 可知，青海省重点开发区域新型城镇化承载力的理想值与现实值差异很大，总体承载力水平的理想值/现实值为2.14，人口承载力的理想值/现实值为2.26，资源承载力的理想值/现实值为2.85，生态环境承载力的理想值/现实值为1.56。由此可知，由于总体人口规模小，青海省重点开发区域新型城镇化发展的人口承载空间较大；青海省自然资源比较丰富，对新型城镇化也有较大的承载空间；但是生态环境的承载空间最小，虽然理想值大于现实值，但是一方面青海省要承担保护“中华水塔”的重要任务，另一方面青海省地处高寒地区，生态环境脆弱，因此，在新型城镇化进程中迫切需要保护生态环境。

由表4-39可知，构成青海省重点开发区域新型城镇化水平的各指标的承载力理想值与现实值状况差异也很大。其中，人口自然增长率、非农就业比重、农牧民人均纯收入、城镇人均可支配收入、森林覆盖率、研发支出占GDP比重、专业技术人员数、单位地区生产总值电耗等指标的承载潜力为负值，说明青海省重点开发区域新型城镇化发展受到这些因素的显著制约。

表4-39 青海省重点开发区域新型城镇化各指标承载力理想值与现实值状况对比

指标	现实值 CCC	理想值 CCS	承载潜力 RCC
总人口(万人)X_1	0.0101	0.0177	0.0075
人口密度(人/平方千米)X_2	1.3808	6.7442	5.3634
城镇化率(%)X_3	0.6764	0.7132	0.0369
人口自然增长率(‰)X_4	0.1978	0.1403	-0.0575
GDP(万元)X_5	2.1915	4.4186	2.2271
人均GDP(元)X_6	0.2123	0.2737	0.0613
非农产业比重(%)X_7	0.0860	0.0867	0.0007
非农就业比重(%)X_8	0.5846	0.5762	-0.0083
农牧民人均纯收入(元)X_9	0.0102	0.0100	-0.0002
城镇人均可支配收入(元)X_{10}	0.0644	0.0311	-0.0333
全社会固定资产投资额(万元)X_{11}	2.5515	2.5515	0.0000
人均耕地面积(公顷)X_{12}	0.0025	0.0026	0.0001
行政区域土地总面积(平方千米)X_{13}	0.0937	218.8996	218.8059
森林覆盖率(%)X_{14}	0.9760	0.3029	-0.6731
水域面积率(%)X_{15}	0.1118	0.1120	0.0002

续表

指标	现实值 CCC	理想值 CCS	承载潜力 RCC
研发支出占 GDP 比重(%) X_{16}	0.0242	0.0240	-0.0002
全年专利申请数(件) X_{17}	1.9416	1.9705	0.0289
专业技术人员数(人) X_{18}	82.1020	82.0826	-0.0194
万元工业增加值二氧化硫排放量(吨) X_{19}	0.0003	0.0003	0.0000
单位地区生产总值电耗(千瓦时) X_{20}	0.0048	0.0046	-0.0002
单位耕地化肥使用量(吨/公顷) X_{21}	0.0301	0.0302	0.0000
民用汽车拥有量(辆) X_{22}	0.0578	0.0578	0.0000
工业废水排放量达标率(%) X_{23}	0.1673	0.2308	0.0635
环境污染治理本年完成投资额(万元) X_{24}	104.8841	164.0303	59.1462
垃圾处理站数(个) X_{25}	0.1253	0.2040	0.0787

(三)青海省重点开发区域内部各区县新型城镇化发展水平差异大

根据表 4-39，将评价结果进行聚类分析(王晓鹏，2011；李通，2013)，将人口资源环境综合承载潜力、人口承载潜力、资源承载潜力、环境承载潜力分别作为变量，以系统聚类中的组件连接为主要方法，以平方欧氏距离为度量标准进行分析，可以将承载潜力分为三类：第一类是城西区和城北区；第二类是格尔木市；第三类是其他区(县)。这种分类结果说明城西区和城北区以及格尔木市较之其他区域，人类开发活动成熟，经济较为发达，下一步应注重资源环境的保护和开发，要与人类活动相匹配。根据聚类分析，将资源承载潜力划分为四类：第一类是湟中区；第二类是海晏县；第三类是互助县和循化县；第四类是其他区(县)。前三类区域都位于东西部重点开发区域之间的过渡地带，这种分类说明这一地带未来的发展仍需加强科技资源的投入，提高土地利用率。根据环境承载潜力划分为四类：第一类是城东区；第二类是都兰县；第三类是城西区和格尔木市；第四类是其他区(县)。这些区域都位于人类活动较集中的区域，说明人类在发展自身经济的同时，也要注重从环境方面着手，提高承载力。综合分析可见，环境因素是拉低城东区综合承载潜力的主要因素，城东区要提高承载潜力，应该重视环境的污染和治理。

第五章

青海省经济与生态环境的绿色协调发展路径

通过前面章节评价可知，青海省经济与生态环境协调发展程度正从中级协调阶段向高级协调阶段发展，并产生波动。本章以绿色发展为路径，对青海省城镇化绿色发展水平进行评价与测度，对青海省绿色发展进程中主导产业进行评价与选择。

第一节　理论基础与研究概述

一、相关概念与理论基础

(一)绿色经济

绿色经济是一种融合了人类的现代文明，以高新技术为支撑，使人与自然和谐相处，能够实现可持续发展的经济，是市场化和生态化有机结合的经济，也是一种充分体现自然资源价值和生态价值的经济。它是一种经济再生产和自然再生产有机结合的良性发展模式，是人类社会可持续发展的必然产物。绿色经济的范围很广，包括生态农业、生态工业、生态旅游、环保产业、绿色服务业等。绿色经济的价值主要体现在以下几点。

1. 绿色经济模式强调经济、社会和环境的一体化发展

在传统经济发展模式下，大量占有和利用自然资源，不断提高劳动生产率，最大化地促进经济增长是其基本特征，传统经济模型认为自然环境与经

济增长和社会发展之间彼此不能兼容，环境问题是经济与社会发展过程中的必然现象，社会发展、经济繁荣必然要以牺牲自然环境为代价，最终导致经济发展的不可持续。绿色经济模式是以可持续发展观为基础所形成的新型经济发展方式，它以自然生态规律为基础，通过政府主导和市场导向，制定和实施一系列引导社会经济发展符合生态系统规律的强制性或非强制性的制度安排，引导、推动、保障社会产业活动各个环节的绿色化，从根本上减少或消除污染。

2. 绿色经济能够体现出自然环境的价值

传统经济系统坚持封闭性、独立性，认为只要系统本身不断扩大，经济就会得到永无止境的发展，不受其他任何条件的制约，也因此导致全球环境危机的不断加剧。绿色经济系统坚持开放性和协调性，将环境资源的保护和合理利用作为经济系统运行的绿色经济重要组成部分，在生产、流通和消费各个领域实行绿色先导原则，尽可能地减少对自然环境的影响和破坏，抑或改善环境资源条件，并将自然环境代价与生产收益一并作为产业经济核算的依据，确认和表现出经济发展过程中自然环境的价值。事实上，经济的发展与资源的消耗是并行的，在量化经济发展的各项收益指标时，环境消耗价值理应据实计算并从中扣除。

3. 绿色经济的自然资源利用具有公平性

公平性是可持续发展的重要特性，失去公平性就等于失去可持续发展。追求经济利益最大化，不断提高人类的生活质量，是经济和社会发展的基本目标。然而，传统经济模式下的社会经济增长，是以自然资源系统遭受严重破坏和污染为代价获得，仅仅满足了当代人或少数区域人的物质利益需求，忽略后代人或其他欠发达区域人的生存需要，是将子孙后代或全人类的环境资源用以满足少部分或当代人的物质上的奢侈，这是极端不公平的。绿色经济发展方式通过自然资源的可持续利用，能够最大限度地提高自然环境的利用率和再生能力，理论上可以兼顾当代人和后代人的代际利益平衡和当代人之间的区域利益平衡。

4. 绿色经济可以引导产业结构的优胜劣汰

在经济发展过程中，产业结构是动态的，优胜劣汰是其客观规律，正是基于产业结构的更新机制，才能实现产业的可持续发展。发展绿色经济，可以引起工业社会发生巨大的变革：一是生产领域中，工业社会的以最大程度地提高社会劳动生产率、促进经济增长为中心的“资源—产品—污染排放”的生产方式，将转变为以提高自然资源的利用率、减少或消除环境污染为中心的可持续发展生产方式，加重了生产者的环境保护责任；二是在流通领域内改革工业社会所奉行的自由贸易原则，实行附加环境保护义务的自由贸易，控制和禁止污染源的转移；三是转变消费观念，引导和推动绿色消费。这一系列的制度性变革，必然引起工业社会向绿色社会的回归，依据自然生态规律，建立起由不同生态系统所构成的绿色经济系统。

（二）绿色城镇化

所谓绿色城镇化，是指以以人为本为根本宗旨，按照统筹兼顾的基本方法，以实现经济效益、环境友好、民生幸福为发展目标，以生态平衡、人与自然和谐共处为基本立足点，努力早日实现人口效益、经济效益、社会效益、资源环境效益的“多赢”新型城镇化发展模式。绿色城镇化是在反思传统城镇化发展模式的基础上提出的。它是对传统城镇化发展模式的改进和升华。它是人口、经济、社会、生态、文化、系统等多个子系统的有机耦合。

（三）可持续发展理论

可持续发展的概念最早是在1972年的联合国人类环境大会上提出的，但没有明确定义。直到1987年，联合国环境研究部门才在一份报告中给出了明确的定义：可持续发展是指在满足当代人的需要的前提下，不损害后代人的利益。可持续发展认为，人类经济社会发展必须遵循三个生态规律：一是效率原则，也就是能源的有效利用和废弃物的回收再利用；二是和谐原则，也就是不同成分的和谐共存、共同进化；三是自我控制与监督的原则，它着眼于其内部组织自我调节功能的完善和可持续性，而不是简单的外部控制或结构的成长。总的来说，可持续发展的出现使得城镇化的发展理念发生了变化，它对于城镇化的绿色发展具有重要的指导意义，并将成为一个长期的指导思想。

（四）绿色经济理论

英国经济学家皮尔斯在1989年出版的《绿色经济蓝皮书》一书中第一次提

出了“绿色经济”一词，他认为经济的发展必须是环境和人类都能承受的。

随着经济的发展，现在的绿色经济是指可以遵循“开发需求、降低成本、加大动力、协调一致、宏观有控”等五项准则，并且能够可持续发展的经济。其主要内容是资源节约型和环境友好型经济，它是一种资源消耗低、环境污染少、产品附加值高、生产方式集约化的经济形式。同时，绿色经济以资源节约、环境友好为重要特征，以经济绿色化、绿色工业化为内涵，有利于转变我国高能耗、高物耗的粗放型经济发展方式，同时也有利于促进我国经济集约发展和可持续增长。

（五）主导产业的含义

主导产业是指以优势商品和服务产品为基础，具有较大的规模、较强供给力与市场竞争力，以及发展后劲的优势产业或支柱产业。支柱产业是指在区域经济中占有较大比重、对支持区域经济增长具有重大作用的产业。优势产业是指以地区比较优势为基础，能够利用和发挥地区特色和有利条件，资源配置基本合理，资本运营效率高，在一定空间区域和时间范围内有较高投入产出率，并能够体现、巩固和创立地区竞争优势的产业部门（丁生喜，2018）。

主导产业与支柱产业、优势产业是比较相近的概念，且在一些方面极为相似，实际运用中可能会出现混淆。它们主要的相似和共同之处在于：第一，都具有时间特性，是特定阶段的产物，会随着经济发展、原有区域条件变化而发生更替；第二，主导产业有较大的增长潜力，包括依靠持续的高增长率发展成为支撑当地经济发展的支柱产业，以及当地具有竞争优势的优势产业；第三，在一些地区，某些产业部门可以既是支柱产业，也是主导产业，也可以既是优势产业，也是主导产业。三者的主要区别在于：首先，支柱产业最大的特征就是产值占 GDP 比重很大，在经济体中占据较大的份额，优势产业强调的则是充分发挥地区特有能力和未来发展的前景，需要有较高增长率或较大规模收益，发展潜力大，而主导产业更多地强调产业关联度和产业增长率；其次，支柱产业一般已经处于成熟期，有的甚至正在衰退，但是占的比重仍然很大，优势产业一般也处于成熟期，虽然当前不会衰退，但是有的产业可能即将面临衰退，而主导产业一般处于成长期（马晓燕，2004）。

国内学者对于主导产业的定义说法不一，但普遍认同的主导产业定义都包括三个基本要素：一是时间要素。主导产业在时间上具有阶段性，必须要与区域经济发展阶段相适应，各个发展阶段的资源、人文、地理、技术条件都不同，特定时期的主导产业部门总是建立在相应的经济背景下，随着区域经济发展，原有条件发生变化，主导产业也将发生转换。二是特征要素。表现为较高的技术水平和较广泛的市场前景。它需要能够广泛吸收利用先进的生产技术，促进新技术的发展，导入新的生产函数。这样的部门能够率先降低生产成本，达到较高的生产率上升率，提高企业效益。此外，在激烈的市场竞争中，主导产业需要有广阔前景，做到随市场经济发展而发展，经久不衰。三是功能要素。罗斯托指出主导产业具有前向、后向和旁侧的关联带动作用。主导产业正是影响经济增长的关键产业部门，在产业链上处于枢纽地位，能够直接或间接地带动其他相关产业的发展，进而促进整个区域经济的全面发展(刘涛，2011)。

(六)主导产业选择的基准

1. 产业关联度基准

这一基准来自赫希曼的《经济发展战略》，主导产业与其他产业相关联，这是普遍认同的主导产业定义中必不可少的特征。主导产业正是通过与其他产业相关联，以自身发展所带来的一些效应使其他相关产业得到发展，从而带动整个区域经济发展。

2. 产业规模基准

主导产业需要具备一定的生产规模，因为规模大的企业具备着量的优势，会存在着规模经济，并以自身较大的规模带动其他产业乃至于整个地区的经济发展。

3. 筱原二基准

包括需求收入弹性基准和生产率上升率基准，其中，需求收入弹性基准其实反映了主导产业的市场前景，市场需求会随着人均收入水平的变化而变化，对于需求收入弹性大的产业部门，不断增长的人均收入会带来更多的需求，产品在整个产业结构中的比重不断提高，这些产业部门将发展得更快。

生产率上升率反映了主导产业的技术进步能力。技术进步是人均产出增长的唯一源泉，它可以使企业获得新的生产函数，使企业获得竞争优势，提高企业经济效益。而且，对于经济结构转型来说，技术进步是企业转型升级的动力源泉。

4. 社会效益基准

主导产业的选择需要考虑社会效益，这样一方面通过主导产业发展能够创造更多的就业机会，提高就业水平，增加劳动者的收入，推动经济的发展。另一方面经济由高速增长阶段转向高质量发展阶段，要求经济社会持续健康发展，主导产业要重视保护生态环境和节约利用资源，因此应尽量选择污染少、消耗资源少、对环境友好的产业，确保区域主导产业和经济整体持续协调发展。

5. 比较优势基准

主导产业处于一个地区产业结构中的核心地位，对经济发展的作用也远大于其他产业。且各地区的地理环境、资源环境、经济技术等条件都有所差别，各地区相对于其他地区都有自己的比较优势条件。因此，区域主导产业的选择还应当考虑充分发挥自身比较优势，并转化为经济优势，以便更好地发挥带动作用。区位比较优势可以用区位熵、市场占有率、销售利润率来衡量，区位熵和市场占有率用于衡量某产业相对于全国该产业的比较优势，销售利润率用来衡量某产业的盈利能力。

二、青海省绿色发展的必要性

（一）经济与生态环境绿色协调发展

21 世纪以来，全球经济正在绿色经济的引领下逐步转型。发达国家普遍由传统经济转向绿色经济，并从这一结构性转型中实现经济增长。而一些处于工业化和城市化快速发展阶段的发展中国家正面临着传统经济向绿色经济过渡的艰巨任务（喻清卿，2012）。习近平总书记在 2016 年视察青海时指出：青海省作为国家生态安全的屏障，具有极其重要而特殊的生态地位，必须要承担起保护“中华水塔”和“三江源”的重任。要从实际出发，坚持保护优先、坚持以节能减排和环境整治为导向，全面推进生态建设、美丽城乡建设以及自然保护区建设，加强生态保护、沙漠化防治和退牧退耕还林还草，扎扎实实推进生态环境建设，确保“一江春水向东流”。习近平总书记的讲话为青海省更好地处理好经济发展与环境保护的关系，指明了新方向(赵静，2015)。

2018年1月20日，由国际绿色经济协会主办的2018中国绿色经济年会在北京成功召开，大会以“新时代、新征程——绿色经济与创新发展”为主题，组织权威政要专家与富有远见的商业领袖，深入研讨党的十九大新时代背景下的绿色发展举措与创新实践，研判新时代现代化经济体系的新格局与新规则，展示绿色创新最佳实践，论道“十九大与绿色创新发展”，探讨乡村振兴战略、固废资源化、绿色标准、绿色金融创新试验区产业合作等绿色发展的一系列前沿热点，优化发展模式，共聚合力，为中国经济社会发展的新时代，构建绿色经济与创新发展的新动能(北京市朝阳区国际绿色经济协会，2018)。

由北京师范大学经济与资源管理研究院、西南财经大学发展研究院和国家统计局中国经济景气监测中心联合推出的《2015中国绿色发展指数报告》，正是以可持续发展为核心认真贯彻落实“十三五”规划的具体举措。该报告全面分析评估了中国30个省(自治区、直辖市)及100个城市的绿色发展状况。在参与测算的30个省(自治区、直辖市)中，绿色发展水平排名前十位的是北京、上海、浙江、天津、青海、福建、江苏、内蒙古、广东、海南，青海省绿色发展指数为0.195，排名第五。其中，绿色发展指数等于经济增长绿化度、资源环境承载潜力和政府政策支持度三个一级指标指数值之和，青海省的三个一级指标指数值和排名分别为-0.159、排名第28，0.528、排名第1，-0.174，排名第30。可见青海省经济增长绿化度及政府政策支持度相对较低，但资源环境表现突出，且明显高于全国其他省份，说明青海省绿色发展水平仍有较大的提升空间。

(二)青海省产业绿色发展的必要性

党的十九大报告提出：我国经济已由高速增长阶段转向高质量发展阶段，正处在转变发展方式、优化经济结构、转换增长动力的攻关期，建设现代化经济体系是跨越关口的迫切要求和我国发展的战略目标。并提出建设现代化经济体系的举措，其中之一就是实施区域协调发展战略，提出强化举措，推进西部大开发形成新格局，支持资源型地区经济转型发展。

青海省地广人稀，自然资源丰富，西部大开发战略实施以来，依托资源型经济取得了一定的成就，但是面临的困难和挑战之一是发展动能转换迫在眉睫，青海省在特色资源和低电价基础上发展起来的工业经济，在新常态下比较优势正在减弱，现有基础难以为快速增长作出更多贡献，产业结构层次不高，竞争力不强问题凸显，结构不合理问题尚未得到根本扭转；省内新技术、新产业、新业态、新模式发展势头虽然较好，但体量小、占比低、牵动性弱，短期内还难以形成有效支撑，新旧动能“青黄不接”问题十分突出。2020年青海省政府工作报告指出青海省面临的困难和挑战，其中包括发展形势更加严峻复杂、经济下行压力有增无减、投资需求持续放缓、消费增长后劲不足、新旧动能接续不畅等。

在区域经济发展中，起决定性作用的便是主导产业，在转变经济发展方式大背景下，青海省资源密集型经济发展也面临着诸多问题，解决问题的渠道就是科学合理地选择主导产业。目前，青海省优势产业、支柱产业、主导产业皆以资源密集型产业为主，科学选择适合青海省经济发展的主导产业，可以充分发挥主导产业的带头作用，带动其他相关产业发展，对青海省总产出、就业水平、产业结构、民生水平等带来贡献，通过乘数效应推动经济的发展。与此同时，对青海省传统产业进行改造，促进传统产业转型和升级，并给予新兴产业成长的空间，大力发展新兴产业，将为推动青海省产业结构优化升级，强化创新引领，提升经济发展的质量和效益，协调经济发展与生态环境之间的关系，建设现代化经济体系提供可能。

结合青海省实际发展情况，对青海省绿色经济发展中城镇化与主导产业选择的问题进行分析与评价，将对青海省发展绿色经济、实现经济与生态环境的高度协调具有重要意义。

三、研究现状综述

（一）绿色经济方面的研究

1. 国外研究综述

1989年出版的《绿色经济蓝皮书》中，英国经济学家皮尔斯首次提出“绿色经济”。他认为绿色经济是一种人类社会和自然环境可以承受的经济，而不是盲目地以资源耗竭为代价追求产量增加的经济。他从资源环境的角度出发，既为可持续发展的内涵和发展途径做了全面论述，也为后人研究绿色经济奠定了基础(皮尔斯，1996)。

1993 年联合国经济和社会事务部在修订后的《国民经济核算体系》中正式提出绿色 GDP 核算指标。把 GDP 中各项生态破坏成本的治理费用减去，再加上环境效益，就是绿色 GDP。这种核算方法既能代表国民经济增长的正效应，也能更准确地反映社会经济增长水平。绿色 GDP 占 GDP 的比重越高，表明经济增长与自然环境的和谐统一程度越高(联合国，1995)。

2012 年联合国可持续发展大会——里约峰会集中讨论的两大主题之一就是绿色经济，沙祖康强调绿色经济是基于致力于消除贫困的可持续发展之上的绿色经济。会议强调发展绿色经济的首要目标是消除贫困，消除贫困是发展中国家发展绿色经济的首要目标(《中国能源》编辑部，2012)。普遍转向绿色经济的发达国家应坚持走绿色发展道路，为发展中国家作出表率和示范，并给予资金、技术、人才等方面的援助，寻求共同发展。

目前，美国大力发展绿色建筑，即用清洁的能源和建筑材料，减少有害废弃物的排放。此外，美国通过新的电网传输计划，将减少能源在传输过程中的损耗，还试图把风能和太阳能发电也加入电网，以加强绿色智能电网的建设。法国重点发展核能和可再生能源，大力扶持清洁能源的研发，鼓励生产绿色环保产品。日本发展环境友好型融资业务，极大地促进了商业银行绿色信贷的发展。由此可见，发展绿色经济，既要开发清洁能源，又要鼓励金融机构积极开发绿色零售产品(赖梦君，2012)。

2. 国内绿色经济研究综述

(1)在绿色经济理论研究方面

有学者通过对国外已有的绿色经济理论的分析，得出绿色经济在不同时期，随着社会经济的发展变化有着不同的含义，具体可分为三个阶段：单一的生态系统目标阶段、经济—生态系统目标阶段、经济—生态—社会复合系统阶段。并将绿色经济理论的最新进展分为效率、规模和公平三种导向，分别从经济系统的效率是核心、生态系统的极限是核心、社会系统的公平是核心三个角度提出了绿色经济发展的方案(唐啸，2014)。

(2)在绿色经济发展研究方面

前期相关研究构建了中国绿色经济发展指数，并用数据进行测算，研究结果表明，虽然中国的绿色经济处于较低水平，但发展势头越来越强，并根据结果指出了我国绿色经济发展的后续研究方向(向书坚等，2013)。在绿色发展指标体系构建方面，成果也很多。

21 世纪绿色经济发展的浪潮中，西部具有独特的生态环境、丰富的绿色资源，在当前中国发展战略的要求下，发展绿色经济是西部大开发新的战略选择与模式重构。已有学者根据西部特点建立评价指标体系，运用计量方法和 GIS 法对西部地区绿色发展水平及空间分析进行研究(蔡绍洪等，2017)。

(3)针对青海省绿色经济的研究方面

青海独特的地域特点，发展绿色经济独具优势与机遇，同时也面临挑战与困难。有学者立足于青海实际，构建由绿色生产、绿色消费、绿色环境、绿色民生和绿色政策组成的五维度指标体系(戴鹏，2015)。还有人从综合发展度、资源环境承载力和政府政策支持度三个方面构建了青海省绿色经济发展水平评价体系，运用主成分分析法对青海省绿色经济发展水平进行综合评价(任海静等，2018)。本书针对青海省东部重点开发区域的海东市绿色发展水平进行个案研究，针对青海省产业结构调整与绿色经济发展展开了定量评价，对我国资源型区域绿色发展开展专项评价，并以青海省柴达木重点开发区域为例，进行了绿色发展个案研究(丁生喜等，2019)。

(二)绿色城镇化方面的研究

1. 国外研究综述

国外很早就开始了关于绿色城镇化的研究，研究结果显示，绿色城镇化的发展大致经历了三个阶段：第一阶段是在 1920 年以前，这一阶段是绿色城镇化的萌芽阶段。首先，霍华德开展了现代绿色城镇化研究，标志是霍华德于 1898 年提出了建设田园城市的思想(Caroline Miller，2011)。其次，帕特里克继承并发展了建设田园城市的思想，并在 1915 年提出了建设城镇化需要遵循的条件。第二阶段是在 1980 年以前，这一阶段被称作城市生态学的形成阶段。国际现代建筑协会于 1933 年开始在城镇化建设中引进了生态思想。随后，帕克于1952年发表了《城市与人类生态学》一书，这本书的出版进一步完善了城市与人类生态学的思想体系。紧接着，斯德哥尔摩人类环境会议宣言于1972年提出必须好好规划人居环境同城镇化的建设之间的关系，要尽可能地避免对环境造成破坏。贝利于1977年发表了《当代中国城市生态学》一书，这本书的出版昭示着以城市为目标的生态研究已经初具雏形。第三阶段是在1980年以后，这一阶段是生态环境和经济可持续发展的思潮更加高涨的一个时期。首先，亚尼茨基于1981年提出了一个模型，一个理想的绿色城镇化模型，其中满满的都是对建设美好城市的向往。其次，瑞杰斯特于1987年提出生态城市是同自然和谐共存的聚居地(沈倩基，2002)。

2. 国内研究综述

新常态下对城镇化提出了新要求，即树立全面绿色繁荣理念、建立城镇绿色经济体系、推进城镇循环经济发展的新要求。绿色城镇化作为新型城镇化的载体，既是实现我国高质量发展和美丽中国建设的路径选择，也是实现以人为本顶层设计的基本保证。绿色城镇化就是把环境保护、人类文明和传统建设理念结合起来，融合多个方面的因素，共同推进城镇化的建设。有学者基于绿色城镇化的理论内涵，运用综合指数法定量分析了我国291个地级市的绿色城镇化水平的时空格局的演变状况(邹荟霞等，2018)。未来的研究，要把生态文明建设作为出发点，要审查自然、城市和人类社会三者之间的关系，探索绿色城镇化的制度框架和规划战略，完善人居环境的建设(王凯等，2021)。

(三)主导产业研究方面

1. 国外文献综述

主导产业的研究起源于西方，并且日益发展成熟。英国经济学家大卫·李嘉图在《政治经济学及赋税原理》(1817)一书中阐释了比较优势理论，在该理论指导下，一个地区选择主导产业，一定要根据这个地区所拥有的产业的实际情况，要能够提高这个地区各产业间的资源整合，并能让各产业的协作联系整体实力有所提高，实现区域内产业结构优化升级(David Ricardo，2009)。

美国发展经济学家艾伯特·赫希曼在《经济发展战略》(1958)一书中提出

产业关联度基准，他认为政府应该优先扶持发展那些与区域内其他产业有着广泛密切的联系的产业，这样才有可能带动其他相关产业发展，进而推动整个区域经济发展(Albert O.，1998)。

20世纪50年代，日本经济学家筱原三代平首次明确而具体地提出了主导产业选择基准，即需求收入弹性基准和生产率上升率基准，这使得主导产业具有了指导实践的意义。需求收入弹性高的产业，其迅速扩张的市场需求会拉动该产业较快增长。生产率上升较快的产业，成本下降较快，进而可以获得更大的市场竞争力。直到现在，在主导产业选择基准理论方面，筱原二基准仍然最具有说服力。

20世纪60年代经济学家华尔特·特曼·罗斯托在其著作《经济成长的阶段》一书中，把人类社会发展分为五个阶段，之后补充为六个阶段，每个阶段都有相应的主导产业部门来带动其他产业发展，通过主导产业向前、回顾、旁侧效应，对其他产业产生关联和带动，最终推动区域经济增长。罗斯托的研究系统、明确，从而奠定了主导产业理论的坚实基础(Rostow W. W.，1960)。

2. 国内文献综述

所谓主导产业，是指在一个国家或地区的特定发展阶段起主导作用的产业，是那些产值占比大、增长速度快、技术水平高，并对其他产业和整个区域经济具有较强关联和带动作用的产业(安虎森等，2018)。

国内主要的研究在选择基准和定量分析方法方面，选择基准在日益完善，且研究成果都在一定程度上推动了我国区域主导产业选择理论的研究，主要有七基准、三基准、六基准等，随着区域经济发展和社会环境的变化，越来越多的学者结合了区域的特点和所处的时代背景，提出了各自区域主导产业选择的基准，例如在“互联网+”背景下提出的六指标等。通过研究发现，七基准虽然考虑到了国内国际两个市场，但是数据获取比较困难，而且现实中很难找到同时符合七基准的产业。三基准其实就是根据主导产业的定义提出的，这个选择基准提出的时间比较早，都是在研究整个国家层面的主导产业选择问题。六基准开始从区域层面来判定主导产业(刘伟，1995)。

在主导产业选择方法方面，各种区域主导产业选择的量化方法在不断丰富，研究成果丰富。通过对比各种方法的特点，可以发现，区位熵、层次分析法等分析方法对数据要求不高，适合在数据质量不高的时候使用；一些分析方法如主成分分析法、投入产出法、因子分析法等对数据的要求高，适合在数据质量高的时候使用(于刃刚，2003)。

在区域主导产业研究方面，早期主导产业研究热点集中于国家宏观层面，后期日益转移到区域微观层面上。关于青海省主导产业的选择研究比较少，本书作者构建了柴达木盆地主导产业发展评价指标，运用因子分析法对柴达木盆地的主导产业进行实证分析(李佳、黄莹、丁生喜，2021)。

第二节　青海省绿色发展基础分析

一、经济基础分析

(一) 人口城镇化水平稳步提高

从 2000 年开始，青海省城镇化进入了快速发展阶段，城镇人口不断增加。2019 年青海省的城镇年末常住人口由 1990 年的 153. 22 万人增长到了 337. 48 万人，是 1990 年的 2. 2 倍，城镇化率由 1990 年的 34. 23% 提升至 55. 52%，提升了 21. 29%，而到了 2009 年以后，农村的年末常住人口开始急速下降，城镇的年末常住人口急剧上升(见图 5-1)。

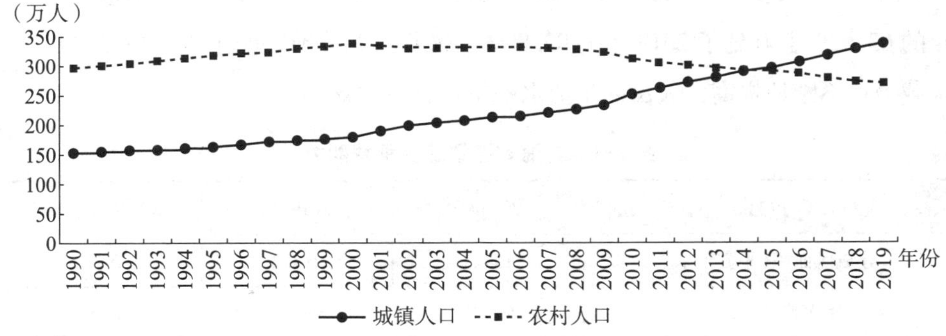

图 5-1　1990—2019 年青海省城镇人口及农村人口变化

同时，随着城镇化的推进，青海省的经济也得到快速发展，人民生活得到了极大的改善，青海省城乡人均可支配收入持续增长(见图 5-2)。

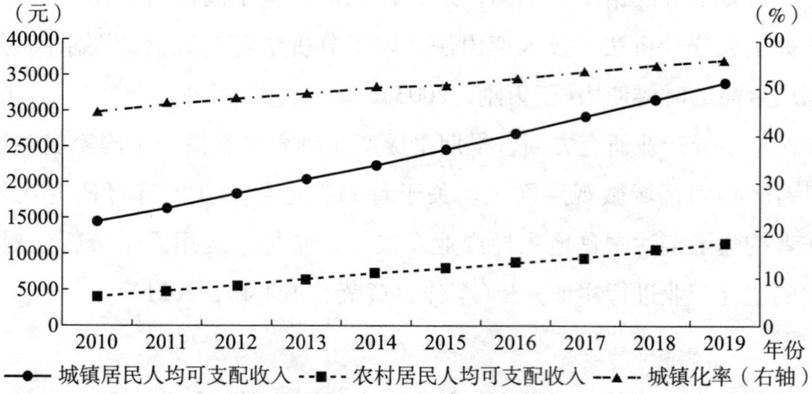

图 5-2　2010—2019 年青海省城乡居民人均可支配收入与城镇化率变化

(二)综合承载能力不断提升

从表 5-1 中可以看出，青海省通过加强城市基础设施的建设，完善了城市的功能，从而使得城镇的综合承载能力得到了显著提高。主要表现为：建成区的面积由 2015 年的 194. 3 平方千米增加至 2019 年的 215. 2 平方千米，人均公园绿地面积也由 2015 年的 10. 48 平方米扩大到了 2019 年的 11. 93 平方米。同时，市政设施、交通、生活基础设施等不断完善，用水普及率增长了 0. 18%，燃气普及率增长了 9. 16%，在 2019 年达到 93. 83%，建成区绿化覆盖率也由 2015 年的 29. 8%上升到 2019 年的 35. 2%，增长了 18. 12%。城市污水处理厂集中处理率较 2015 年提高了 83. 2%，生活垃圾无害化处理率也由 2015 年的 63. 52%上升到了 2019 年的 89. 89%。这些都充分地表明了青海省城镇综合承载力在不断地提高，人民的生活水平也在日益改善。

表 5-1　青海省城镇综合承载能力

指标	2015 年	2019 年	增长幅度(%)
建成区面积(平方千米)	194. 3	215. 2	10. 76
用水普及率(%)	99. 06	99. 24	0. 18
燃气普及率(%)	85. 96	93. 83	9. 16

续表

指标	2015 年	2019 年	增长幅度(%)
建成区绿化覆盖率(%)	29.8	35.2	18.12
人均公园绿地面积(平方米)	10.48	11.93	13.84
生活垃圾无害化处理率(%)	63.52	89.89	41.51
城市污水处理厂集中处理率(%)	47.25	86.56	83.20

资料来源：《中国统计年鉴》《青海统计年鉴》(2006，2020)。

(三)空间发展不均衡

党的十八大以来，青海省借助“一带一路”、国家城镇化空间布局等战略，并借助西部大开发、兰西城市群建设等区域性战略的发展契机，取得了长足发展，并先后完成了海东撤地设市，玉树撤县设市，平安、乐都撤县设区，撤茫崖行政委员会和冷湖行政委员会合并设市等县级以上行政区划调整事项，并根据社会经济发展情况对部分乡镇进行了调整。青海省城镇化空间布局日趋合理，但是青海省内的六州二市城镇化发展水平差异仍然较大。

从图 5-3 中可以看出，2019 年青海省的城镇化率达到了 55.52%，在全省各市州中，有两个地区的城镇化率高于全省水平，分别是西宁市(72.85%)、海西州(72.22%)，其余地区均低于全省水平，分别是海南州

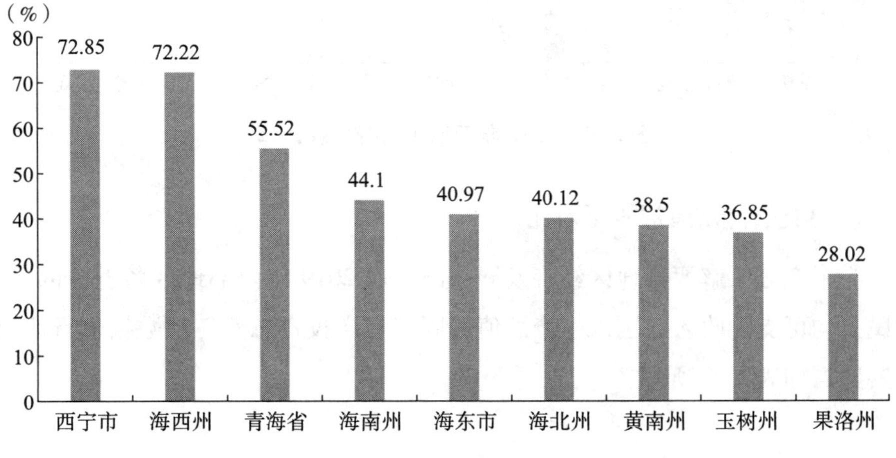

图 5-3　2019 年青海省各地区城镇化率

(44.1%)、海东市(40.97%)、海北州(40.12%)、黄南州(38.5%)、玉树州(36.85%)、果洛州(28.02%)。2019 年各地区间城镇化率的最大差距为36%，由此可以看出省内发展极不平衡。

二、青海省与西部其他省份主要发展指标对比

(一)人口城镇化发展水平对比

为了更好地研究青海省绿色城镇化发展现状，选取了 2019 年西部 12 个省份的城镇化率的统计数据进行分析(见图 5-4)。结果显示 2019 年西部地区各省份城镇化率差距较为明显，其极差为 35.25 个百分点；城镇化率的均值为 53.87%。青海省的城镇化率为 55.52%，排在第 5 位，在西部 12 个省份中处于中等偏上水平。

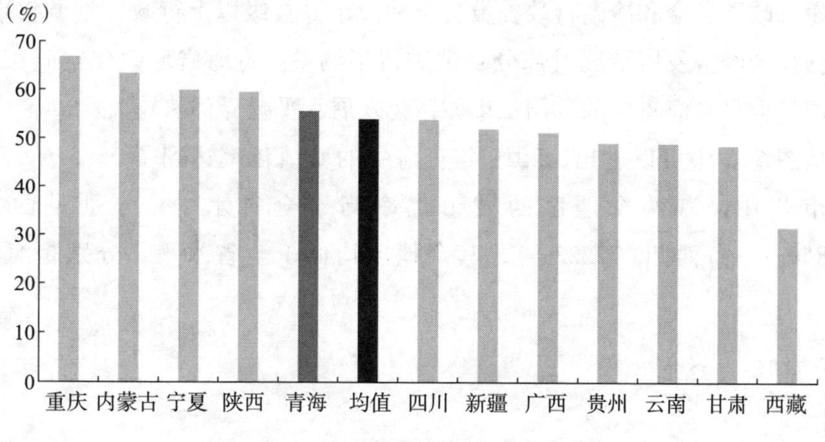

图 5-4　2019 年西部 12 省份城镇化率

(二)社会经济发展水平对比

为了充分了解西部地区经济发展状况，对 2019 年西部地区各省份的城镇居民人均可支配收入、国内生产总值和固定资产投资总额三项数据进行研究，主要数据如表 5-2 所示。

表 5-2　2019 年西部各省份社会经济发展状况

地区	城镇居民人均可支配收入(元)	GDP(亿元)	固定资产投资总额(亿元)
内蒙古	40782	17212.50	11079.52
广西	34745	21237.10	24870.75
重庆	37939	23605.80	19725.11
四川	36154	46615.80	30927.96
贵州	34404	16769.30	18128.49
云南	36238	23223.80	22370.50
西藏	37410	1697.80	2204.74
陕西	36098	25793.20	26878.93
甘肃	32323	8718.30	5835.43
青海	33830	2966.00	4390.71
宁夏	34328	3748.50	2773.10
新疆	34664	13597.10	9043.71

资料来源：《中国统计年鉴》(2020)及西部各省份统计年鉴。

从表 5-2 的数据可以综合看出，在我国西部地区城镇化发展中，青海省的城镇居民人均可支配收入、国内生产总值和固定资产投资总额都较为落后，与其他 11 个省份还存在显著的差距。

(三)生态环境对比

为了分析西部地区的生态环境水平，对 2019 年西部地区各省份的建成区绿化覆盖率、人均公园绿地面积和生活垃圾无害化处理率数据进行研究，主要数据如表 5-3 所示。

表 5-3　2019 年西部各省份生态环境水平

地区	建成区绿化覆盖率(%)	人均公园绿地面积(平方米)	生活垃圾无害化处理率(%)
内蒙古	40.50	18.71	99.80
广西	40.80	13.52	100
重庆	41.80	16.61	88.80
四川	41.80	14.03	99.80

续表

地区	建成区绿化覆盖率（%）	人均公园绿地面积（平方米）	生活垃圾无害化处理率（%）
贵州	39.40	16.38	96.60
云南	39.70	11.88	99.80
西藏	37.60	9.80	98.30
陕西	39.30	11.62	99.70
甘肃	36	14.28	100
青海	35.20	11.93	96.30
宁夏	41.30	21.05	99.90
新疆	39.9	14.88	96.3

资料来源：《中国统计年鉴》(2020)及西部各省份统计年鉴。

在西部12省份中，重庆和四川的绿化覆盖率最高，而青海省的绿化覆盖率最低，仅为35.2%，比重庆低了6.6个百分点。同时青海省的人均公园绿地面积也较低，仅为11.93平方米，比排在第一位的宁夏地区少9.12平方米。垃圾处理方面，青海省的生活垃圾无害化处理率为96.3%，在12省份中排名靠后。由此可见，青海省生态环境水平与其他省份有明显的差距。

第三节　青海省绿色城镇化发展问题研究

本节构建绿色城镇化评价指标体系，并通过熵值法和因子分析法对青海省的绿色城镇化发展水平进行测度，以便于准确认识到青海省当前在绿色城镇化建设中存在的问题。

一、评价指标体系的构建

本着为城镇绿色可持续发展提供指导的原则，在评价指标体系的构建中应遵循以下原则：一是系统性原则。该原则要求各指标之间要有一定的逻辑关系，要从整体出发去构建指标体系。二是典型性原则。该原则要求指标要有一定的典型代表性，要尽可能准确地体现出研究区域的综合特点。三是科学合理性原则。该原则要求在构建各项指标时必须以科学性为原则，可以反映出各指标之间的真实关系。四是可比、可操作、可量化原则。该原则要求所选取的指标要尽量简单明了、微观性强。

根据以上指标体系的构建原则，运用城镇化理论、绿色可持续发展理论等相关理论，同时也借鉴了国家发展改革委制定的《绿色发展指标体系》，构建可以反映出青海省绿色城镇化的本质的评价指标体系（见表 5-4）。

表 5-4 青海省绿色城镇化发展水平评价指标体系

目标层	要素层	指标层	属性
绿色城镇化	经济绿色化	人均 GDP（元）X_1	正向
		第三产业增加值占 GDP 的比重（%）X_2	正向
		万元 GDP 能耗（吨标准煤/万元）X_3	逆向
		地方财政收入（亿元）X_4	正向
		社会零售品总额（万元）X_5	正向
		第三产业从业人口占从业总人数比重（%）X_6	正向
	社会绿色化	城镇化率（%）X_7	正向
		城市人口密度（人/平方千米）X_8	正向
		城镇登记失业率（%）X_9	逆向
		万人拥有卫生机构人员数（人）X_{10}	正向
		城镇居民恩格尔系数（%）X_{11}	逆向
		城镇居民人均可支配收入（元）X_{12}	正向
		城市居民最低生活保障人数（万人）X_{13}	逆向
	基础设施绿色化	城市用水普及率（%）X_{14}	正向
		城市燃气普及率（%）X_{15}	正向
		每万人拥有公共交通车辆（标台）X_{16}	正向
		生活垃圾无害化处理率（%）X_{17}	正向
	环境绿色化	污水处理率（%）X_{18}	正向
		建成区绿化覆盖率（%）X_{19}	正向
		人均公园绿地面积（平方米）X_{20}	正向

1. 经济绿色化

在经济发展方面，主要选取了一些可以反映城市产业结构转变和经济发展水平提高的指标，一个国家和一个地区城镇化的发展过程也就是第二、第三产业持续向城市聚集的过程，同时也是产业结构不断优化和提高的过程。因此，主要选取了人均 GDP、第三产业增加值占 GDP 的比重、万元 GDP 能耗、地方财政收入、社会零售品总额和第三产业从业人口占从业总人数比重 6 个二级指标。

2. 社会绿色化

在社会方面，主要选取了一些可以反映人口的职业变化和城市人口的集中度的指标。因此，主要选取了城镇化率、城市人口密度、城镇登记失业率、万人拥有卫生机构人员数、城镇居民恩格尔系数、城镇居民人均可支配收入和城市居民最低生活保障人数 7 个二级指标。

3. 基础设施绿色化

在基础设施建设方面，主要选取了一些可以反映由于城镇化建设程度的提高而引起的人们生活质量改善的指标。因此，主要选取了城市用水普及率和城市燃气普及率，以及每万人拥有公共交通车辆和生活垃圾无害化处理率 4 个二级指标。

4. 环境绿色化

在生态环境方面，主要选取了一些可以反映垃圾处理和绿化覆盖面积的指标。因此，主要选取了污水处理率、建成区绿化覆盖率和人均公园绿地面积 3 个二级指标。

二、青海省绿色城镇化发展水平实证分析

（一）评价过程

本节仍然选取熵值法对青海省 2010—2019 年绿色城镇化发展水平进行测度（方法具体见第三章，主要步骤略），指标权重计算结果见表 5-5。

表 5-5　2010—2019 年青海省绿色城镇化发展水平评价指标体系

要素层	指标层	熵值	差异系数	权重(%)
经济绿色化	人均 GDP(元)	0.9607	0.0393	3.76
	第三产业增加值占 GDP 的比重(%)	0.9296	0.0704	6.74
	万元 GDP 能耗(吨标准煤/万元)	0.889	0.111	10.62
	地方财政收入(亿元)	0.9953	0.0047	0.45
	社会零售品总额(万元)	0.9708	0.0292	2.79
	第三产业从业人口占从业总人数比重(%)	0.9505	0.0495	4.74
社会绿色化	城镇化率(%)	0.9708	0.0292	2.79
	城市人口密度(人/平方千米)	0.9697	0.0303	2.90
	城镇登记失业率(%)	0.9493	0.0507	4.85
	万人拥有卫生机构人员数(人)	0.967	0.033	3.15
	城镇居民恩格尔系数(%)	0.9974	0.0026	0.25
	城镇居民人均可支配收入(元)	0.9624	0.0376	3.60
	城市居民最低生活保障人数(万人)	0.884	0.116	11.10
基础设施绿色化	城市用水普及率(%)	0.8138	0.1862	17.82
	城市燃气普及率(%)	0.9131	0.0869	8.32
	每万人拥有公共交通车辆(标台)	0.9903	0.0097	0.93
	生活垃圾无害化处理率(%)	0.9897	0.0103	0.98
环境绿色化	污水处理率(%)	0.9447	0.0553	5.29
	建成区绿化覆盖率(%)	0.9182	0.0818	7.83
	人均公园绿地面积(平方米)	0.9885	0.0115	1.10

由经济、社会、基础设施、环境 4 个子系统的权重乘以各个子系统城镇化水平指数，并通过求和得出青海省城镇化水平综合指数(见表 5-6)。

表 5-6　青海省各子系统城镇化水平指数及综合指数

年份	经济绿色化水平指数	社会绿色化水平指数	基础设施绿色化水平指数	环境绿色化水平指数	绿色城镇化水平综合指数
2010	0.00	0.00	0.07	0.00	0.07
2011	0.00	0.01	0.07	0.00	0.08
2012	0.01	0.02	0.07	0.00	0.10
2013	0.02	0.02	0.01	0.00	0.05
2014	0.02	0.03	0.05	0.00	0.11

续表

年份	经济绿色化水平指数	社会绿色化水平指数	基础设施绿色化水平指数	环境绿色化水平指数	绿色城镇化水平综合指数
2015	0. 04	0. 04	0. 01	0. 00	0. 08
2016	0. 05	0. 04	0. 02	0. 00	0. 12
2017	0. 06	0. 05	0. 03	0. 00	0. 14
2018	0. 07	0. 07	0. 03	0. 00	0. 17
2019	0. 08	0. 08	0. 04	0. 00	0. 21

根据表 5-6 绘制出青海省绿色城镇化发展水平指数变化曲线(见图 5-5)。

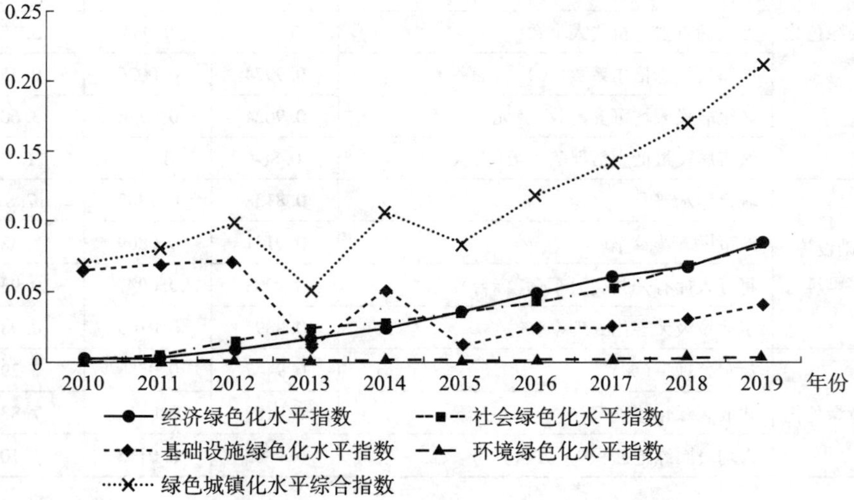

图 5-5　青海省绿色城镇化发展水平指数变化曲线

(二)评价结果分析

第一，运用上述熵值法计算过程，计算青海省绿色城镇化发展水平一级指标、二级指标权重，其中一级指标中经济绿色化居于主导地位，在二级指标中排序第一的是城市用水普及率，所占权重达到了 17. 82%。城市居民最低生活保障人数位居第二，权重达到 11. 1%。

第二，从横向角度看，青海省经济绿色化指标权重最大，环境绿色化的权重最低，这说明在绿色城镇化发展过程中，经济的绿色发展作为绿色城镇化的内在动力，在绿色城镇化建设中占据重要位置，同时也表明绿色城镇化各子系统之间发展不平衡，社会、基础设施、环境方面的绿色城镇化发展相对滞后。

第三，从纵向角度分析，2010—2019 年，青海省绿色城镇化水平综合指数由 0.07 上升到了 0.21，整体呈上升态势，中间有所波动。其中经济绿色化和社会绿色化的发展水平指数均呈现上升趋势，这表明青海省的绿色城镇化发展主要依靠经济绿色化和社会绿色化的发展支持，而基础设施绿色化和环境绿色化的表现不佳，基础设施绿色化还在波动中有所下降。因此，基础设施绿色化和环境绿色化还有很大的发展空间和发展的迫切性，所以青海省在绿色城镇化发展过程中应更加关注这两个子系统的发展。

三、西部地区绿色城镇化发展水平对比分析

（一）评价指标体系的说明

本部分原计划运用前文青海省的指标体系，但是实际采集数据过程中部分数据不全面，分析结果不合理，故只选取了 13 个指标分析西部 12 省份 2019 年绿色城镇化发展水平（见表 5-7）。

表 5-7　西部 12 省份 2019 年绿色城镇化发展水平评价指标体系

要素层	指标层
经济绿色化	第三产业增加值占 GDP 的比重（%）
	人均 GDP（元）
	社会零售品总额（万元）
社会绿色化	城镇化率（%）
	万人拥有卫生机构人员数（人）
	城镇居民恩格尔系数（%）
	城镇居民人均可支配收入（元）
	城市居民最低生活保障人数（万人）
基础设施绿色化	城市用水普及率（%）
	城市燃气普及率（%）
	每万人拥有公共交通车辆（标台）
	生活垃圾无害化处理率（%）
环境绿色化	建成区绿化覆盖率（%）

(二)评价结果分析

对西部12省份绿色城镇化发展水平的测度也选用了前文中的熵值法。通过这种方法计算出了各地区城镇化水平综合指数及排序(见表5-8)。

表5-8 西部各地区绿色城镇化水平综合指数及排序

排序	地区	绿色城镇化水平综合指数
1	四川	0.355
2	陕西	0.299
3	新疆	0.245
4	重庆	0.188
5	宁夏	0.169
6	云南	0.151
7	广西	0.141
8	贵州	0.132
9	内蒙古	0.126
10	青海	0.116
11	甘肃	0.125
12	西藏	0.075

西部各省份地处偏远地区，因而其绿色城镇化发展水平整体不高，其绿色城镇化建设存在短板。相对而言，四川、陕西发展较好，青海、甘肃、西藏较为落后。

四、青海省内各区域绿色城镇化发展水平分析

青海省整体绿色城镇化水平在西部处于滞后状态，但是由于省内发展差异较大，各区域存在的问题各不相同。因此本部分选取因子分析法对青海省六州二市2019年绿色城镇化发展水平进行了测度，计算得出了青海省六州二市的综合因子得分，分析青海省各州市的绿色城镇化发展水平差异。计算出的各因子得分和综合因子得分见表5-9。

表 5-9 青海省各州市绿色城镇化得分情况

地区	F_1(生态环境因子)	F_2(经济发展因子)	综合因子得分	排序
西宁市	-1.46	3.86	4.31	2
海东市	-0.87	2.38	2.48	5
海北州	-0.86	2.24	2.42	6
黄南州	-0.96	2.52	2.73	4
海南州	-0.97	2.54	2.75	3
果洛州	-0.58	1.53	1.65	7
玉树州	-0.38	0.99	1.08	8
海西州	-3.41	8.89	9.61	1

由表 5-9 计算结果可知，青海省六州二市的绿色城镇化水平相差较大，存在着明显的不平衡。通过因子分析，可以看出玉树藏族自治州和果洛藏族自治州两个地区的绿色城镇化水平相较于其他地区较低。特别是玉树地区，其综合因子得分最低，与其他区域有着很大的差异。海西州和西宁市两个地区的绿色城镇化发展水平较高，与全省其他地区相比处于靠前的位置。特别是海西州，它是全省中绿色城镇化水平最高的一个地区，这是因为其经济总量大，从而带动了其绿色城镇化发展，这也从侧面反映出了经济发展可以带动绿色城镇化的发展。海东、海北等地区的绿色城镇化发展水平处于中间位置。

这个计算结果反映出绿色发展必须有坚强的经济基础支撑，而经济发展水平不高正是制约青海省绿色城镇化发展的关键因素。

第四节 青海省绿色主导产业选择实证研究

本章前面几节对绿色发展的理论与相关文献进行了梳理，阐述绿色发展的必要性，对绿色城镇化发展进行定量评价。本节从主导产业选择与绿色发展方面进行探讨，为青海省经济与生态环境协调发展提供产业绿色发展思路。

一、青海省工业主导产业选择指标体系的构建

(一)指标体系构建思路

本部分研究综合了相关文献研究所采用的选择基准，又考虑到数据可获得性等因素，最终决定采用产业关联度基准、产业规模基准、筱原二基准、社会效益基准、比较优势基准作为青海省工业主导产业的选择基准，并据此建立评价指标体系。

在构建指标体系时需要遵循以下原则：第一，要考虑指标的可操作性，其中重要的是数据的可获得性，选取的指标应当尽量符合所需，指标数据在统计年鉴等资料上可以直接查阅到，确保指标的可操作性；第二，应当根据指标所代表的经济含义，客观进行取舍、筛选，确保能得出一个不受主观因素影响的严谨结果；第三，选取的指标应当全面涵盖六个选择基准。根据这些原则，再综合考虑青海省的实际情况，筛选出 11 项具体指标构成青海省工业主导产业选择的指标体系(见表 5-10)。

表 5-10　青海省工业主导产业选择的指标体系

<table>
<tr><th>一级指标</th><th>二级指标</th><th>三级指标</th></tr>
<tr><td rowspan="11">青海省工业主导产业选择指标体系</td><td>产业关联度基准</td><td>产业关联度(x_1)</td></tr>
<tr><td rowspan="3">产业规模基准</td><td>总产值比重(x_2)</td></tr>
<tr><td>利税额比重(x_3)</td></tr>
<tr><td>固定资产比重(x_4)</td></tr>
<tr><td rowspan="2">筱原二基准</td><td>需求收入弹性系数(x_5)</td></tr>
<tr><td>生产率上升率(x_6)</td></tr>
<tr><td rowspan="2">社会效益基准</td><td>就业吸纳率(x_7)</td></tr>
<tr><td>能源消耗产值(x_8)</td></tr>
<tr><td rowspan="3">比较优势基准</td><td>区位熵(x_9)</td></tr>
<tr><td>市场占有率(x_{10})</td></tr>
<tr><td>销售利润率(x_{11})</td></tr>
</table>

(二)指标的计算方法

1. 反映产业关联度基准的指标

由于某产业部门的产业关联度与该产业部门的销售收入、固定资本、流动资本之间存在着一定的正相关关系，因此，可以用这三项的总和作为反映产业关联度基准的指标(x_1)，x_1 越大的产业带动效果越强。

2. 反映产业规模基准的指标

(1)总产值比重

总产值比重可以反映产业的产值与其他产业的相对量，计算公式为：

$$x_2 = \frac{y_i}{\sum_{i=1}^{n} y_i} (i = 1, 2, \cdots, n) \tag{5-1}$$

用文字表述为：某产业总产值比重=该产业总产值/地区所有产业总产值。

(2)利税额比重

产业的利税额是产业的利润和应缴纳的税金的总和，同样可以反映出产业的规模，计算公式为：

$$x_3 = \frac{t_i}{\sum_{i=1}^{n} t_i} (i = 1, 2, \cdots, n) \tag{5-2}$$

用文字表述为：某产业利税额比重=该产业利税总额/地区所有产业利税总额。

(3)固定资产比重

固定资产比重也是可以反映产业规模的比重之一，计算公式为：

$$x_4 = \frac{f_i}{\sum_{i=1}^{n} f_i} (i = 1, 2, \cdots, n) \tag{5-3}$$

用文字表述为：某产业的固定资产比重=该产业的固定资产/地区所有产业固定资产之和。

x_2、x_3、x_4 三项指标均为正向指标，与产业规模存在正相关关系，这三项指标值越大的产业，规模也就越大，相应地，也更有可能成为区域主导产业。

3. 反映筱原二基准的指标

(1)需求收入弹性系数

需求收入弹性系数可以反映出随着国民收入变化，某产业需求变化的情况，由此可以判断产业的发展潜力，其计算公式为：

$$x_5=\frac{\Delta q_i/q_i}{\Delta y/y} \tag{5-4}$$

可用文字表述为：某部门产品的需求收入弹性=该部门产品需求量增长率/国民收入增长率。

需求收入弹性系数越高，产业的产品需求对于国民收入水平的变动就越敏感，相应地该产业就有较强的发展潜力。

(2)生产率上升率

生产率上升率可以从供给方面反映产业部门的生产能力和发展潜力，而技术进步是影响这一切最主要的因素，因此可以用来衡量产业的技术进步能力，其计算公式为：

$$x_6=\frac{\text{报告期生产率}-\text{基期生产率}}{\text{基期生产率}} \tag{5-5}$$

其中：

$$\text{生产率}=(\frac{\text{产业报告期的增加值}}{\text{产业基期的增加值}}-1)\times100\% \tag{5-6}$$

生产率上升越快的产业，会在区域经济系统中占据越来越大的优势，对区域经济增长发挥的作用也就越大。

4. 反映社会效益基准的指标

(1)就业吸纳率

产业的就业吸纳率反映了某产业部门吸纳劳动力就业的情况，其计算公式为：

$$x_7=\frac{\text{某产业部门的就业人数}}{\text{该产业部门的产值}} \tag{5-7}$$

某产业就业吸纳率越高，解决劳动力就业问题的能力就越强，也能说明该产业更能有效地利用劳动力资源，反之，则说明该产业部门带动就业的能力弱。

(2)能源消耗产值

能源的消耗产值可以用来反映产业部门可持续发展的情况，其计算公式为：

$$x_8=\frac{\text{产业的产值}}{\text{产业的能源消耗总量}} \tag{5-8}$$

能源的消耗产值指标值越大的产业部门，利用能源的效率就越高，生产中也更能做到节约资源，反之，则能源利用效率低，容易造成资源浪费。

5. 反映比较优势基准的指标

(1)区位熵

主导产业自身需要具备一定的区位比较优势，在区域经济学中，产业的区位比较优势通常用区位熵来判断，区位熵可以表现出区域内某产业的专业化程度，其计算公式为：

$$x_9=\frac{y_{ij}/y_i}{q_{ij}/q_i} \tag{5-9}$$

其中，y_{ij}为某地区某产业的产值，y_i 为该地区总产值；q_{ij}为高层次该产业的总产值，q_i 为高层次区域的总产值。

区位熵越大的产业部门自身专业化程度越高，当区位熵小于或等于 1 时，该产业部门为自给性部门，当区位熵大于 1 时，该产业部门为专业化部门。

(2)市场占有率

同区位熵一样，市场占有率也可以反映区域内某产业相对于其他区域的比较优势，计算公式为：

$$x_{10}=\frac{\text{某区域某产业销售收入}}{\text{全国同类产业销售总收入}} \tag{5-10}$$

(3)销售利润率

销售利润率的计算公式为：

$$x_{11}=\frac{\text{产业利润总额}}{\text{产业销售总收入}} \tag{5-11}$$

销售利润率越大的产业获利能力就越强，自然也更有可能成为主导产业。

(三)数据来源与分析方法

1. 数据来源

考虑到数据的可获得性以及青海省产业发展现状，本文选取统计年鉴中工业类别下规模以上工业企业数据，其中，由于部分制造业的主要数据缺失，因此，本文最终选取了青海省 28 个规模以上工业企业的数据，从中筛选青海省主导产业。应用到的所有数据均来自 2020 年度《青海统计年鉴》《中国统计年鉴》以及《中国工业统计年鉴》发布的 2019 年数据。其中，由于自 2013 年以后《青海统计年鉴》不再公布规模以上工业企业就业人数，因此就业吸纳率指标(x_7)所需数据通过《青海统计年鉴》(2013)，进行推算得到。

2. 主成分分析法

主成分分析法(PCA)是一种综合评价分析方法，基本原理是利用降维思想，抽取主成分，即把多个指标转变为少数几个综合指标，从而简化数据集。操作时要求抽取的主成分必须能够反映出原始变量大部分信息。该方法的主要优点是避免主观赋权，客观性较强，分析结果更加精确。缺点是对数据要求较高，缺乏层次处理等。

二、青海省工业各产业部门评价指标分析

(一)指标的计算

本文运用 Excel 软件对青海省 28 个规模以上工业产业部门的 11 个指标进行测算，得出原始指标 x_1 产业关联度、x_2 总产值比重、x_3 利税额比重、x_4 固定资产比重、x_5 需求收入弹性系数、x_6 生产率上升率、x_7 就业吸纳率、x_8 能源消耗产值、x_9 区位熵、x_{10}市场占有率、x_{11}销售利润率，运算结果如表 5-11 所示。

表 5-11　青海省规模以上工业产业部门各指标数值

产业部门	x_1	x_2	x_3	x_4	x_5	x_6	x_7	x_8	x_9	x_{10}	x_{11}
煤炭开采和洗选业	1233213	0.0098	0.0493	0.0078	-1.1805	-5.2491	0.0105	31988.57	0.1563	0.0011	0.0571
石油和天然气开采业	5224472	0.0743	0.3347	0.0927	1.5821	-0.5	0.0197	10191.14	3.4836	0.02	0.25
黑色金属矿采选业	403496	0.0009	-0.0003	0.0074	-3.5544	-6.2905	0.0083	5087.1	0.0453	0.0014	-0.0034
有色金属矿采选业	778123	0.0106	0.0752	0.0056	-4.9498	-0.9275	0.0263	17618.45	0.531	0.0064	0.1224
非金属矿采选业	180942	0.0025	0.0074	0.0010	0.0980	-0.9307	0.01	1088.16	0.1434	0.0016	0.0088
农副食品加工业	1135002	0.0240	0.0090	0.0087	-4.5680	-7.1515	0.0122	91541.83	0.1109	0.0009	0.0175
食品制造业	848002	0.0288	0.0122	0.0100	1.4495	-0.5677	0.0143	273468.44	0.3891	0.0016	0.0207
酒、饮料和精制茶制造业	479350	0.0187	0.0164	0.0025	-4.3395	-1.6985	0.0143	193356.85	0.3119	0.0015	0.0075
纺织业	314686	0.0048	0.0007	0.0031	-6.5029	-1.8361	0.0262	91371.54	0.0376	0.0004	0.0013
纺织服装、服饰业	261273	0.0061	0.0033	0.0035	-6.2229	-6.4848	0.0177	211284.72	0.0819	0.0004	0.0049
印刷和记录媒体复制业	83850	0.0025	0.0006	0.0004	-1.7557	-0.8943	0.0192	182394.12	0.0966	0.0009	0.0006
文教、工美、体育和娱乐用品制造业	316937	0.0056	0.0007	0.0027	-7.1238	-5.125	0.0045	310042.22	0.1052	0.0011	0.0001
石油加工、炼焦和核燃料加工业	537292	0.0080	-0.0004	0.0072	0.5076	-1.9667	0.0123	5383.32	0.0742	0.0006	-0.0091
化学原料和化学制品制造业	13651078	0.1455	0.2562	0.2089	-1.0279	-0.1111	0.0119	4840.01	0.5325	0.0041	0.2276

续表

产业部门	x_1	x_2	x_3	x_4	x_5	x_6	x_7	x_8	x_9	x_{10}	x_{11}
医药制造业	706745	0. 0194	0. 0154	0. 0079	−3. 0688	0. 3143	0. 0224	207256. 65	0. 2165	0. 0013	0. 018
橡胶和塑料制品业	74863	0. 0013	0. 0010	0. 0004	−2. 6472	23. 625	0. 0119	15948. 53	0. 0126	0. 0001	0. 0004
非金属矿物制品业	3708989	0. 0499	0. 0358	0. 0520	−3. 5154	−0. 7564	0. 0122	5392. 29	0. 2516	0. 002	0. 0295
黑色金属冶炼和压延加工业	4372002	0. 0675	0. 0000	0. 0468	0. 3986	−5. 3	0. 0064	2805. 83	0. 3555	0. 0029	−0. 0408
有色金属冶炼和压延加工业	11425808	0. 2627	0. 0225	0. 0811	−1. 0348	0. 1493	0. 0197	5453. 47	1. 7076	0. 011	−0. 0204
金属制品业	248880	0. 0047	0. 0003	0. 0018	−3. 6541	−0. 6674	0. 0244	36151. 4	0. 0376	0. 0002	−0. 0016
通用设备制造业	512427	0. 0069	0. 0052	0. 0044	−0. 7234	−1. 2908	0. 0081	118104. 83	0. 0451	0. 0003	0. 0065
专用设备制造业	164316	0. 0055	0. 0014	0. 0012	0. 8950	−2. 5168	0. 002	719431. 58	0. 0462	0. 0001	0. 002
通信设备、计算机和其他电子设备制造业	37097	0. 0032	−0. 0002	0. 0003	5. 0212	−0. 4749	0. 0354	80481. 82	0. 0103	0	−0. 0011
电气机械和器材制造业	1877211	0. 0415	0. 0383	0. 0155	−1. 1490	0. 4406	0. 006	135293. 73	0. 178	0. 0013	0. 0729
仪器仪表制造业	37311	0. 0006	0. 0006	0. 0002	1. 4430	−0. 2262	0. 0249	4265. 12	0. 0198	0. 0002	0. 0003
电力、热力生产和供应业	21059493	0. 1879	0. 1014	0. 4225	1. 0032	0. 8372	0. 0048	80695. 13	1. 0705	0. 0091	0. 2024
燃气生产和供应业	185340	0. 0017	0. 0072	0. 0019	4. 9498	−19. 4773	0. 0123	8692. 17	0. 0904	0. 0013	0. 0146
水的生产和供应业	195685	0. 0010	0. 0058	0. 0024	0. 3993	1. 2	0. 0402	3597. 98	0. 1536	0. 0015	0. 0113

利用 IBM SPSS Statistics 22.0 默认方法 z-score 对表 5-11 数据进行标准化处理，以解决数据性质不同问题(标准化数据表略)。

(二)相关性判断

根据相关系数矩阵表(略)，11 个指标变量之间有三处相关性较强，分别为：产业关联度(x_1)与总产值比重(x_2)的相关性系数达到了 0.897，产业关联度(x_1)和固定资产比重(x_4)的相关性系数达到了 0.956，区位熵(x_9)和市场占有率(x_{10})的相关性系数达到了 0.98。因此，可以进行主成分分析。

(三)主成分个数的选取

运用 IBM SPSS Statistics 22.0 软件对青海省 28 个规模以上工业企业的 11 个指标进行主成分分析，将各产业得分综合排名。

根据主成分的特征值必须大于 1 和提取的主成分必须反映原始变量的绝大部分信息两个标准，提取了 5 个主成分。由总方差解释表(见表 5-12)可以清楚直观地看出，前 5 个主成分的特征值均大于 1，且累计贡献率已经达到了 87.233%，超过了 85%，因此，这 5 个主成分可以反映出 11 个指标的绝大部分信息。

表 5-12　总方差解释

成分	初始特征值			提取载荷平方和		
	总计	方差百分比(%)	累计百分比(%)	总计	方差百分比(%)	累计百分比(%)
1	4.426	40.239	40.239	4.426	40.239	40.239
2	1.600	14.547	54.787	1.600	14.547	54.787
3	1.458	13.252	68.038	1.458	13.252	68.038
4	1.084	9.852	77.890	1.084	9.852	77.890
5	1.028	9.343	87.233	1.028	9.343	87.233
6	0.630	5.724	92.957	—	—	—
7	0.397	3.611	96.569	—	—	—
8	0.240	2.185	98.753	—	—	—
9	0.126	1.145	99.898	—	—	—
10	0.011	0.097	99.995	—	—	—
11	0.001	0.005	100.000	—	—	—

（四）主成分综合值计算与排名

成分得分系数矩阵如表 5-13 所示。

表 5-13　成分得分系数矩阵

	成分				
	1	2	3	4	5
z-score(x_1)	0.199	-0.150	0.152	0.202	-0.209
z-score(x_2)	0.191	-0.091	0.105	0.168	-0.131
z-score(x_3)	0.178	0.107	-0.084	-0.180	0.262
z-score(x_4)	0.185	-0.154	0.175	0.201	-0.209
z-score(x_5)	0.053	0.360	0.242	-0.112	-0.488
z-score(x_6)	0.022	0.048	-0.130	0.778	0.330
z-score(x_7)	-0.026	0.426	-0.333	0.191	-0.120
z-score(x_8)	-0.068	-0.023	0.504	-0.048	0.515
z-score(x_9)	0.187	0.175	-0.101	-0.223	0.323
z-score(x_{10})	0.198	0.128	-0.114	-0.202	0.253
z-score(x_{11})	-0.027	0.445	0.389	0.184	0.069

由成分得分系数矩阵可以得到主成分表达式中每个指标对应的系数，进而得出 F_1、F_2、F_3、F_4、F_5 每一个主成分的表达式为：

$F_1 = 0.199\times x_1 + 0.191\times x_2 + 0.178\times x_3 + 0.185\times x_4 + 0.053\times x_5 + 0.022\times x_6 - 0.026\times x_7 - 0.068\times x_8 + 0.187\times x_9 + 0.198\times x_{10} - 0.027\times x_{11}$

$F_2 = -0.15\times x_1 - 0.091\times x_2 + 0.107\times x_3 - 0.154\times x_4 + 0.36\times x_5 + 0.048\times x_6 + 0.426\times x_7 - 0.023\times x_8 + 0.175\times x_9 + 0.128\times x_{10} + 0.445\times x_{11}$

$F_3 = 0.152\times x_1 + 0.105\times x_2 - 0.084\times x_3 + 0.175\times x_4 + 0.242\times x_5 - 0.13\times x_6 - 0.333\times x_7 + 0.504\times x_8 - 0.101\times x_9 - 0.114\times x_{10} + 0.389\times x_{11}$

$F_4 = 0.202\times x_1 + 0.168\times x_2 - 0.180\times x_3 + 0.201\times x_4 - 0.112\times x_5 + 0.778\times x_6 + 0.191\times x_7 - 0.048\times x_8 - 0.223\times x_9 - 0.202\times x_{10} + 0.184\times x_{11}$

$F_5 = -0.209\times x_1 - 0.131\times x_2 + 0.262\times x_3 - 0.209\times x_4 - 0.488\times x_5 + 0.33\times x_6 - 0.12\times x_7 + 0.515\times x_8 + 0.323\times x_9 + 0.235\times x_{10} + 0.069\times x_{11}$

根据每个主成分的贡献率与所有主成分的贡献率之和的比例，计算出各个主成分的权重，据此得出青海省工业主导产业的选择模型：

$$F=0.4613\times F_1+0.1668\times F_2+0.1519\times F_3+0.1129\times F_4+0.1071\times F_5$$

最终计算得出青海省规模以上工业企业综合得分排名，如表 5-14 所示。

表 5-14　青海省规模以上工业企业综合排名

产业部门	F_1	F_2	F_3	F_4	F_5	F
石油和天然气开采业	2.727	2.077	-1.140	-1.971	2.342	1.459
电力、热力生产和供应业	2.758	-1.365	1.577	1.305	-1.317	1.291
有色金属冶炼和压延加工业	1.897	0.132	-0.132	0.602	-0.254	0.918
化学原料和化学制品制造业	1.838	-0.630	0.286	0.588	-0.493	0.800
通信设备、计算机和其他电子设备制造业	-0.616	3.529	1.314	1.149	-1.161	0.510
专用设备制造业	-0.787	0.324	3.404	-0.298	1.827	0.370
食品制造业	-0.274	0.618	1.035	0.017	0.275	0.165
橡胶和塑料制品业	-0.435	-0.363	-1.004	2.996	1.049	0.037
电气机械和器材制造业	-0.129	-0.505	0.391	0.060	0.197	-0.056
医药制造业	-0.421	0.203	-0.058	0.398	0.598	-0.060
酒、饮料和精制茶制造业	-0.415	-0.124	0.221	0.036	0.858	-0.083
非金属矿物制品业	0.095	-0.635	-0.359	0.275	-0.139	-0.100
黑色金属冶炼和压延加工业	0.222	-0.539	0.260	-0.478	-0.992	-0.108
有色金属矿采选业	0.065	0.149	-1.531	-0.197	0.742	-0.120
水的生产和供应业	-0.415	1.201	-1.420	0.640	-0.838	-0.224
通用设备制造业	-0.466	-0.328	0.317	-0.113	-0.109	-0.246
印刷和记录媒体复制业	-0.542	-0.059	-0.143	0.041	0.202	-0.255
煤炭开采和洗选业	-0.245	-0.222	-0.075	-0.633	-0.369	-0.272
仪器仪表制造业	-0.486	0.622	-0.635	0.254	-1.006	-0.296
金属制品业	-0.567	0.177	-0.724	0.455	-0.098	-0.301
石油加工、炼焦和核燃料加工业	-0.386	-0.061	-0.166	-0.148	-0.786	-0.315
纺织服装、服饰业	-0.658	-0.409	0.069	-0.346	0.731	-0.322
非金属矿采选业	-0.333	-0.278	-0.373	-0.251	-0.520	-0.341
文教、工美、体育和娱乐用品制造业	-0.625	-1.461	0.443	-0.632	1.433	-0.383
农副食品加工业	-0.406	-0.731	-0.157	-0.608	0.035	-0.398
纺织业	-0.620	-0.351	-1.035	0.323	0.413	-0.421
黑色金属矿采选业	-0.430	-1.108	-0.634	-0.828	-0.328	-0.608
燃气生产和供应业	-0.347	0.139	0.267	-2.637	-2.293	-0.640

三、青海省工业主导产业评价结果分析

根据综合评分的结果，选取排名前十位的规模以上工业企业作为青海省备选主导产业，它们分别是：石油和天然气开采业，电力、热力生产和供应业，有色金属冶炼和压延加工业，化学原料和化学制品制造业，通信设备、计算机和其他电子设备制造业，专用设备制造业，食品制造业，橡胶和塑料制品业，电气机械和器材制造业，医药制造业。现根据青海省实际情况，以及十大主导产业备选产业在各个指标的具体情况，对这十大主导产业备选产业进行具体分析。

(1)石油和天然气开采业，电力、热力生产和供应业，有色金属冶炼和压延加工业，化学原料和化学制品制造业，食品制造业。这些产业部门在多个指标方面都占有优势，在不占优势的指标中排名也在中间位置，并没有太过明显的劣势。但这五大主导产业作为青海省的现状主导产业，总体都是资源密集型产业，技术含量低，可持续发展能力不足，急需技术升级改造，以符合青海省绿色化发展的需求。

(2)通信设备、计算机和其他电子设备制造业。通信设备、计算机和其他电子设备制造业，综合排名第五位，其中该产业的需求收入弹性系数在被研究的28个工业行业中最高，就业吸纳率也很占优势，但是区位熵和市场占有率最低，反映出产业规模较小，不具有区域比较优势和竞争优势，但其具有技术进步优势，有利于绿色发展，因此应作为青海省未来的主导产业，重点发展。

(3)专用设备制造业。专用设备制造业综合排名第六，该产业在能源消耗方面的产出率最高，也就是说，该产业是28个产业中最环保、污染最小的产业，符合绿色发展需求，在生产率上升率中也比较占优势，但是该产业在总产值比重、利税额比重、固定资产比重、区位熵、市场占有率方面都不占优势，排名较为靠后，反映出该产业规模不大，也不具有比较优势，因此要作为青海省未来的主导产业，重点加以扶持。

(4)橡胶和塑料制品业。橡胶和塑料制品业综合排名第八，该产业在生产率上升率方面很占优势，贡献很大。但是该产业在一些其他指标上不占优势，

比如总产值比重、市场占有率均偏低，区位熵值、需求收入弹性系数值偏小，说明专业化程度不足，市场规模不大。再加上该产业部门作为传统产业，技术进步方面的潜力不大，对资源比较依赖，环境污染较大，因此未来不适合作为青海省的主导产业。应当进行产业技术改造，减少污染与资源消耗，促进循环经济发展，才能适应青海省绿色发展的需要。

（5）电气机械和器材制造业。电气机械和器材制造业综合排名第九位，其中，该产业的生产率上升率、销售利润率、能源消耗产值较高，反映出了良好的发展前景，但是目前来看该产业市场占有率低、就业吸纳率低，反映产业规模的指标值均偏小。因此该产业可以作为青海省未来的主导产业，符合青海省绿色发展要求。

（6）医药制造业。医药制造业综合排名第十位，该产业在生产率上升率、就业吸纳率方面排名比较靠前，而且相对来说比较环保，能源消耗产值排名也比较靠前，但是医药制造业的需求收入弹性系数在所有主导产业备选产业中最小，而且为负值，并且其产品用途有限，与其他产业的关联度不强。考虑到高质量发展中居民健康生活是重要的指标，未来会产生广泛而持续的需求，医药制造业也应作为青海省未来的主导产业，并与青藏高原绿色有机药材生产相结合，形成绿色产业链。

四、青海省第三产业中主导产业选择的实证分析

（一）第三产业主导产业评价指标体系

近年来，我国第三产业正在迅速发展壮大，第三产业发展水平已经成为衡量一个区域经济发展水平的标志。在青海省，第三产业已经成为占 GDP 比重最大的产业，主导产业的选择同样应该将第三产业考虑在内。由于青海省第三产业可获得的数据有限，以及第二产业的一些指标不能同时用来衡量第三产业，因此，本部分重新建立了指标体系用来评价第三产业主导产业，其中选择基准部分沿用第二产业的选择基准，对指标做了一些调整，如表 5-15 所示。

表 5-15 青海省第三产业主导产业选择的指标体系

一级指标	二级指标	三级指标	指标计算公式
青海省第三产业主导产业选择的指标体系	产业规模基准	产值比重(y_1)	y_1=某产业的产值/所有产业总产值
		资产比重(y_2)	y_2=某产业的总资产/所有产业总资产
	生产率上升率基准	生产率上升率(y_3)	参见前文
	社会效益基准	就业吸纳率(y_4)	参见前文
	比较优势基准	营业收入比重(y_5)	y_5=某产业营业收入/所有产业营业收入合计
		增加值占 GDP 比重(y_6)	y_6=某产业的增加值/所在区域当年 GDP

其中，生产率上升率(y_3)、就业吸纳率(y_4)与第二产业中的计算方法相同，产值比重(y_1)、资产比重(y_2)、营业收入比重(y_5)、增加值占 GDP 比重(y_6)计算公式见表 5-15。

(二)第三产业各指标计算分析

本节选取了青海省第三产业中的 8 个主要行业进行分析，统计数据全部来自《青海统计年鉴》、青海省第四次全国经济普查公报，指标数据的计算使用 Excel 软件完成，计算结果如表 5-16 所示。

表 5-16 青海省主要第三产业各指标数值

产业部门	y_1	y_2	y_3	y_4	y_5	y_6
批发和零售业	0. 1318	0. 1153	0. 3803	0. 0564	-0. 00874	0. 0621
交通运输、仓储和邮政业	0. 0792	0. 0609	-0. 6525	0. 0496	-0. 34562	0. 0373
住宿和餐饮业	0. 0381	0. 0062	-0. 1753	0. 0591	-0. 56744	0. 0179
信息运输、软件和信息技术服务业	0. 0905	0. 0088	-0. 2317	0. 0154	-0. 48821	0. 0426
金融业	0. 2047	0. 4058	-0. 9440	0. 0136	2. 43751	0. 0965
房地产业	0. 0492	0. 1090	0. 0787	0. 0691	-0. 33221	0. 0232
租赁和商务服务业	0. 0560	0. 1595	1. 2213	0. 1001	-0. 23232	0. 0264
科学研究和技术服务业	0. 0433	0. 0319	-0. 3488	0. 0477	0. 0308	0. 0134

数据标准化处理、指标的分析与第二产业所用的 z-score 方法和主成分分析法相同，具体操作步骤与分析过程与前文类似，计算出青海省第三产业的主成分表达式与主导产业的选择模型为：

$F_1 = 0.227 \times y_1 + 0.197 \times y_2 - 0.137 \times y_3 - 0.163 \times y_4 + 0.223 \times y_5 + 0.224 \times y_6$

$F_2 = 0.099 \times y_1 + 0.363 \times y_2 + 0.556 \times y_3 + 0.503 \times y_4 + 0.169 \times y_5 + 0.117 \times y_6$

$F = 0.75996 F_1 + 0.24005 F_2$

最终计算得出青海省第三产业行业综合排名，如表 5-17 所示。

表 5-17 青海省主要第三产业综合排名

产业部门	F_1	F_2	F
金融业	2. 3121	0. 2786	1. 8239
批发和零售业	0. 2378	0. 6571	0. 3385
租赁和商务服务业	-0. 7640	1. 9442	-0. 1139
交通运输、仓储和邮政业	-0. 0773	-0. 7318	-0. 2344
信息运输、软件和信息技术服务业	0. 0121	-1. 1196	-0. 2595
房地产业	-0. 5002	0. 2528	-0. 3195
科学研究和技术服务业	-0. 5361	-0. 7755	-0. 5936
住宿和餐饮业	-0. 6844	-0. 5057	-0. 6415

（三）青海省第三产业主导产业评价结论与绿色发展思路

通过表 5-17 可以计算出第三产业中 8 个行业的综合得分平均值，在平均值以上的产业部门有：金融业、批发和零售业，可以将这两大产业作为青海省第三产业中的主导产业备选产业加以分析。

1. 金融业

金融业排在第一位关键是因为具有规模优势和增加值方面的比较优势，金融业在这 8 个行业中营业收入最多，产值比重、资产比重最大，增加值占 GDP 的比重最大，已经达到了 9. 65%，反映出该产业规模大，经济效益高，区位比较优势明显。并且，作为生产性服务业，对于辐射带动其他产业也具有重要作用。因此，金融业可以被确定为青海省第三产业中的主导产业之一，并且以绿色金融助力青海绿色发展。

2. 批发和零售业

批发和零售业综合排名第二，在占有优势的指标方面与金融业类似，也反映了该产业比较大的规模和区位比较优势，事实上在各个地区，批发和零售业通常都具有一定的规模，因为这一产业与人们的日常生活息息相关。除此之外，批发和零售业的生产率上升率也比较高，反映了该产业较强的技术进步能力，表现出了这一传统第三产业正在优化升级的良好趋势。因此，批发和零售业同样可以确定为青海省的主导产业。

本节研究中，由于获取数据受到限制，对第三产业中主导产业选择评价并不全面，比如旅游业作为朝阳产业，没有加以分析。对第一产业也没有做主导产业评价，因此研究结论存在局限性。事实上，青海省高原冷凉农作物比如青稞、马铃薯、油菜籽、枸杞、藜麦以及牦牛、藏羊等畜产品极具优势特色，迫切需要系统研究青藏高原绿色有机农畜产品产业化发展相关问题。

第六章

结论与对策建议

青海省拥有“三江源”的美称，青海省委省政府高度重视生态文明建设，先后出台了一系列促进生态文明建设和绿色发展的制度政策。根据党的十九大报告和党的十九届五中全会中提出经济发展与生态环境保护协调发展的新要求，青海省需要从经济发展、空间开发、完善政策、产业结构调整等方面促进经济与生态环境协调发展，实现绿色发展。

第一节　评价结论

一、青海省区域经济增长过程中生态环境压力依然突出

一般来说，在经济迅速发展的阶段，区域经济与环境之间协调发展的矛盾要大一些。通过选取人均 GDP 作为衡量经济增长指标，人均工业二氧化硫排放量、人均一般工业固体废物产生量和人均工业废水排放量为环境污染物指标，实证研究发现青海省的经济增长与环境污染之间存在正相关关系，预测随着经济增长，环境污染可能有恶化的趋势。2019 年，青海省生产总值达到 2965.95 亿元，人均 GDP 为 48981 元，不仅总量小，人均 GDP 也低于全国平均水平，说明青海省经济增长需求仍然是必要而紧迫的。目前，青海省与我国西部“丝绸之路经济带”大部分地区都处于工业化中期过渡的加速发展阶段，对生态环境提出了更大的挑战，要避免重走“先发展、后治理”的旧经济发展之路。

二、青海省区域经济发展与生态环境协调程度波动上升

从综合发展水平来看，经济发展水平平稳上升，生态环境发展水平呈阶梯式上升。先后经历生态环境综合发展水平高于经济综合发展水平，经济综合发展水平高于生态环境综合发展水平，到生态环境综合发展水平再次高于经济发展水平。从协调度来看，整体处于中级协调和优质协调区间之内，中间略有波动。在2005—2011年处于优质协调；2012—2014年持续下降；2015年回升为优质协调；2016年又开始下降。从协调发展水平来看，青海省环境状态综合水平得分较低，东部重点开发区域生态环境综合发展水平对协调度和协调发展水平影响大于经济综合发展水平，环境发展压力大。青海省耦合度与耦合协调度达到中级协调水平，陕西和甘肃达到良好协调水平，青海省存在协调发展差距。

三、青海省新型城镇化与环境质量协调发展存在区域差异

通过人口、经济、空间、社会城镇化各个方面的部分指标数据对青海省新型城镇化分析发现，青海省城镇化水平整体呈上升趋势，与其他地区仍有差距；环境各方面的数据表明青海省的环境质量有待进一步提高。利用因子分析对新型城镇化水平和环境质量进行实证研究，发现两者的综合得分在近几年有所提高，环境质量得分呈波动上升；通过耦合协调度计算对青海省新型城镇化与环境质量的协调情况进行研究，发现两者的协调水平从严重失调逐渐演进为中级协调，仍有很大上升空间。

运用耦合协调度模型测度青海省土地城镇化与人口城镇化间的协调性，分析结果显示，青海省人口城镇化指数总体高于土地城镇化指数，人口城镇化发展水平总体高于土地城镇化发展水平，但是土地城镇化发展速度更快，说明人口城镇化相对发展滞缓，属于初级协调发展。对西宁市和海东市人口城镇化指数、土地城镇化指数、协调度等方面进行评价，发现西宁市和海东市经济发展与生态环境的协调发展程度略低于全省水平，反映出青海省的生态经济协调发展的主要压力在于东部重点开发区域。

运用状态空间法对青海省重点开发区域新型城镇化水平进行定量评价的

结果表明，青海省重点开发区域新型城镇化的主要影响因素在资源领域、环境领域，重点开发区域新型城镇化综合承载状况理想值与现实值差距较大，重点开发区域内部各区县新型城镇化发展水平差异大。

四、青海省绿色城镇化发展存在波动，影响因素复杂

通过定量分析发现，青海省绿色城镇化水平整体呈上升态势，发展速度较慢，存在波动性，且绿色城镇化各子系统之间发展不平衡。一方面，基础设施绿色化和环境绿色化的发展水平指数相对较低，经济绿色化和社会绿色化的发展水平指数相对较高，说明青海省的绿色城镇化建设进程中对基础设施建设和环境保护方面的投入不高。同时，关于绿色可持续发展方面的政策还不够完善。另一方面，经济绿色化和社会绿色化发展水平增速较快，这表明青海省的绿色城镇化发展主要依靠经济绿色化和社会绿色化的发展支持。基础设施绿色化发展水平波动性较大，大致呈先下降后小幅上升的趋势。在西部 12 省份中，青海省绿色城镇化发展水平较为靠后。从因子得分可以看出，青海省各州市绿色城镇化发展差距显著。

影响因素方面，一是经济发展水平。通过观察 2019 年 20 个指标中排在前十位的指标权重，可以明显看到万元 GDP 能耗和第三产业增加值比重两个指标的权重分别排在了第三位和第六位，这表明了绿色城镇化的发展离不开经济的支持。二是基础设施的建设与完善。建成区绿化覆盖率和污水处理率两个指标的权重分别排在了第五位和第七位，这说明绿色基础设施的建设有利于以资源有效利用和低碳减排为特征的绿色经济的发展，对绿色城镇化的发展起到了带动作用。三是政府的推动。城市用水普及率和城市燃气普及率两个指标的权重分别排在了第一位和第四位，这表明政府可以推动绿色城镇化的建设，对绿色城镇化发展起到了积极的推动作用。四是社会发展水平。绿色城镇化发展要求将以人为本的思想作为根本宗旨，而在前十的排名中包括了城市居民最低生活保障人数和城镇登记失业率，这两个指标反映出青海省经济水平不高，城镇人口吸引力较弱，这就大大限制了青海省的经济发展和城镇化建设。

五、青海省主导产业绿色发展压力大

通过分析青海省产业发展现状，发现青海省存在着三次产业产值比重与三次产业就业人数比重严重偏离、第二产业对于促进就业的作用不明显、零售业发展水平低、规模以上工业企业发展水平相对于全国平均水平来说差距大等问题。

本文分别建立了青海省第二、第三产业中主导产业选择的指标体系，运用主成分分析法分别进行综合评价。研究发现石油和天然气开采业，电力、热力生产和供应业，有色金属冶炼和压延加工业，化学原料和化学制品制造业，食品制造业，橡胶和塑料制品业作为青海省的现状工业主导产业，存在资源密集、能耗大、技术滞后等制约因素，与绿色发展要求相去甚远。通信设备、计算机和其他电子设备制造业，专用设备制造业，电气机械和器材制造业，医药制造业为青海省未来的主导产业，具有良好的发展前景，但规模不足，建议积极扶持。需要继续发展金融业、批发和零售业为第三产业的主导产业，也需要扶持发展旅游业、高原特色农牧业等绿色产业。

通过评价发现被研究的青海省 28 个规模以上工业企业中有 22 个企业的生产率上升率为负值，8 个第三产业中有 5 个也是负值，而生产率上升率是一个可以用来衡量技术进步的指标，因此可以反映出青海省产业科技进步能力比较弱，技术发展水平比较落后。

第二节　青海省经济与生态环境协调发展的对策建议

一、调整优化结构，促进绿色发展

（一）优化产业结构，实现产业绿色发展

虽然青海省的产业结构总体已经从“二、三、一”转向“三、二、一”，但第三产业多为传统第三产业，现代新兴产业份额低，第二产业也以资源密集型为主，产业链短，能耗大，污染重，经济贡献度不高。因此，青海省仍应

不断完善和优化产业结构，淘汰落后、高污染的产业，大力支持引导新兴产业的发展，发挥第三产业对经济的增长活力。通过优化产业结构，促进第三产业的发展，促进产业结构高度化，从结构层面上改善经济增长的质量。引导生产要素从低附加值、低效率和高消耗的生产部门或产业链环节退出，继而投入高附加值、高效率、低消耗的生产部门或产业链环节中(如先进制造业和高端生产性服务业)。

发挥区域优势，促进现代服务业的发展，加强对新兴产业的重视和扶持。同时应促进工业结构高度化，表现为重工业化、高加工度化和技术集约化，意味着对能源资源的依赖的降低，生产要素由资源密集型逐渐转向技术密集型。第一产业方面应促进农业现代化，增加农产品的附加价值，延长产业链，最大限度地发挥青海省绿色有机农畜产品输出地的功能。政府应在产业政策及技术水平的提高上下足功夫，深层次优化产业结构。

(二)优化空间结构，实现空间绿色发展

现代工业化和新型城镇化要求经济得到最大化发展的同时人民生活水平和人民生活满意度要不断提升。青海省重点开发区是工业化城市化地区，这就要求在做规划时严格依据主体功能区规划，注重交通、水利及其他基础设施布局的合理性，使资源的配置达到最优，避免不必要的资源浪费，严格保护耕地面积和绿色空间。

青海省东部重点开发区要改变传统的经济发展模式，坚持对传统产业的升级；发展绿色循环经济，提高企业的效益与产能，助力经济、社会有序发展。在发挥区域优势的基础上，加强产业的配套能力，积极引入先进的科学技术和主动承接东部地区的产业转移。不断优化青海省东部和柴达木重点开发区的产业布局，形成新型产业链。大力发展高原生态旅游业，带动就业与增加收入的同时，生态环境也得到了较好的保护，实现绿色发展。

总之，要根据各类主体功能区域现有的承载潜力，通过生态移民、区域特色产业发展等方式，既能发挥区域自身资源优势，又能做到区域间互补互助，最终达成生态经济协调发展，实现绿色发展。

(三)加速能源结构转型，促进绿色发展

青海省的能源消费结构一直以煤炭和电力为主，以石油和天然气为辅，特别是对煤炭的使用利用率低，污染重，因此青海省应控制煤炭的消费，鼓励企业使用清洁能源。居民方面，限制煤炭的使用，鼓励使用天然气等清洁能源，改善青海省的供暖模式，由传统的煤炭转变为使用新型热源，建立健全供热保障体系，争取做到每户都使用新型热源。同时，大力发展新型能源，如风能、水能、太阳能及地热能等，利用青海省地势相差大、海拔高的特点，充分利用水的势能及太阳能等，替代高污染的能源。同时大力推动高污染高能耗的工业企业转型升级，实现工业经济绿色可持续发展。培养居民科学使用能源资源的能力，减少资源浪费，提高资源利用效率。

(四)完善绿色基础设施建设，增加城镇绿色生态空间

绿色基础设施的完善能够加快绿色城镇的建设进程。绿色基础设施的作用是节约资源及保护生态环境，其囊括了城镇基础设施的方方面面，如交通、建筑、空间、公共设施等。要完善绿色基础设施的建设，首先，要提倡绿色出行政策，通过合理地规划道路使用范围，划分机动车、自行车、公交车等交通工具的通行路线，来减少拥堵情况。与此同时，鼓励低碳交通、低碳出行，缓解城镇交通高峰期的压力。其次，扩大城镇绿化面积，加强城镇绿化管理工作，确保各城镇绿化覆盖率。最后，开展绿色建筑工程，在节能环保减排的前提下，完成工程建设。到目前为止，交通运输及建筑业的发展导致了青海省资源的过度消耗，建筑工程作为城镇化工作中的核心内容，推行绿色建筑产业的发展是实现绿色城镇化的重要举措。

二、重视科技创新，助力绿色发展

(一)加大科技投入，提高技术水平

技术水平的提高促进区域经济发展，对新型城镇化建设、环境质量水平的提高及两者的协调发展有着至关重要的作用。加大科技投入是技术水平提高的基础，加大科研投入不仅能为经济的可持续发展提供充足动力，而且能够吸引更多的外来人才，为青海省的建设提供智力支持。研发支出占 GDP 比重是影响综合承载力的重要因素，尽管目前青海省政府对科研的投入不断增加，但与发达地区相比仍有不小的差距。青海省的 R&D 经费支出近年来有所

提高，但占 GDP 的比重却在逐年下降。2019 年青海省 R&D 经费投入占 GDP 的比重为 0.68%，陕西省为 2.1%，上海市则为 3.92%，每 10 万人拥有的专利授权数量青海省为 42.27 项，陕西省为 107.35 项，上海市则为 381.47 项，青海省科技活动投入、产出都严重不足。因此，青海省应进一步加大科研投入，包括研究与试验发展(R&D)经费、基础研究、应用研究及试验发展等多方面的投入。同时，加大教育投入，培养科技性人才，提高劳动力素质，从人才投入和设备投入、政策投入等方面保障研发能力和技术水平提升，增强科技成果转化能力。

(二)加强科技队伍的建设，为绿色发展提供智力支持

科技创新是提高生产效率、节约生产成本、提高产品质量、提高企业竞争力的重要途径。而技术创新的核心要素是人才，青海省更要注重高新科技人才队伍的发展。一方面，要全面引进科技人才，加强科技人才的培育。另一方面，政府要加强研发设计、品牌建设、优质服务及商业模式创新等领域的高级人才队伍培养。在政策上也要重视职业教育和职业培训，让那些能够操控现代智能装备、拥有精益思想和持续改进思想的产业技术工人源源不断地投入青海省企业绿色发展中。

(三)强化科技与金融的结合，加大政府投资力度

科技创新的发展在很大程度上受到资金的影响，要想解决融资难的问题，重点要看青海省政府及相关金融机构的支持力度。政府部门可通过增加一部分科技创新方面的财政预算支出或鼓励银行贷款给科技创新企业，也可以通过设立地方科技创新基金，支持新能源、新工艺、新材料等科技含量高且发展前景好，对环境的破坏程度低，有助于形成节约型和环境友好型社会的企业。

(四)建立完善的科技创新机制，提升区域科技水平

要大力发展高新技术，加强科研及创新能力，以此提升资源的产出率。充分利用互联网及云计算等现代信息技术，改造传统产业，创新企业经营管理模式，做好工业垃圾及工业废水的处理工作。发展数字经济，充分利用本地资源，发展具有本地特色的绿色产业。结合青海省资源及交通特点，充分利用旅游资源、农业资源、科技资源、能源资源等实现绿色产业的发展，提升区域科技水平。

要建立完善的监管机制。政府要对科技项目资金的管理、项目的用途及建设的整个流程都进行严格的监督，使科技创新真正应用到社会发展中。要完善专项培训和对应的对接机制，为企业的创新发展给予服务上的支持。还需建立有效的奖励机制，激励科技研发人员开展研发工作，提高产出成果水平。

（五）鼓励创新，加强技术进步能力

创新是引领社会发展的第一动力，谁在创新上先行一步，谁就拥有引领发展的主动权。在青海省大部分工业企业、第三产业生产率上升率为负值的情况下，本研究确定的青海省主导产业只是比起其他产业来说具有相对优势，主导产业自身的技术进步能力并不强，这会阻碍主导产业乃至整个产业结构的发展。因此，青海省要加大科研力量的投入，增强技术进步能力。

一方面，企业是创新的主体，作为企业应该引进先进技术、设备，通过培训，提高劳动者素质，工业企业要由资源密集型和劳动密集型向技术密集型转变。除了技术上的创新，还包括管理上的创新，即建立现代管理制度，政府应多加鼓励和提供保障，并促进创新要素资源的流动，助力企业进行创新活动。另一方面，人才是创新的核心要素，因此青海省要围绕主导产业，帮助企业培养高层次专门人才，打造人才后备队伍，同时建立人才激励机制，帮助企业吸引和留住人才，还要完善知识产权保护制度，鼓励人才进行创新。

三、推进新型城镇化建设，创建绿色城镇

（一）突出城市群发展，强化中心城市的带动作用

青海省生产总值中西宁市和海东市贡献率达到50%以上，强化中心城市对区域经济的带动作用，才能做到带动辐射其他腹地区域的发展。以主体功能区规划为依据，发挥好省会城市西宁市的行政区位、经济、交通网等优势，以带动周边欠发达地区的经济社会发展。以兰西城市群建设为契机，促进以西宁市、海东市为核心的东部城市群产业集聚互补，交通便捷高效，城乡统

筹协调，积极发挥西北物流中心的区位优势，发展稳定的兰西城市群现代化副中心城市的功能，发挥中心城市扩散效应。作为青海西部重点开发区域，海西州城镇化建设贡献力量最大的是其资源型产业集聚优势。应当重视资源型产业的循环绿色高效发展，更要关注格尔木市和德令哈市这两个城市的发展，发挥城市的扩散效应。

（二）加强基础设施建设，提高公共服务水平

新型城镇化的核心是以人为本，城镇基础设施建设与人们息息相关。通过前面的分析发现青海省新型城镇化在基础设施与公共服务水平上的载荷较高，说明基础设施与公共服务水平对青海省城镇化的进程有很强的推动作用，同时青海省的基础设施水平低于西北五省区的平均水平，因此对青海省基础设施的建设与公共服务水平的提高十分迫切。青海省应利用融资等方式加大公共设施投入，设立专项资金，加大对基础设施建设的监管力度，真正发挥基础设施的服务功能。同时应转变政府职能，切实提高公共服务的效率和水平，真正建成以人为本、生态宜居的现代新型城市。

青海省新型城镇化建设过程中，要注重加强各市州城镇基础设施建设的规划、监督管理和投资力度，构建交通便利、基础设施健全、环境优美的综合体系。投资建设一批高水平的基础设施项目，主要包括网络化运输体系、节水节电、新能源开发使用等高新技术建设。以完善的基础设施保障新型城镇化的水平，同时考虑省内地区间发展差距，基础设施投资要体现公平与效率相结合，支撑绿色城镇化发展。

（三）坚持以人为本，促进社会绿色城镇化

以人为本是实现绿色城镇化的前提，青海省应该增强城镇吸引力。首先，深化产业改革，创造更多的就业岗位，吸引劳动力。目前，青海省城镇化进程中产业结构出现了不平衡现象，第三产业，尤其是服务业的发展严重落后。所以，青海省应该大力发展第三产业，以提高城镇吸引力，提高劳动力资源储备。其次，完善劳动者权益保障制度，提升城镇绿色就业水平。通过切实保护劳动者的合法权益，改善就业环境，提高劳动者的就业积极性，从而确保绿色城镇化能够在社会稳定、经济发展、居民收入水平和社会保障水平稳定提升的条件下稳步推进。

（四）建立健全制度与政策，强化绿色城镇化保障体系

经济活动在完善的制度及政策的约束、激励下会激发更多的活力。建立完善绿色制度及政策，能够推动城镇化的绿色进程，并能为绿色城镇化建设工作的开展提供政策支持。绿色制度及政策主要指与节能、环保、生态文明、绿色产业等相关的一系列制度及政策。全面建立完善绿色制度及政策，做好城镇人口管理、福利保障、制度建设等工作来加快城镇化进程。改革户籍制度、完善社会福利及基本保障制度，开展以人为核心的城市管理工作，以此促进城镇稳定、和谐发展，使人民共享绿色城镇化的成果。要建立完善与生态环境相关的碳排放、污水治理等制度。结合市场及国家之力，来严格管控生产企业工业废水、工业垃圾的排放及处理工作，同时要大力提倡绿色生活，推动垃圾分类。此外，还要从经济效益角度出发，通过建立绿色财政、金融、采购、税收等政策及制度来引导消费者及生产者进行绿色消费及生产，以此促进绿色城镇化的进程。

四、扶持培育主导产业，引领绿色发展

（一）加强区域经济合作，提升产业竞争力

本研究中的青海省大部分规模以上工业企业的区位熵、市场占有率、生产率上升率指标值偏低，其中，作为高新技术产业的通信设备、计算机和其他电子设备制造业，规模小，不具备比较优势、竞争优势，难以成为主导产业。此外，在分析青海省第三产业发展状况时，通过与全国的对比发现，除金融业之外，青海省第三产业相对于全国来说发展水平较低。反映出青海省产业普遍存在缺乏相对优势，产业的竞争能力弱，并且选出的主导产业中的一些产业部门同样存在着产业竞争力不强的问题。这就要求青海省采取措施来提升产业竞争力。一方面，可以加强省内区域经济合作，以主导产业作为核心，促进产业集群，构造并延长产业链，提高青海省主导产业的核心竞争力。另一方面，可以加大青海省的开放度，吸引优势要素。由于青海省深居西北内陆，可以发展内陆型开放经济，以开放促进青海省工业、现代服务业发展水平提高，发展规模优化，提升市场占有率，从而提高产业竞争力。

（二）促进传统产业转型升级，大力培育新兴产业

对于企业来说，应当重视科技手段，引进新设备，结合高新技术，减少对不可再生自然资源的依赖。利用新工艺创造新产出，满足多样化的市场需求。在工业主导产业方面，本书确定的工业主导产业均为传统工业产业，正在面临转型升级的问题。石油和天然气开采业、有色金属冶炼和压延加工业应当对基础产品进行深加工、提高资源利用效率，延长产业链，提高产品附加值。根据实证分析结果可以看出，在工业领域，未来应加大扶持通信设备、计算机和其他电子设备制造业，专用设备制造业，电气机械和器材制造业。应当运用高新技术改造传统产业，提升产业竞争力。在第三产业主导产业方面，批发和零售业为传统第三产业，虽然已经展现出了技术进步趋势，但是还需要引导该行业向现代化模式转型。除了现有主导产业以外，青海省的新材料、新能源、生物医药、高端装备制造等新兴产业和旅游业近年来发展态势好，崛起迅速。因此，青海省需要对这些产业进行大力培育和扶持，并给予足够的发展时间和空间，促进这些产业成长为新的主导产业或优势产业、支柱产业，实现产业结构的绿色优化升级。

五、建立现代化治理体系，保障绿色发展

（一）加强环境治理与保护

青海省的环境质量水平略低于城镇化的发展水平，特别是近年来，环境质量波动起伏，因此青海省要始终加强环境保护。就青海省环境质量现状及因子分析的结果来看，环境污染与治理投资、工业固体废物综合利用率及污水处理率在青海省的环境质量中起重要作用，工业废水、废气及工业二氧化硫的排放对环境有强烈的负面作用。同时，青海省的工业污染完成治理投资在西北五省区中排名倒数第二，绿化方面也存在严重不足。因此，要保证环境不再持续恶化，应加大环保投入，包括对工业污染治理的投入及污染处理设备的投资等，既要加强治理，也要从源头上控制污染，减少工业污染的排放。使用清洁能源，发展循环经济，提高能源使用效率及废物再利用效率。同时，加大植树造林与城市绿地建设，要切实考虑到环境的需求，达到控制

污染源与污染治理相结合的效果。

（二）持续实施生态补偿，探索生态产品价值实现路径

“十四五”时期，我国实行以环境质量为核心的环境管理转型，青海省应充分利用后发优势，建立区域一体化的环境保护联动协调机制，依托绿色发展、生态文明建设等一系列新理念、新形势、新要求，建立完善现代环境治理体系。首先，国家层面上持续加大对三江源国家公园等区域生态环境保护的专项转移支付力度，用以补偿该地区为保护水资源、草地、湿地等生态系统作出的贡献，完善国家层面对重点生态功能区的长效补偿机制。其次，持续加强青海省黄河支流等流域的土地沙漠化、水土流失、地质灾害等环境问题的防治力度。再次，强化顶层的设计，对高功能的水体、生态环境脆弱区、敏感区等给予高要求的保护政策，严格禁止与环境污染有关的任何开发活动。最后，青海省最大的价值在生态，应系统研究提出生态产品价值实现的机制与路径，从市场层面支撑青海省绿色发展。

（三）营造公平公正、充满活力的市场环境

主导产业以及整个产业结构的发展与公平公正、充满活力的市场环境是分不开的，在我国的市场经济逐渐走向成熟的背景下，青海省应当紧跟国家全面深化改革的步伐，完善市场机制，政府要简政放权，向服务型政府转变。具体的措施有：简化手续，提高办事效率，制定行之有效的产业政策，放宽市场准入规则，给予一些产业特定的优惠政策和税收补贴，放宽融资政策，鼓励多元融资，搭建信息平台，加快信息化进程以带动工业化、城市化的发展。除此之外，青海省相应的法律法规也需要得到健全和完善，确保措施的实行与相应的现行法律法规相适应，做到有法可依。

（四）提高污染治理水平，增强环境承载力

青海省在未来的持续发展中，为了适应经济发展的需要，要不断提高重点开发区域的人口密度，挖掘承载潜力。并且在现有环保政策的基础上，进一步提高环保力度。加强对排污工业的监管，建立严格的排污政策，使之有法可依。

每个产业都有排污标准，但是很少有产业能够严格执行，一方面是企业过分追求自身经济利益的最大化，另一方面是执法部门的监管不到位，对于违法违规的企业，政府总是先考虑到企业为税收做的贡献而法外留情。这就造成了经济增长的同时环境不断遭到破坏的现象。为此，政府各部门要加强环境保护立法。此外，加强思想教育，要定期对企业和居民进行绿色发展宣传、培训，提高各类主体环保意识。最后，中央政府要加强对生态环境的保护力度，加大对青海省生态建设的投资力度，改变原有的 GDP 核算方式，将环境治理成本包含于 GDP 的核算中，实行绿色 GDP 核算体系。

（五）产业发展与环境相协调，保住绿水青山

为了协调好发展经济与保护生态环境的关系，青海省提出“一优两高”发展战略，强调经济发展决不能以牺牲环境为代价。要科学决策，从绿水青山中获得金山银山，既要保护绿水青山，又要获得高质量发展。从青海省现状主导产业评价来看，石油和天然气开采业，电力、热力生产和供应业，有色金属冶炼和压延加工业等，全都是资源密集型产业，而青海省的生态环境本身比较脆弱，这种初级的加工和资源开采对资源高度依赖，必须要加以改造，化资源优势为经济优势，否则很有可能面临资源枯竭问题，最终无法实现可持续发展。此外，化学原料和化学制品制造业的能源消耗产值较低，可利用新能源、开发清洁替代能源或减少产业耗能。未来青海应紧密围绕“五个示范省建设”和“四地建设”，大力加强国际生态旅游目的地、清洁能源高地、绿色有机农畜产品输出地建设，实现产业升级，推动绿色发展。

后　记

从增长与发展的内涵说青海经济与生态环境协调发展

区域经济增长通常是指一个区域内社会总财富不断增加的过程，而区域经济发展是指在经济增长的基础上，一个国家经济结构、社会结构不断优化和高度化的演进过程。在增长与发展的关系上，首先是包容关系，即经济发展包容着经济增长。增长是发展的基础和核心内容，同时增长不一定能带来相应的发展。其次是互动关系。增长既是区域经济发展的基础和前提，又是区域经济发展的必然结果。最后经济发展与经济增长同属于历史范畴，都需要动态考察。从区域经济发展的特性来讲，区域经济发展更强调内涵扩大再生产；发展是一个长期的、多层次的变动过程，包括量的扩张，质的改善，结构优化；发展不仅代表人类的进步过程，还蕴含着人类所采取的开发行动。

新中国成立以来，青海省经济社会发展经历了增长优先，增长与发展交互，进而转向高质量发展的阶段。从经济增长来说，生产总值从1952年的1.63亿元增至2020年的3005.92亿元，1952年青海省人均GDP为101元，2020年则为50741元，增长成效显著。从经济发展来说，三次产业占GDP的比重从1952年的73.6∶7.36∶19.04发展至2020年的11.1∶38.1∶50.8，同期全国水平为7.7∶37.8∶54.5，差距不是很大。从人的发展来说，1964年文盲率为41.26%，2020年下降为7.94%；1980年人均寿命为60.79岁，2020年提高至73.7岁。1999年平均受教育年限（15岁及15岁以上人口）为5.93年（列全国第29名），2020年提高到8.85年。各项指标均反映出青海省经济发展取得的成绩。

青海省一般被定义为人口小省，自然资源丰富，经济欠发达。从人均GDP指标排名来看，1978年青海省人均GDP为425.75元，全国排名第7位；

1990 年为 777.96 元，全国排名第 19 位；2002 年为 1721.59 元，全国排名第 23 位；2015 年为 4.04 万元，排名第 17 位；2020 年为 5.07 万元，排名第 25 位。从人均 GDP 排名变化可以发现青海省经济增长的波动性。增长波动背后，其实就体现着在全国大背景下青海省经济发展理念和行动的变迁。

在改革开放之前，国家均衡发展战略显著缩小区域发展差距，青海与内地差距不大，甚至因为人口少而显得有一定优势，因此人均 GDP 水平在全国排名靠前。改革开放以来，随着国家实施非均衡发展战略，青海省的经济发展逐渐滞后，到 2002 年人均 GDP 排名降至全国第 23 位。国家西部大开发战略的实施，让青海省得到了新的发展机遇，经济发展有所提速，人均 GDP 排名在 2015 年回升至第 17 名。当然这一时期经济迅速提升的代价是环境污染和生态压力剧增，经济发展与生态环境的协调程度逐渐下降。

青海是长江、黄河、澜沧江的发源地，生态地位十分重要，同时又地处青藏高原，生态环境十分脆弱，这决定了青海保护生态环境任务重、难度大。

党的十七大报告明确提出了生态文明建设的新理念，青海省在 2008 年立足省情，正式提出了“生态立省”战略。实际上，青海省于 2000 年已经正式启动了退耕还林(草)工程，生态保护与建设已经成为青海经济社会发展的新动力、新方向。2012 年党的十八大明确提出了全面建成小康社会的奋斗目标，同时提出了生态文明建设思想。同年青海省正式提出了“全力建设国家循环经济发展先行区、生态文明先行区和民族团结进步示范区”的“三区”建设的发展战略。

党的十八大以来，以习近平总书记为核心的党中央提出了一系列治国理政的新理念新思想新战略。坚持保护优先，坚持节约资源和保护环境的基本国策，像保护眼睛一样保护生态环境，像对待生命一样对待生态环境，推动形成绿色发展方式和生活方式。2016 年 8 月习近平总书记来青海视察时，指出青海最大的价值在生态、最大的责任在生态、最大的潜力也在生态。“保护好三江源，保护好‘中华水塔’，确保‘一江清水向东流’，是青海义不容辞又来不得半点闪失的重大责任。”

党的十九大之后，青海省委根据中国特色社会主义进入新时代和社会主要矛盾转化为人民日益增长的美好生活需要和不平衡不充分的发展之间的矛盾的新形势，2018 年 7 月在青海省委十三届四次全会上及时提出了生态环境保护优先的“一优两高”的重大发展战略，并依据发展机遇和区域优势，进一步提出“四地建设”和“五个示范省建设”。

这些战略的推进和实施，彰显了发展观的改变。青海省经济增长与发展上的转变，从人均 GDP 也可以得到印证。2015 年青海省人均 GDP 为 4.04 万元，排名第 17 位，到 2020 年则为 5.07 万元，排名第 25 位。青海省是自然资源富集区域，这个指标的变化也从一个侧面证明，青海省坚定实施国家战略，在生态保护优先，坚持绿色发展理念指导下，牺牲了区域短期经济效率，从重视经济增长向高质量发展转变，切实履行“扎扎实实推进生态环境保护”这项主要任务。

总结改革开放以来的青海发展历程，可以清晰反映出青海审时度势，依据国家发展战略总要求，根据世情、国情、省情的发展变化，先后提出并实施了“开发资源、振兴青海”战略、生态立省战略、“三区”建设战略、“四个转变”战略、“五四”战略和“一优两高”战略。这些战略都是在国家发展战略要求的总体框架下，推进青海经济社会发展的顶层设计。

发展观的改变，体现着青海省区域进步发展的历程。当然，在从单纯追求经济增长向绿色高质量发展这个转变过程中，青海省面临许多困难，资金不足，人才缺乏，技术创新能力差，区位优势不明显，产业竞争力不高，基础设施瓶颈依然存在，与发达地区的发展差距增大。要解决这些问题，实现绿水青山向金山银山转变，首先青海省要主动调整优化产业结构，积极对外开放，参与区域合作，紧紧抓住“一带一路”发展的重大机遇，推动区域经济发展。同时，结合“四地建设”和“五个示范省建设”，迫切需要探索青海省生态产品价值实现转化的机制与路径，以及国家层面生态优势向生态经济优势转变的绿色发展制度保障和政策支持，推动现代化新青海建设。

参考文献

[1]王松霈．生态经济学[M]．西安：陕西人民教育出版社，2000：30-36.

[2]张建国．森林生态经济学[M]．哈尔滨：东北林业大学出版社，1995：15-54.

[3]陈大珂．经济生态学引论[M]．哈尔滨：东北林业大学出版社，1995：136-170.

[4]李才元．论习近平经济思想及其历史贡献[J]．湖南工业大学学报(社会科学版)，2018(1).

[5]胡鞍钢，等．习近平经济思想：当代马克思主义政治经济学的重大创新[J]．人民论坛，2016(1).

[6]苏海红，等．习近平生态文明思想与青海生态建设实践[J]．青海社会科学，2016(5).

[7]周杨．习近平生态文明建设思想探析：以生态文明建设与经济建设的关系为视角[J]．新疆社科论坛，2017(5).

[8]傅德印．用习近平新时代中国特色社会主义经济思想指引欠发达地区经济高质量发展[J]．兰州财经大学学报，2018(1).

[9]任亚平．以习近平新时代中国特色社会主义经济思想为指导解决好内蒙古发展中“怎么看”和“怎么干”的问题：自治区十届五次全会暨全区经济工作会议精神学习体会[J]．理论研究，2018(1).

[10]习近平谈治国理政(第二卷)[M]．北京：外文出版社，2017：394.

[11]习近平在青海考察时强调：尊重自然顺应自然保护自然坚决筑牢国家生态安全屏障[N]．人民日报，2016-08-25.

[12]习近平参加第十二届全国人大四次会议青海代表团审议时的讲话[Z]．2016-03-10.

[13]习近平谈治国理政(第一卷)[M]. 北京：外文出版社，2014：4.

[14]GROSSMAN G M & KRUEGER A B. Environmental Impacts of a North American Free Trade Agreement[C]. National Bureau of Economic Research Working Paper 3914，NBER，Cambridge MA，1991.

[15]ARROW BOLIN B. Econnomic growth Carrying Capactiy and the Environment[J]. Science，1995，15(1).

[16]包群，等. 是否存在环境库兹涅茨倒"U"型曲线——基于六类污染指标的经验研究[J]. 上海经济研究，2001(6).

[17]王瑞玲，陈印军. 我国"三废"排放的库兹涅茨曲线特征及其成因的灰色关联度分析[J]. 中国人口·资源与环境，2005(2)：42-47.

[18]刘耀彬. 区域城市化与生态环境耦合特征及机制——以江苏省为例[J]. 经济地理，2006(3).

[19]马树才，等. 中国经济增长与环境污染关系的 Kuznets 曲线[J]. 统计研究，2006(8)：37-40.

[20]拜琦瑞，等. 中国经济增长与环境污染演进关系实证研究[J]. 经济问题探索，2008(3)：6-10.

[21]李峰. 环境库兹涅茨曲线倒"U"型关系分析[J]. 山西财经大学学报，2008(11)：13-17.

[22]高宏霞，等. 中国各省经济增长与环境污染关系的研究与预测——基于环境库兹涅茨曲线的实证分析[J]. 经济学动态，2012(1)：52-57.

[23]张雨露，丁生喜. 柴达木盆地经济增长与区域碳排放的关系分析[J]. 生态经济，2020，36(8).

[24]丁生喜，谭慧茹，葛丽亚，等. 基于多模型的青海省经济发展与环境质量耦合研究[J]. 生态经济，2017(12).

[25]贺彩霞，等. 环境污染与经济增长——基于省际面板数据的区域差异研究[J]. 中国人口·资源与环境，2009(2)：56-62.

[26]刘国伟. 中国经济增长与环境污染关系研究[D]. 厦门：厦门大学，2008：29-32.

[27]杜颖，等. 能源消耗、污染排放与区域经济增长关系的空间变化特征研究[J]. 生态经济，2020，36(10).

[28]曹光辉．我国经济增长与环境污染关系研究[J]．中国人口·资源与环境，2000(1)：25-29.

[29]孙发平．青海省转变经济发展方式探析[J]．青海社会科学，2009(1).

[30]丁生喜．青海省环境污染状况对区域经济发展的影响研究[R]．青海省科技厅，青海省科技厅软科学计划项目(2016ZJ-605)，2019.

[31]马震．丝绸之路经济带旅游消费与经济增长关系研究——以"丝绸之路经济带"国内段为例[J]．经济问题，2015(8)：16-21.

[32]谢红，等．丝绸之路经济带国内省份对外开放与经济增长[J]．经济问题，2015(8)：22-26.

[33]丁生喜．青海省重点开发区域经济发展与生态环境耦合关系研究[R]．青海省社会科学规划项目(17016)，2018.

[34]丁生喜，殷颂葵，王健，等．区域经济理论与青海省区域经济发展研究[M]．北京：中国经济出版社，2015：70-71.

[35]于同申．发展经济学[M]．北京：中国人民大学出版社，2000：93.

[36]姚开建．经济学说史[M]．北京：中国人民大学出版社，2016：139-163.

[37]魏伟，石培基，魏晓旭，等．中国陆地经济与生态环境协调发展空间演变[J]．生态学报，2018，38(8).

[38]刘鸿亮，曹凤中，徐云，等．新常态下亟须树立经济发展与环境保护"共生"观[J]．中国环境管理，2015(4).

[39]张元硕．论经济发展与环境保护的相互协调[D]．北京：对外经济贸易大学，2016.

[40]宁佳，等．中国西部地区环境承载力多情景模拟分析[J]．中国人口·资源与环境，2014，24(11).

[41]王晓鹏，等．青海省重点开发区人口资源环境承载力评价研究[J]．数学的实践与认识，2016，46(6).

[42]熊德平．农村金融与农村经济协调发展研究[M]．北京：社会科学文献出版社，2009：81-86.

[43]协调发展理念的丰富内涵与重大意义[N]．中国经济网、经济日报，2017.

[44]丁生喜，等．区域经济理论与青海省区域经济发展研究[M]．北京：中国经济出版社，2015：70-71.

[45]青海省人民政府．关于印发青海省主体功能区规划的通知[EB/OL]．青海省政府信息与政务公开，2014.

[46]中国共产党十八大报告全文[N]．人民日报，2013-08-01.

[47]“十三五”规划纲要[N]．人民日报，2016-03-18(01).

[48]SETO K C & FRARAJKIAS M & GUNERALP B & REILLY M K. A MetaAnalysis of Global Urban Land Expansion[J]. PLo S ONE, 2011(8).

[49]陆大道，陈明星．关于《国家新型城镇化规划(2014—2020)》编制大背景的几点认识[J]．地理学报，2015，70(2)：179-185.

[50]孙丽萍，杨筠．中国西部人口城镇化与土地城镇化协调性的时空分析[J]．地域研究与开发，2017(6)：55-65.

[51]王丽艳，郑丹，王振坡．我国人口城镇化与土地城镇化协调发展的区域差异测度——来自东中西部省际面板数据[J]．学习与实践，2015(4)：12-22.

[52](授权发布)中共中央关于坚持和完善中国特色社会主义制度 推进国家治理体系和治理能力现代化若干重大问题的决定[EB/OL]．新华网，2019-11-05.

[53]丁生喜，等．区域经济学通论[M]．北京：中国经济出版社，2018.

[54]中共中央、国务院印发《国家新型城镇化规划(2014—2020年)》[N]．人民日报，2014-03-17.

[55]刘成明．青海省人口城镇化的历史与现状之分析及未来构想[J]．青海民族研究，2005(4)：85-90.

[56]刘耀彬，等．中国区域城市化与生态环境耦合的关联分析[J]．地理学报，2005(2)：237-247.

[57]丁生喜，殷颂葵，王健，等．区域经济理论与青海区域经济发展研究[M]．北京：中国经济出版社，2015：145-156.

[58]毛雪艳，等．青海省新型城镇化影响因素的实证研究[J]．西北人口，2014(6).

[59]安虎森，等．区域经济学[M]．北京：高等教育出版社，2018.

[60]杨云彦. 中国人口迁移的规模测算与强度分析[J]. 中国社会科学，2003(11)：314-333.

[61]陈明星. 城市化领域的研究进展和科学问题[J]. 地理研究，2015(4)：614-630.

[62]顾朝林. 城市化的国际研究[J]. 城市规划，2003，27(6)：19-24.

[63]薛凤旋，蔡建明. 研究中国城市化理论学派述评[J]. 地理研究，1998，17(2)：208-216.

[64]霍华德. 明日的田园城市[M]. 金经元，译. 石家庄：河北冠林数字出版有限公司，2010.

[65]张弘，等. 城镇化对环境污染的影响研究综述[J]. 农村经济与科技，2008，26(6).

[66]梅多斯(Meadows D.)，等. 增长的极限[M]. 李涛，王智勇，译. 北京：机械工业出版社，2006.

[67]理查德·瑞杰斯. 生态城市[M]. 北京：中国建筑工业出版社，2001：96-101.

[68]何志扬. 城市化道路国际比较研究[D]. 武汉：武汉大学经济与管理学院，2009(5)：10-11.

[69]KRUGMAN P. Increasing Returns and Economic Geography[J]. JPE，1991(3)：483-499.

[70]马世骏，等. 社会—经济—自然复合生态系统[J]. 生态学报，1984(1)：1-9.

[71]刘传江，等. 新型城镇化背景下环境污染的博弈分析[J]. 经济问题，2014(7).

[72]王原，等. 上海快速城市化对局地气候胁迫的库兹涅茨曲线验证[J]. 中国人口·资源与环境，2015(11).

[73]崔晶. 新型城镇化进程中地方政府环境治理行为研究[J]. 中国人口·资源与环境，2016(8).

[74]张引，等. 重庆市新型城镇化质量与生态环境承载力耦合分析[J]. 地理学报，2016(5).

[75]姚士谋，陆大道，陈振光，等. 顺应我国国情条件的城镇化问题的

严峻思考[J]. 经济地理，2012，32(17105)：1-6.

[76]李鑫，李兴校，欧名豪．江苏省城镇化发展协调度评价与地区差异分析[J]. 人文地理，2012，27(12503)：50-54.

[77]李明月，胡竹枝．广东省人口城市化与土地城市化速率比对[J]. 城市问题，2012(20104)：33-36.

[78]李子联．人口城镇化滞后于土地城镇化之谜——来自中国省际面板数据的解释[J]. 中国人口·资源与环境，2013(11)：94-101.

[79]吕添贵，吴次方，李洪文，等．人口城镇化与土地城镇化协调性测度及优化——以南昌市为例[J]. 地理科学，2016(2)：239-246.

[80]张鹏岩，杨丹，李二玲，等．人口城镇化与土地城镇化的耦合协调关系——以中原经济区为例[J]. 经济地理，2017(8)：145-154.

[81]张宇，梁双波，李影影，等．西部欠发达地区人口城镇化与产业城镇化演化进程对比研究——以青海省为例[J]. 经济地理，2017(2)：63-69.

[82]廖重斌．环境与经济协调发展的定量评判及其分类体系[J]. 广州环境科学，1996，11(1).

[83]那小红．青海省城镇化问题研究[D]. 甘肃：兰州大学，2008.

[84]牛文元，康晓光，王毅．中国式持续发展战略的初步构想[J]. 管理世界，1994(1)：195-203.

[85]毛汉英，余丹林．区域承载力定量研究方法探讨[J]. 地理科学进展，2001，16(4)：549-555.

[86]甘佩娟，丁生喜，霍海勇，等．柴达木盆地经济可持续发展综合评价[J]. 中国农业资源与区划，2014(3)：59-65.

[87]喻清卿. 2012 年联合国可持续发展大会中方立场文件[EB/OL]. 中华人民共和国外交部，2012-06-14.

[88]赵静．青海“十三五”规划建议：生态文明获得突出[EB/OL]. 中国证券网，2015-11-24.

[89]北京市朝阳区国际绿色经济协会. 2018 中国绿色经济年会在京成功召开[OL]. IGEA 国际绿色经济协会，2018-01-21.

[90]北京师范大学科学发展观与经济可持续发展研究基地，西南财经大学绿色经济与经济可持续发展研究基地，国家统计局中国经济景气监测中

心.2015中国绿色发展指数报告摘编[J]. 经济研究参考，2016(1)：14-20.

[91]皮尔斯.绿色经济的蓝图[M]. 北京：北京师范大学出版社，1996.

[92]联合国.国民经济核算体系1993[M]. 北京：中国统计出版社，1995.

[93]《中国能源》编辑部.联合国可持续发展大会——里约峰会[J]. 中国能源，2012(7)：1.

[94]赖梦君.结合国外经验浅谈我国绿色经济的发展[J]. 劳动保障世界(理论版)，2012(9)：74-78.

[95]唐啸.绿色经济理论最新发展评述[J]. 国外理论动态，2014(1)：125-132.

[96]向书坚，郑瑞坤.中国绿色经济发展指数研究[J]. 统计研究，2013，30(3)：72-77.

[97]蔡绍洪，魏媛，刘显明.西部地区绿色发展水平测度及空间分异研究[J]. 管理世界，2017(6)：174-175.

[98]戴鹏.青海省绿色经济发展水平评价体系研究[J]. 青海社会科学，2015(3)：170-177.

[99]丁生喜，郑永琴，卞利花，等.青海省产业结构调整与绿色经济发展研究[M]. 北京：中国经济出版社，2019：12.

[100]CAROLINE MILLER. To~morrow：A Peaceful Path to Real Reform；Original Edition with Commentary[J]. Australian Planner，2011，48(1).

[101]沈清基，沈贻.*Ecocity Berkeley—Building Cities for a Healthy Future*一书评介[J]. 城市规划汇刊，2002(3)：75-78.

[102]王凯，陈明.中国绿色城镇化的认识论[J]. 城市规划学刊，2021(1)：10-17.

[103]邹荟霞，任建兰，刘凯.中国地级市绿色城镇化时空格局演变[J]. 城市问题，2018(7)：13-20.

[104]DAVID RICARDO. On the Principles of Political Economy and Taxation[M]. Bn Publishing，2009.

[105]ALBERT O，Hirschman. The Strategy of Economic Development[M]. Westview Press Inc，1988.

[106] Rostow W. W. The Stages of Economic Growth[M]. Cambridge University Press, 1960.

[107]刘伟. 工业化进程中的产业结构研究[M]. 北京：中国人民大学出版社，1995.

[108]于刃刚. 主导产业论[M]. 北京：人民出版社，2003.

[109]李佳，黄莹，丁生喜. 基于绿色发展理念的资源型区域主导产业评价与选择——以柴达木盆地为例[J]. 甘肃农业，2021(3).

[110]薛生海，娄仲俊. 青海经济发展战略70年考察[J]. 青海师范大学民族师范学院学报，2021，32(1).